食べるものにしても着るものにしても、
自然の素材を生かしたものがおいしいし、気持ちいい！
出産を機に、より強くそう感じ、
自然とのつながりを意識しはじめる女性が増えているようです。

子育ても、子どもの力を信じて、できるだけナチュラルにやっていきたいもの。
でも、はじめての子育ては、わからないこともたくさんあります。
そこで、自然な育児の「はじめの一歩」のあれこれをまとめました。

「だっこ　おっぱい　布おむつ」は、
ナチュラルな子育てを象徴する代表的な要素。
そのほかにも、薬に頼らない健康管理や、
成長を助けるあそび、ケミカルな素材を
できるだけ使わない住宅環境など、テーマは盛りだくさん。
そして大事なのは、大人も、子どもにとって環境の一部だということ。
親自身がここちよく、たのしくあることが、子どもにも伝わります。
無理なくマイペースで。自然な育児、はじめてみませんか？

ナチュラルな子育て

だっこ　おっぱい　布おむつ

「わたし」らしい自然な子育て

「食べる」が基本

布、ときどき紙おむつ

だっこが好き！

からだのこともっと知ろう

もっと詳しく知りたいひとへ

食

だっこ（スキンシップ）

撮影／矢部ひとみ（office北北西）　撮影協力／青木真緒さん、青木莉雨さん

「わたし」らしい
自然な子育て

1 子どもの中の「自然」に添って

オーガニックな暮らしとスローな子育てをテーマに活動する一方で、3人の子どもを育てる藤田ゆみさん。その生活と子育てのようすをうかがいました。

仕事のやり方と子育ては違いました

子どもとの暮らしに根ざした料理のワークショップを企画したり、母親目線で良質な生活道具を企画したり、藤田ゆみさんの活動は、そのやわらかいアプローチで若い女性やおかあさんたちを中心に人気があります。活動をはじめたきっかけをうかがってみました。

「第一子の基就《きづき》が自分のおっぱいだけで育っていくことに新鮮な感動をおぼえたんです。動物的というのかな。自分が取り入れたもの

2ヶ月の大雄さん。おなかにいるときから、外の音を聞いていたせいか、まわりで子どもたちが走りまわっていても平気でいることが多いそう。

お話
藤田ゆみさん
（「くらすこと」主宰）

ふじた・ゆみ　ケアワーカーを経験したのち、雑誌の編集に従事。第一子の妊娠を機に退職。2005年、「くらすこと」を開始。子育ての実感を生かしたさまざまな企画をゆっくりとしたペースで行っている。

でからだもこころもできていることを実感しました。自然から遠ざかった都会で暮らしているので余計そう思うのかもしれませんが」

　それから、自然な子育てやオーガニックな暮らしに関心をもちはじめたといいます。しかしもともと編集者として多忙な日々を過ごしていただけに、親になることや新しい生活に踏み出すこころの準備もないままはじまったあかちゃんとの暮らしは大変で……。

「細切れの睡眠や自分の時間がないというはじめての経験でした。あかちゃんはなかなか寝てくれず、布団に置いたら泣くので、だっこで寝かしつけながら、早く寝てくれないかな、寝たらあれもしたいしこれもしたい……と、気持ちは上の空でした」

　やっとあかちゃんが寝たら、自分の時間！　とばかりにインターネットで外の世界にふれる日々。しかし睡眠不足から、からだに疲れがたまり、こころも不安定になっていったといいます。

「仕事は、がんばれば乗り越えられた。そのやり方で子どもと向き合っていたんです。でも子育ては、そうではありませんでした」

あかちゃんは自然そのもの

ゆみさんは、子どもが何を望み、どうしてほしいのか、子どもと向き合うようになりました。

「寝かしつけのとき、おっぱいをあげながら自分も一緒に寝てみたら、スーッと寝てくれたんですね。子どもは、上の空で寝かしつけられるのではなく、ちゃんとこころを向けてもらって、安心して眠りたかったんだなと」

　子どもと一緒に寝るようになると、不思議とからだはラクになり、こころに余裕が出てきたそうです。

「あかちゃんは、自然そのものですよね。そこに逆らっていた自分に、そのとき気づきました。子どもに添うことが、子どもがすこやかに、そして自分自身もいきいきと子育てをたのしむための、もっとも大切な基本だと知ったんです」

　さらに、早起きもできるようになったそう。それからは、早朝を、読書やメールチェックなどの自分の時間として利用しています。

家族の助け合いと、地域のつながりと

ゆみさんは「子育ては、ひとりでしないこと」といいます。

「基就のときは夫も仕事で忙しく、まわりに知っているひともなく、あかちゃんとふたりきりで本当にしんどい思いをしました。だから、

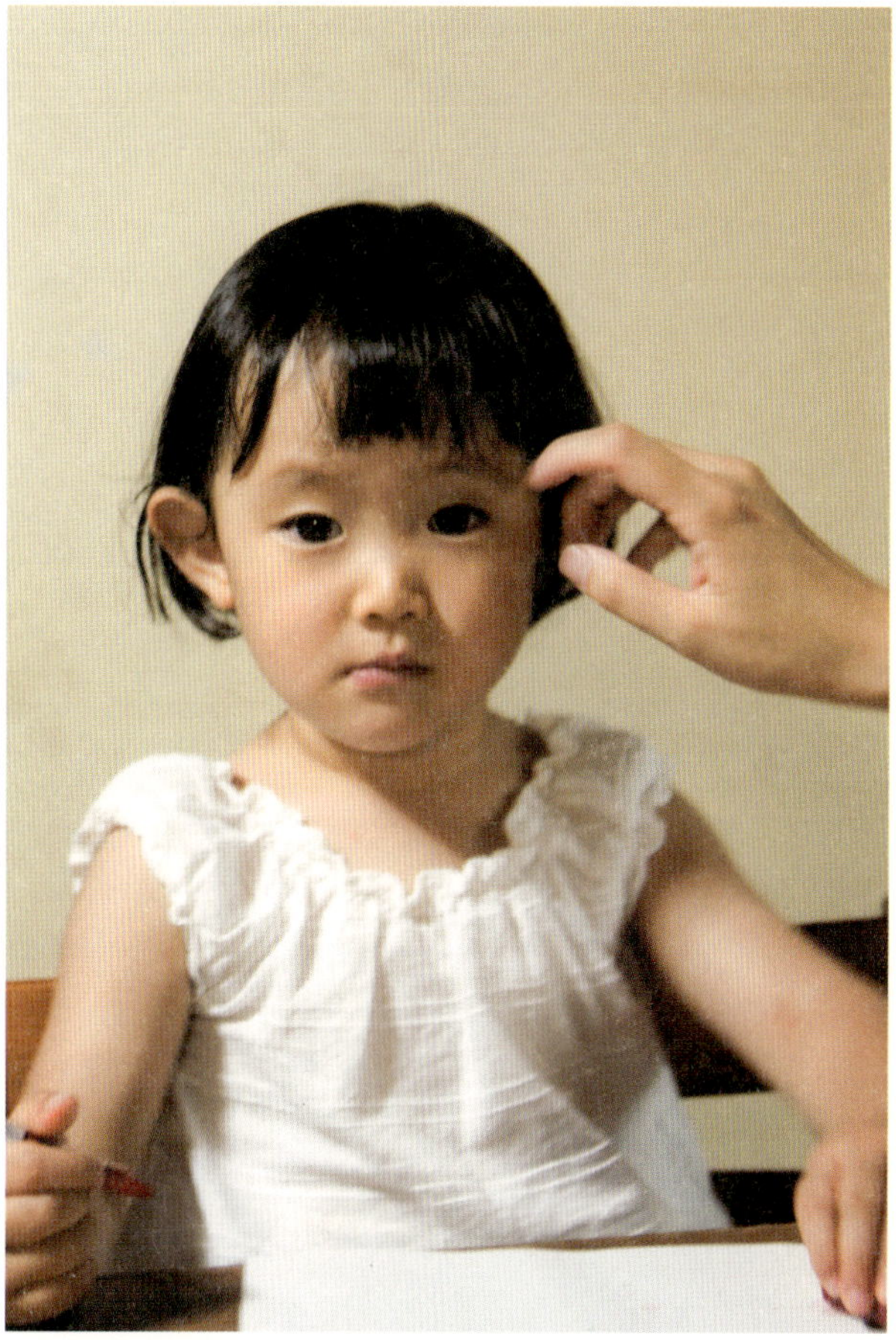

2歳になる円子さんは弟の大雄さんが生まれてから、ややあかちゃん返り。この日もゆみさんにたっぷり甘えていました。

ゆみさんおすすめの自然派グッズ。1●夜のぐずりが続くときに、熱めのお風呂にマンダリン配合のバスエッセンスを入れると、興奮を抑えてくれるそう。2●おっぱいが詰まって熱をもってきたときは、ひまし油＋庭に生えているつわぶきを遠火であぶって湿布に。おっぱいにもフィット。3●気持ちがふさぐときは、自分でケアできるフラワーエッセンスを。4●助産師さんに教えてもらった「タンポポコーヒー」。母乳の出をよくするそう。

 撮影／矢部ひとみ（office北北西）　取材・文／草刈朋子

自分を助けてくれるサポーターや気の合う友だちを見つけることが大事。わたし自身、児童館に行くのはとても苦手でしたが、興味のある講座などに出かけると、自然と気の合うひとに出会うことも多く、ベビーマッサージの講座では隣同士になったおかあさんと友だちになったりもしました」

その後、ふたり目の円子《わこ》さんが誕生。夫の茂久さんは、子どもとの時間を大切にしたいという思いから自宅での仕事に切り替えました。昨年の夏には、平屋の一軒家に引っ越し、そして第三子の大雄《たお》さんが生まれました。夫婦だけでは手が回らなくなったため、ゆみさんは関西でひとり住まいをしていたおかあさんを呼び寄せます。

「田舎からたくさん野菜が送られてくると、母はお向かいにおすそ分けしてくれる（笑）。それにちいさい子どもがいると、いろんなひとがことばをかけてくれるんですね。お隣りさんが『何かあったら声をかけてね』と言ってくれたり、ここでも自然と地域のつき合いがはじまりました」

3人の子どもを一人ひとり見ること

まわりに助けられながら、たまには外食をしたり、掃除を一日し

ウェブデザイナーである夫の茂久さんとゆみさんの仕事部屋。仕事の合間、大雄さんをみることも。大雄さんのうしろにある椅子の背には落書きが。白いものは子どもにとって格好のキャンバス。

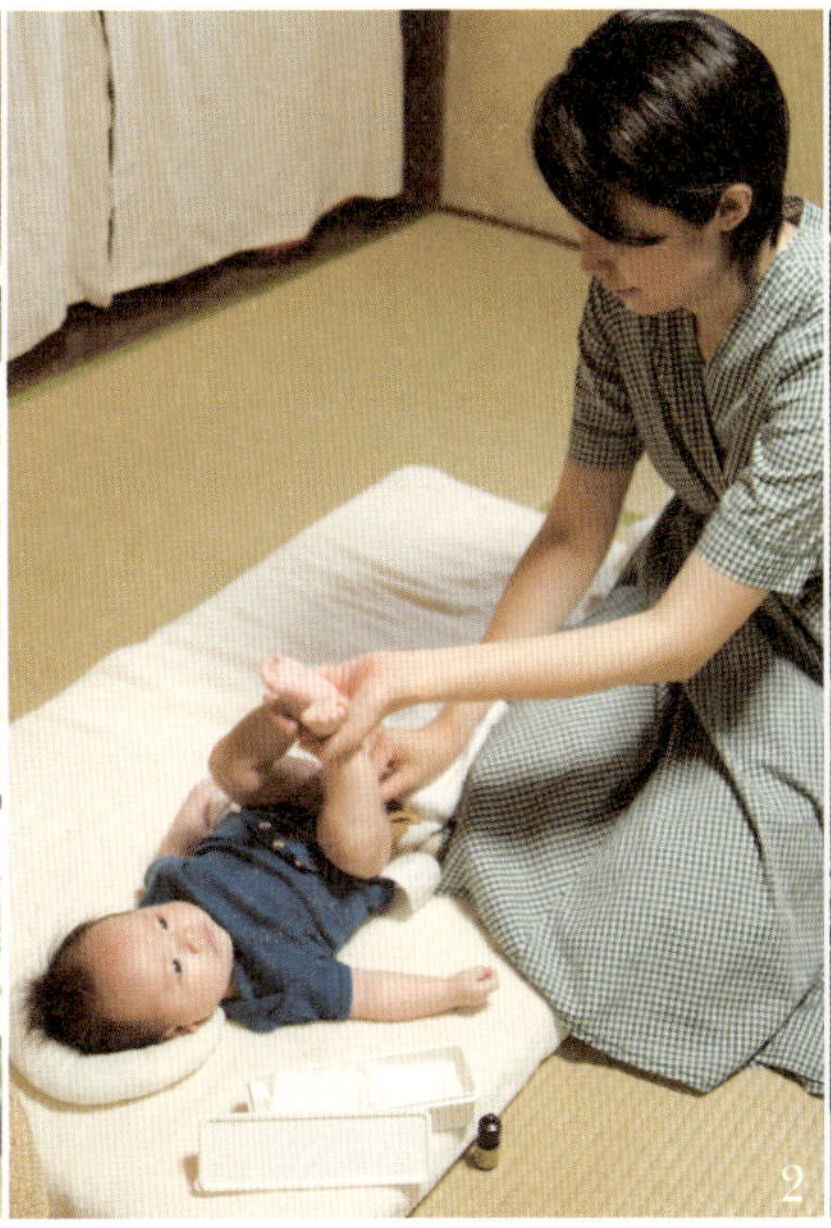

一日のスケジュール

03:30	起床
～04:00	お茶をいれる、朝のパンの仕込み 手紙を書いたり、本を読んだり、自分のための時間（もちろん、授乳やおしっこがあれば対応）
06:30	子どもが起床 朝ごはん（家族一緒に）
08:00	基就さんが小学校へ 円子さんを保育園に送る 家事や仕事（大雄さんをお風呂に入れるときも）
昼頃	昼ごはん（夫、母と）、夕飯の準備 大雄さんと昼寝
16:00	円子さんのお迎え、買いもの
17:00	基就さんを迎えに、近所の学童クラブに行く（大雄さんと一緒に） 夕ごはん（家族一緒に） お風呂、歯みがき
20:00	就寝

ないなど、手を抜くことも必要、というゆみさん。でも決して手を抜かないことがあるといいます。それは、3人の子どもをひとりずつ見る時間をもつこと。

「たとえば、基就は小学生で、大雄は2ヶ月。どうしても大雄に時間がさかれますが、寝た後には基就とふとんの中でひみつの話をしたり、円子とは保育園の帰り道に歌をうたったりしてたのしい時間を過ごします。毎日ほんの短いときでも、一人ひとりそれぞれに向けられている時間って、大事な気がするんですね」

子どもの中にある「自然」に寄り添うゆみさんの子育て。そこに、家族の絆がひとつずつ紡がれていくようすを見た気がしました。

1●家事や子育ては家族で分担。取材中も、茂久さんやおかあさんが子守とお世話を。2●おしりふきはアルコールの強い市販のものより、脱脂綿＋消毒殺菌作用のあるティートリーのアロマオイルを。3●タンポポコーヒーをつくるゆみさん。水筒に入れて毎日飲んでいるそう。4●取材の合間に円子さんとお絵描きを。5●子どもの上半身には調整する衣服がたくさんありますが、意外と下半身は見逃しがちというゆみさん。大人同様に靴下を履かせたり、ズボンの下にレッグウォーマーをプラスして。6●布おむつは重曹につけ置き、うんちは洗濯板で洗い落とします。

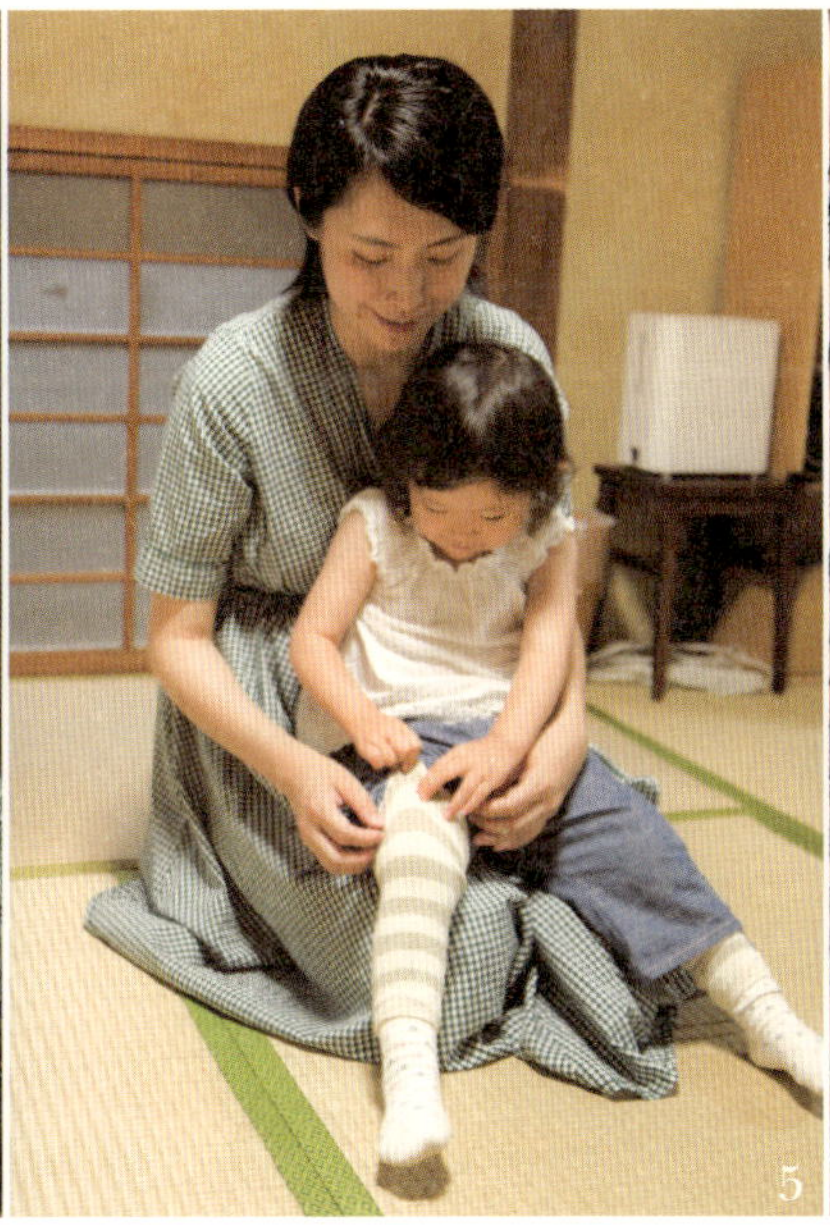

「わたし」らしい
自然な子育て

2 海に抱かれて育つたのしみ

石けんづくりをライフワークとし、神奈川県茅ヶ崎でゆったりとナチュラルな子育てをする浅野さおりさん。海からのめぐみをたっぷり受けて、のびのびと子育てするそのようすを拝見させていただきました。

自然のめぐみをたっぷりと子育てに

なだらかな海岸線が続く茅ヶ崎の、海の近くに浅野さおりさんの自宅はあります。昼前のお散歩の時間、1歳2ヶ月になる陽登《はると》さんは裸足のまま玄関先のレンガの上を歩き出しました。

「自然のものにからだが触れるよう、普段から裸足で過ごすことが多いんです。太陽にあたって、外であそばせることを、いつもこころがけています」とさおりさん。

ほどなく海岸に到着。陽登さんは、水を張ったバケツの中に拾った石を落としたり、砂をほったり自由にあそびはじめました。

「砂浜は陽登にとって大きな『砂場』みたいなものですね。海であそんだ日は、眠りも深いんです」

海はさまざまな豊かさをもたらしてくれるようです。

「浜では『ながらみ』*という貝がとれます。家族や友だちと収穫して、海の幸をたのしんでいます。また、ここでは地引き網漁が行わ

海であそぶのは、ふたりの日課。「毎日ちがう大きな空と海、海からとれるお魚、気持ちのいい砂浜……たくさんのことを感じながら、成長してほしいな」とさおりさん。

お話
浅野さおりさん
(「VERRY MUCH MORE」主宰)
あさの・さおり　アパレル勤務を経て、新潟で田舎暮らしを体験。その後都心で生活しながら石けんをつくりはじめる。茅ヶ崎に住まいを移し、手づくり石けんを「VERRY MUCH MORE」として販売、話題に。著書に『やさしい石けんの作り方』(文藝春秋/刊)がある。

今年で8歳の犬のミル。老犬ならでは(?)の落ち着きで、陽登さんの成長を見守っています。

れていて、朝の時間に浜に行くと、新鮮なしらすをおすそ分けしていただくことも」

さおりさん自身にとっても、海はリラックスできる場所。

「ゆったり子どもと向き合える、こころの余裕を保つには、海を眺めるのがいちばん。海のお散歩で、いつも気持ちが落ち着きます」

魚介だけでなく、この地域は野菜の生産量も豊富な土地です。

「毎週土曜日に地元の農協の朝市が開かれます。安くておいしい野菜には事欠きません」

さおりさんのおうちの食卓は、野菜がたっぷり。庭には畑をつくり、毎朝、ねぎやトマトなどの野菜を収穫しているのだそうです。

住まいも自然素材でリフォームを

また、さおりさんの自宅は子育てへの配慮をふまえ、さまざまなリフォームが加えられています。

庭に張り出したウッドデッキは、夫の智行さんによる自作。ほかにも、リビングの床は、無垢の床材に、家全体の壁は珪藻土の布クロスに張り替えたそうです。

「自然素材にこだわる業者の方にお願いしたら、接着剤もお米や自然のものを使ってくれました。リビングの棚は夫婦の手づくりですが、柿渋を塗っています」

毎日使う掃除洗剤も「あかちゃんは何でも口に入れたりなめたりするので」自然素材のものを使用。

そのおかげか、陽登さんは一度も病気をしたことがないそうです。

1●着替えのときもトマトを手放さない陽登さん。よっぽどおいしいのかな。2●お昼寝の前におっぱいを。そろそろおっぱいは少なめにしてお茶に変えているそうですが、寝る前に飲むと安心してぐっすり眠れるのだとか。3●やはりストンと眠りにつきました。4●陽登さんの野菜たっぷりのお昼ごはん。好ききらいがなく何でも食べるそう。

5●さおりさんの手づくり石けん。陽登さんがお昼寝のときに石けんづくりをします。6●同居しているさおりさんのおかあさんは、子育てのご意見番。

 撮影／矢部ひとみ（office北北西）　取材・文／草刈朋子　＊カタツムリの形をした巻貝。別名「キサゴ」とも呼ばれる。

一日のスケジュール

06:00	起床 おむつ替え、洗濯
07:00	朝ごはん（家族一緒に）
08:00	夫は出勤、陽登さんと一緒に洗濯物を干す、掃除
09:00	散歩（海か公園へ）
11:00	帰宅
12:00	昼ごはん
13:00	陽登さんの昼寝の間に仕事（メールチェックや石けんづくり、発送など）
15:00	陽登さんが起床、庭や玄関先であそばせる
16:00	海へ散歩
18:00	夕ごはん
19:00	お風呂
20:00	陽登さん就寝 仕事を少し。雑誌を読んだりのんびり過ごす
22:00 ～23:00	夫が帰宅・就寝

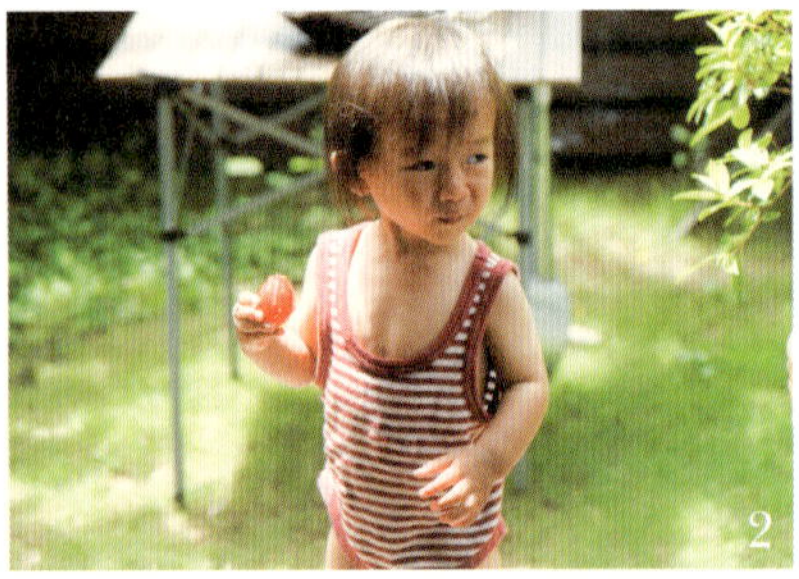

1●庭の真ん中には柿の木があり、奥には家庭菜園が。手前には転んでも痛くないよう芝が敷かれています。2●庭でとれたトマトは陽登さんの大好物。酸っぱくても最後まで食べていました。

「気持ちよさ」の実感を大切に

そんなさおりさんの、環境やからだへの配慮は、20代の頃からさまざまな実感をともなって培われてきたといいます。手づくり石けんもそのひとつ。陽登さんが生まれる前から飼っている犬のミルのために石けんをつくったことがはじまりでした。

「ミルははじめから皮膚が弱くて、病院をまわったんですがよくなりませんでした。何かの本に手づくり石けんがよいと書かれていて、実際につくってみたら、症状が少しよくなった。それから、自分たちや友だちの分と、いろんな種類をつくるようになりました」

また、洗剤や化粧品には必ず動物実験をしていないものを選ぶそう。生きものへの深い愛情が行動にあらわれています。

お昼ごはんの後、さおりさんは陽登さんの布おむつを替えはじめました。布おむつにした理由をたずねると、自分が布ナプキンを使っているからとのこと。

「あかちゃんも、きっと布のほうが気持ちいい！　と信じてます」

さおりさんの子育てに「気持ちいい！」という実感をもつことの大切さを感じました。

さおりさんのおうちの自然のめぐみ。3●玄関先には海岸で拾い集めたシーグラスが。おうちの雰囲気づくりにひと役かっています。4●豆乳やバナナなど入れて持ちやすい棒状に焼いたクッキー。ぐずったときはもちろん、手に握らせておくと、陽登さんは大事そうに前歯でポリポリと食べるそう。5●庭の柿の木の葉でつくったお茶。甘みがあっておいしい。

「わたし」らしい
自然な子育て

3 大切な「ひと」と「もの」と

お話
青木真緒さん
（ブックショップ カスパール）

あおき・まお　カメラマンを志しドイツに留学。帰国後、ドイツや東欧の古い絵本を扱うネットショップ「ブックショップ カスパール」を立ち上げる。書店などに洋書のコーディネートも行う。夫と娘の莉雨さん（5ヶ月）と猫のソルの3人と1匹暮らし。

「ブックショップ カスパール」を運営する青木真緒さん。「ストレスもありますよ」と言いつつ、古いものを大切にし、マイペースに子育てをたのしんでいる日常を、ちょっとのぞかせていただきました。

離乳食は、真緒さんのごはんから取り分けて。銀のスプーンは留学時代にお世話になった「ドイツのおかあさん」からの贈りもの。「お米や雑穀からビタミンをとれるから」と親戚がつくっているお米をよい加減に精米し、雑穀を混ぜて食べています。

思い出のものに囲まれて

青木真緒さんは、5ヶ月になる莉雨《りう》さんと夫と、都内からほど近い住宅街に暮らしています。

莉雨さんのものは、真緒さんがちいさいときに使っていたものが多いとか。ときどきあそびに来る、真緒さんのおかあさんは、

「この椅子（写真上）は真緒のちいさいときに買ったもの。洋服やおもちゃも思い入れのあるものはとっておき、ときどき虫干ししていました。孫にも使わせたい、という気持ちがそのときからあったんですね」と話してくれました。

「莉雨の絵本も、わたしの読んでいたもの。引っ越しのときに捨ててしまったものもありますが、もう一度見たくて古書店で探すこともあります」（真緒さん）

ものを大切にするこころは、親子で自然と受け継がれたようです。

真緒さんはもともと、カメラマンを志してドイツに留学。そこで古本の魅力を知りました。

「ドイツに住んでいる叔父がいて、叔父の連れ合い（ドイツ人）の家に代々伝わる民間療法の本（200年前のもの）や、若い頃ふたりが旅先で買い求めた古い聖書を見せてもらって。ただ古いだけでは

撮影／矢部ひとみ（office北北西）

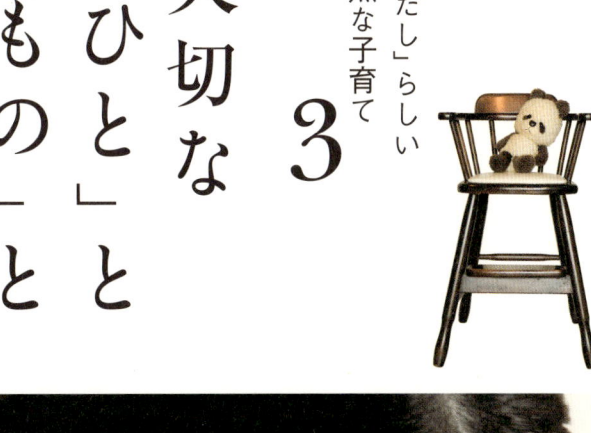

なく、『もの』と『ひと』との物語を感じられるのがおもしろい。仕入れてきた古本に、持ち主のメモやバースデーカードなどが挟んであることがよくありますが、何となく捨てられずにとってあるんです」（真緒さん）

日常に野性を感じて

母乳育児をしたくて、出産は、母乳に詳しい院内助産院を選んだ、という真緒さん。

「最初は母乳が出るのかなあと、不安でしたが、助産師さんに『ほ乳類だから、ちゃんと出ますよ』と言われて。本当に出たときは『わたしも動物だったんだ！』と（笑）。人間のからだって、すごいですね。毎朝ヨガをしていますが、

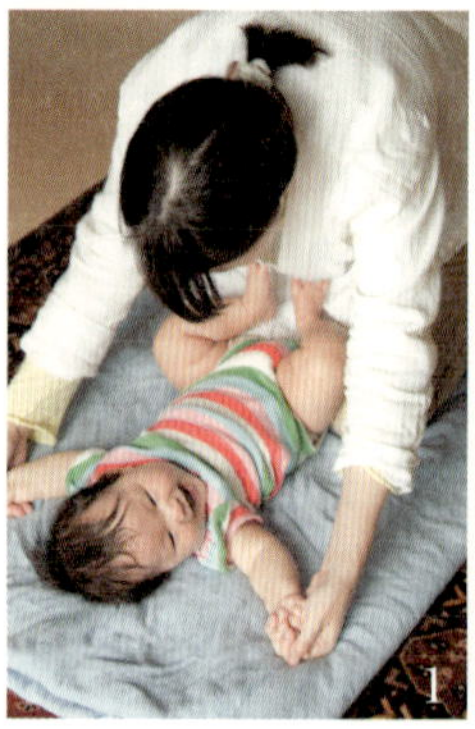

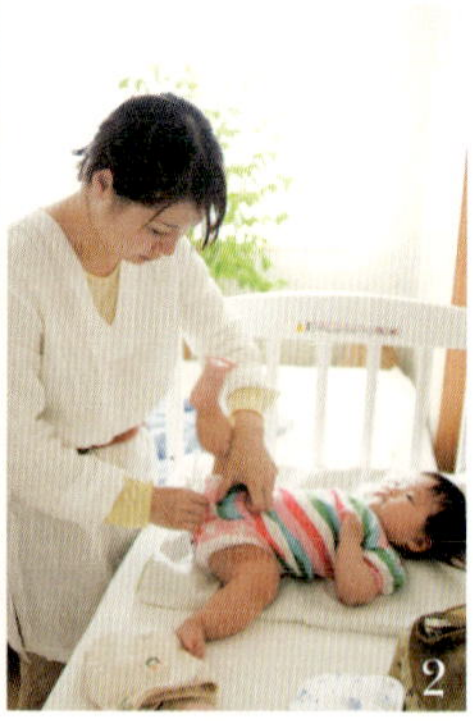

1●あかちゃん体操は莉雨さんのお気に入り。『定本　育児の百科』（松田道雄／著　岩波書店／刊）を読んで実践。2●布おむつと紙おむつを併用。布おむつは、うんちのときは水で手洗いした後、重曹と一緒につけ置き洗い。「おむつは、午前中に洗濯機でまとめ洗い。香料や保存料が入っていない洗濯用石けんを使っています」（真緒さん）

左から・真緒さんが幼い頃読んでいた絵本を、莉雨さんにも。／授乳は1日に6～8回。

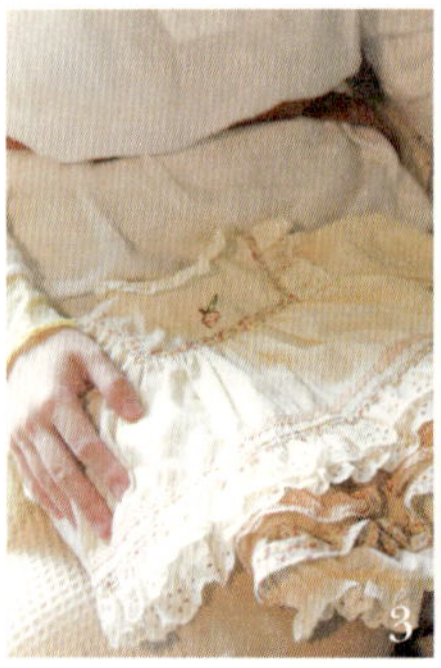

3●莉雨さんの洋服も、青木さんの幼いときのものを。4●気ぜわしいときは香りでリラックス（ポケットアロマ）やレスキューレメディでこころを落ち着かせます。5●朝はハーブティーを多めにいれ、1日かけて飲みます。ベランダで育てた摘みたてのハーブをお風呂に入れることも。

一日のスケジュール

05:00	授乳
06:30	起床
07:00	朝ごはん。夫が出勤。授乳
07:30	植木の水やり 昼まで合間をみて、掃除、洗濯
10:00	授乳・昼寝 莉雨さんの昼寝中にヨガ・仕事など 昼寝の後、あかちゃん体操
12:00	莉雨さんと一緒に昼ごはん、授乳
14:00	昼寝
15:00	仕事など
16:00	授乳。散歩を兼ねてお買いもの
18:00	食事の支度、授乳
20:00	夫帰宅。夕ごはん
21:00	お風呂の後に授乳。莉雨さんは就寝
22:00	自分の時間（読書やメールをしたり、 友だちに手紙を書いたり、猫のソル とあそぶなど）
23:00	就寝

※2週間に1回、シュタイナー教育の音楽の会に莉雨さんと一緒に通う。

1●毎朝の日課、ヨガ。2●カスパールで扱っているチェコの絵本。著名なものを選ぶのではなく、真緒さんが本当に好きなものを選んでいます。「ドイツや東欧の伝説や物語は、ただかわいいだけでなく、人間の死への不安や恐れなどが描かれていることに惹かれます」（真緒さん）。3●一緒に住んでいる猫のソルは、莉雨さんよりもちょっとおにいさん。「夜は、最近ちょっとさびしがりやのソルを思い切りかわいがって、ソル祭りです（笑）」（真緒さん）

それも逆子が治った経験から。実践したことは必ず結果となって返ってくるんだなと実感しています」

自分自身の「野性」に気づいた真緒さん。飼い猫のソルにもそれを感じています。

「猫には、猫の時間が流れている。そう感じると、何だかほっとします。お散歩コースに猫の知り合いもたくさんいますよ（笑）。

気分転換にはお散歩もいいですが、ベランダでハーブ栽培をしたり、キジムナー（沖縄のガジュマルの木の妖怪）が出ないかな、と思ってガジュマルの木を育ててみたり（笑）。あとは摘みたてのハーブを入れての入浴。よい香りに包まれると、ほっとしますね」

たとえ都会に住んでいても、あかちゃんや動物や植物、ものやからだの、声にならない声に耳をすますことは「自然に寄り添っている」こと。真緒さんの暮らしには、そんなことを感じさせてくれる、ゆったりとした時間が流れていました。

上・真緒さんのおかあさんもよくあそびに来ます。真緒さんのおばあさん（莉雨さんのひいおばあさん）も交えて、みんなで食事に行くことも。
左・天気がよければ、一日一度はお散歩へ。顔見知りの猫やおばさんやおじさんにごあいさつ。お気に入りの天然酵母のパン屋さんへ立ち寄ることも。

あのひとのバッグのなかみ

あかちゃんと一緒に外出。あれもこれも……と気づけば、荷物はすごい重さに。そこで先輩ママ３人のおでかけバッグを拝見。持ち歩いているものを、見せていただきました。

１～２回分の布おむつとおむつカバー、着替えを持ち歩く。上の子のときは紙おむつも兼用していたものの、持ち帰りにも慣れて、いまは布おむつのみ。

お子さんと一緒に外出することは多いほうという根本きこさん。荷物はつい多くなりがちですが、「いざというときも大丈夫」という安心感を優先させるそう。おでかけ時のこころ構えについても、うかがいました。

いちばんの持ちものは、こころのゆとり

お話
フードコーディネーター
根本きこさん

ねもと・きこ　フードコーディネーター。３歳になる哩来（りく）さんと、８ヶ月の多実（たみ）さんの育児の傍ら、神奈川県逗子市にてカフェ&雑貨店「coya」を営む。
http://coya.jp/

トラブルを考え過ぎず いつでもゆったりと

上の子のときも、あかちゃんのうちから骨董市に連れていくなど、子どもとよく外出しますね。もちろんひと込みを避けたり、時間帯を気にしたりしながら。上の子がベビーカーぎらいだったこともあって、スリングでの外出がほとんど。大きな肩かけバッグにおむつやら着替えやらを持って、買いものまですると本当に重くて（笑）。

でも、多少持ちものが多くなっても、安心感がいちばん大切かな。おかあさんに不安や焦りがあると、それが伝わって子どもも落ち着かなくなってしまいますから。突然ぐずられても、とにかく慌てず、落ち着くことが大切。授乳中のあかちゃんなら、泣く理由はおむつかおっぱいだから、そのふたつをクリアできれば、たいてい何とかなるもんです。

外出時、とくに重宝するのが、このショールのような大判タオル。手織り、手紡ぎでつくられたカディコットンで、肌触りもよくて気に入っています。おむつを替えるときは敷きものに、授乳のときには羽織って、と大活躍です。

お友だちのショップ「chahat」のレザーバッグ。使い込むほどに味が出て、汚れが目立たないのも魅力。なかみは、ちいさなバッグに小分けして入れてあります。

１●ママバッグとおそろいの、こちらのミニバッグには母子手帳や財布などの貴重品が。いざというときに単独で持ち歩くこともできるように。２●バッチフラワーレメディのレスキュークリームとエッセンスなど。近所の海に行くことが多く、ちょっとしたすり傷や虫刺されなどによく使うそう。３●一見ショールのような、インド製の大判タオル。吸水性もよく速乾性があるコットン素材。おくるみにも膝掛けにもなり、１枚持っておくと便利。

撮影／泉山美代子

お弁当の本も出しているワタナベマキさん。
お子さんとのおでかけにも食べものは大切な持ちもののひとつとか。
最近ますます歩くのがたのしくなってきた息子のつむぎさんと行く、
お気に入りの場所もうかがいました。

お話
フードコーディネーター
ワタナベマキさん

わたなべ・まき　グラフィックデザイナーを経て、2005年より「サルビア給食室」を立ち上げ、〝食〟にまつわる仕事をはじめる。『サルビア給食室のおいしいおべんとう手帖』（主婦と生活社／刊）など著書多数。

「KOHORO（こほろ）」という雑貨屋さんで買った軽めの革製グランデトート。大きなバッグを探しているときに偶然出合ったもの。収納力はもちろん、肩掛けにもなる長めの持ち手もママバッグにぴったり。

身近な公園がお気に入りです

息子が1歳になるまでは、でかけることは少なかったですね。以前、仕事の買い出しで近くの百貨店に連れていったら、着いたとたん大泣きして。何も買わずに帰ってきたことがあったんです（笑）。そのこともあって、子どもを自分の都合につき合わせることは、あまりしないようにしています。

親子でお気に入りのお出かけ先は、もっぱら近隣の公園。つむぎは最近、歩くのがますますたのしくなっているみたいで、公園でお散歩中の犬に会い、鳩やカラスを見つけては、よろこんでいます。わたしも木々や花々から季節を感じるのがたのしみです。

近所へおでかけするときも、少し遠出するときも、食べものは持っていきます。出先によっては、子どもに食べさせたいものを見つけるのが大変なこともあるので。ゆでたさつまいもやバナナなどのおやつやお弁当を持って、外で食べることもあります。メニューは手早くつくれてバランスのいい炒めごはんが定番。子どもの食べものは、考え過ぎずに、ごはん中心でおいしく、をこころがけています。

バッグの中には、お気に入りのリネン地でつくった収納袋がふたつ。ひとつにはおむつやおしりふき、おもちゃが。もうひとつには、子ども用の木製カトラリーとスタイ、保温マグなどが収納されている。おでかけの持ちものは、このふたつの袋が基本に。

 撮影／宮津かなえ

モデルの田辺あゆみさん。息子の龍之介さんは3歳。持ち歩く荷物が減り、気負わず、軽めの準備でおでかけできるようになってきたとか。それでも、あかちゃんの頃から持ち歩いている必需品を、教えていただきました。

子どもが成長すると持ちものもシンプルに

お話
モデル
田辺あゆみさん

たなべ・あゆみ　モデル。自然豊かな神奈川県・葉山に暮らし、ただいま子育てまっ最中。その自然派育児は、若い母親世代を中心に多くの支持を得ている。

ホメオパシーのレメディの粒。龍之介さんが転んだりぶつけたりしたときにはアルニカをよく使います。ちょっと体調がすぐれないときにはアコナイトが便利。

バッグは、肩にかけられて両手のあくものを選びます。好きなバッグに自分のものを詰めて、あとは子どものものをちょこっと入れる、という感じ。いろいろ入っていますが、やはりハンカチとティッシュは必需品とか。

子どもと歩いて見えてきたこと

　こんなに軽装になったのはつい最近のこと。龍之介があかちゃんの頃はいつも大荷物でした。何かあったらどうしようと思って、着替えも1枚余計に持っていったし、準備万端でいつでも旅行に行けちゃう感じでした（笑）。龍が大きくなってきてからは荷物も減り、なるべくシンプルにしていった結果がいまの状態です。

　龍があかちゃんの頃はベビーカーを使ったりもしていたけれど、わたしには子どもを抱えながらベビーカーを持って、駅の長い階段を何度も上り下りする自信がない……！　と、車で外出することのほうが多かった気がします。

　子どもを連れて歩いてみてわかったのは、子どもや〈障害〉のある方にやさしくないつくりが多いな、ということ。駅でもエレベーターが少なかったり、道路も段差でガタガタしているところがたくさんある。外でおむつ替えする場所なんて全然ないですし、これではデパートのおむつ替えコーナーが混雑するわけですよね。何とかならないものかなあ。

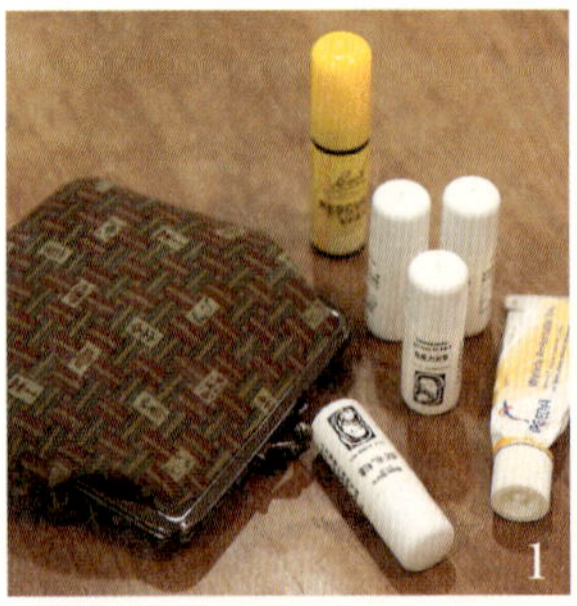

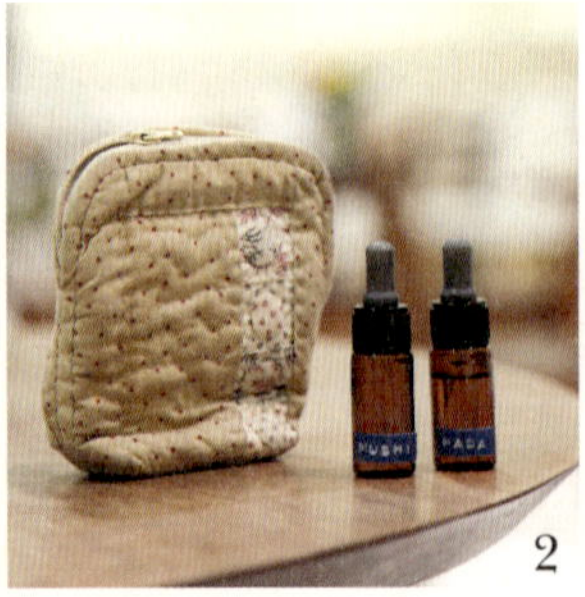

1●困ったときのレスキューレメディ、何にでも使えるコンビネーションレメディなど。ちょっとしたけがの緩和に使えるアルニカのクリームは必需品。2●ハーブがブレンドされたアロマオイルもポーチに入れて。田辺さんは、よく使う虫刺され用と肌荒れ用を常備。3●龍之介さん用のものは、すべて小分けに。ブルーのドラゴンの袋には、紙おむつとおしりふきが。

［月刊クーヨン］2009年3月号掲載　撮影／木原光代

「食べる」が基本

「食べること」は、栄養を得るための大切な行為。
でもそれだけではなく、
あかちゃんは母乳で母のぬくもりを感じたり、
少し大きくなれば、
家族団らんのたのしさを知ったり。
子どもの食については、いろいろと頭を悩ませることもありますが、おかあさん自身もたのしくできる方法、
考えてみませんか？

撮影／矢部ひとみ（office北北西）　撮影協力／三木朱美さん、三木壮一朗さん

みんなで学ぶおっぱいのこと

「自然育児友の会」は、おかあさん同士が子育てについて、学び合う会です。1983年に東京でスタートし、いまでは全国展開しています。今回は、これから母乳をはじめたい、というひとへ経験者が語る「おっぱいクラス」（プレママクラス）*を訪ねました。

お話 伊藤恵美子さん（自然育児友の会）

母乳の悩みはひとそれぞれ

会場は国分寺の駅からほど近い「カフェスロー」の一角にある自然育児友の会事務局。やわらかな光が差し込む空間です。妊娠中から生後3ヶ月ほどのあかちゃんのおかあさんを対象とした講座で、なかには、ご夫婦で参加されている方もいらっしゃいました。

「母乳って、生まれたら当然出るものだと思っていませんでした？」と講師の伊藤恵美子さん。

「うちは、4人目の子が昨年卒乳しました。最初の子のときは何もわからず、痛い思いや泣くような思いもしたけれど、いろんな出会いがあって、その後10年以上ラクチンおっぱいをたのしむことができました。最初から知っていたら、あんな苦労をしなくてもよかったはずなんですね。病院や産院でもなかなか教えてもらえない、本当に必要な、おっぱい育児の姿や知恵を、ここでは伝えたいと思っています」（伊藤さん）

参加者のほとんどは、できるだ

2ヶ月のあかちゃんと一緒に参加されたご夫婦。

からだが授乳用にできてくる

夜の授乳はたいへん。でも、母親はあかちゃんが声を少したてただけで目が覚めるもの。たくさん起こされるけれど、その代わり、ホルモンの働きで短時間で深く眠れるようにもなるようです。あかちゃんの動きではすぐに目が覚めるのに、夫が帰宅したことは全然気がつかないことも（笑）。

夜の授乳はつらくない？

畳敷きの落ち着いた空間で。

これから出産するひとたちみんなで、あかちゃんをだっこさせてもらって。

け母乳で育てたい、と言います。

「自分はミルクで育ちましたが、子どもは母乳でと思っています」

「入院中にマッサージをされて痛かったとか、乳腺炎で大変だったとか、こわい話ばかりを聞くので、ちょっと不安」

「ひとり目のときは1歳までミルクとの混合で、母乳だけでやれなかったことがつらかった……。母乳のことを学び、ふたり目のときは、もっとラクにおっぱいをたのしみたいと思って来ました」

あかちゃん連れで参加した方は「母乳育児を推奨する病院でしたが、産後、切開の傷が痛くて最初は動けず、授乳室にも行けなかったんです。なんとか起きられるようになり授乳室に行ってみると、みんな真剣。それを見て、わたしも頑張らなきゃと思いました」

「退院後、体重の不足からミルクを足すように言われました。でも、ミルクをあげたくなくて、母乳外来に通いなんとかやっています。母乳だけで、というのも自己満足なのかなぁと悩むことも」

みなさん、それぞれの不安や悩みがあるよう。

「ミルクに助けてもらっても、いいんです。ただ、ミルクは医薬品だと思って使う、ということ。いまは昔に比べたら、ミルクの質も

なぜ母乳がいいの？

人間の母乳の特徴

人間は哺乳動物。地球上の哺乳動物の母乳の性質は、それぞれみんな違います。

2倍の体重になるのに、人間は3ヶ月ですが、牛は1ヶ月半しかかかりません。そのため、牛の母乳はたんぱく質やカルシウムが豊富です。人間のあかちゃんは体重の代わりに、急速に脳を発達させるため、人間の母乳には糖やタウリンなどが豊富です。

また人間の母乳は脂肪が少なく、消化が早い。だからミルクより母乳のほうが、おなかがすくのが早いんですね。

サルの仲間の母乳の性質は、人間と同じです。サルのあかちゃんがいつもおかあさんと一緒なように、人間もあかちゃんを身にまとうようにして、いつもおっぱいをあげられるような状態が、本来の姿なのです。

あかちゃんにいいこと

母乳には免疫物質が含まれています。とくに初乳にはたくさん含まれているといいます。

初乳には、ミネラルもたくさん含まれているため、なめてみると、しょっぱい。1ヶ月もたつと普段はうっすら甘いのですが。

母乳には異種タンパクが含まれないので、アレルギーを起こしにくいといわれています。アレルギー予防にもぜひ母乳を。ただ、おかあさんが食べたものによって、アレルギーを起こすことはあります。

全身の力を使って、大きな口をあけて必死で飲むから、あごも発達し、脳も発育するんですね。

おかあさんにいいこと

産後、母乳を吸われると、オキシトシンというホルモンが出て、子宮の回復が早くなります。乳ガンにかかるリスクが少なくなるというデータもあります。

外出のときもおむつだけあれば身軽に出かけられるのもいいところです。

母乳が出ないときは？

くり返し吸ってもらって

乳輪が隠れるくらいまで、深くくわえて吸わせるのがポイント。出なくてもひたすらくり返し吸ってもらって。

母乳が出るサイクルができるのに、3～4ヶ月くらいはかかるひともいます。需要と供給のバランスがとれてくるまで、スタート期をなんとか乗り切れれば、ラクになりますよ。

先輩おかあさん、自然育児友の会の伊藤恵美子さん。伊藤さんが講師となり、会をすすめました。

いとう・えみこ　NPO法人自然育児友の会、母乳育児支援担当理事。著書に、写真絵本『うちにあかちゃんがうまれるの』（ポプラ社／刊）など。

撮影／泉山美代子　＊「おっぱいクラス」には妊娠中から生後3ヶ月ほどのお子さんをもつ方が対象の「プレママクラス」と生後4ヶ月以降のお子さんをもつ方が対象の「ステップクラス」とがあります。会期は不定期。

よくなっているので、必要なときはネガティブに思うことなく助けてもらったらいいと思います。

　でも『足しなさい』と言っても、足し方まで指導してくれる医療者は少ないもの。わたしが尊敬する堀内勁先生（聖マリアンナ医科大学）は『母乳は一人ひとり違うから、飲む回数も飲む量も違い、一律に指導できなくて当たり前』とおっしゃっていました。

　ミルクを足すときは、おっぱいをお手本にしたらいいと思います。1回の量は30～50ccくらい。おっぱいの後に何回も、しかも昼間だけ足します」（伊藤さん）

情報に惑わされず 感性を大切に

「産後はとにかく休むこと」と伊藤さん。

「ホルモンの大転換が起こって、無理すると、とにかく疲れます。産後3週間は寝ていられるように、家事など手伝ってもらうひとを段取っておきましょう。

　また授乳時間を一日分まとめて計算すると、何時間にも及ぶもの。どうしても前のめりになって力が入り、コリがたまります。すると、おっぱいのトラブルも起きやすい。とにかく休み、自然な手当ての力も借りて乗り切れるといいですね。

脇抱き
あかちゃんを小脇にかかえるようにして抱きます。あかちゃんの大きさに応じて、おしりにクッションをあてて高さを調整。

たて抱き
おかあさんのおなかと、あかちゃんのおなかをくっつけるようにします。あかちゃんの大きさに応じて、おしりにクッションをあてて高さを調整。

横抱き
一般的なスタイル。あかちゃんの下にクッションなどをあてて、前かがみにならないように高さを調整して。

添い乳
寝たままおっぱいをあげるときラクチン。枕、クッションなどの助けをかりて、ラクな姿勢で。

おおいかぶさるようにして
おっぱいの上の部分がしこりがちなときは、あかちゃんを反対向きにして、上からおおいかぶさるようにしても。

おっぱいはラクな姿勢で

　母乳の流れが滞ると、しこりができる原因に。体調が悪いときや疲れているときは気をつけましょう。前かがみで力が入っている姿勢もコリや滞りの原因に。おかあさんがラクな姿勢で飲ませましょう。もししこりができたら、だっこする角度を変えて飲ませるとよいでしょう。おっぱいが滞っている部分は手をあてるだけでも、あかちゃんが飲みとりやすくなります。

おっぱいタイムはリラックスタイム

　授乳して数十秒で、母親の脳内にはアルファ波が出て、自然とリラックスするようにできているのだそうです。子育て中は不安になったりイライラしたりすることもあるけれど、そのことによって助けられることも多いと思います。

おっぱいのここの部分はとくに滞りやすく、疲れていたり、体調が悪かったりすると、しこりになりがち。

それでも改善しないときは、地域の開業助産師や助産院、母乳外来など、専門家の助けを借りましょう。事前に駆け込める場所を探しておくのも大切」（伊藤さん）
　母乳の実践の話が盛りだくさんのクラスですが、こんな話も。
「あかちゃんが心地よいおなかの中から生まれ出た瞬間、どんなふうに感じると思いますか？」
「こころ細い？」「肌寒い？」「まぶしい？」（参加者のみなさん）
「そのとき、抱きしめられ、おかあさんの声を耳元で聞き、おっぱいを口にふくむことができたら、どんなに安心するでしょう。あかちゃんは母乳を飲みたい、というより、おかあさんのおっぱいのぬくもりを感じて安心したいのではないかしら。おっぱいを食糧と考えて量を気にするより、安心感を飲ませる、という気持ちでおっぱいタイムを過ごしてくださいね。
　産後はおかあさんとあかちゃんのハネムーン期間。あまり頭でっかちにならず、目の前のあかちゃんと自分にとって何が気持ちいいのかを感じながら、子育てしていけたらいいですね」（伊藤さん）
　最後には参加者みんなが笑顔に。「悩みをひとりでかかえ込まず、おっぱいライフをたのしみたい」と感想を残していかれました。

食のこと

　産後すぐは、おっぱいが張ってしまいつらいことも。高カロリーのものを食べ過ぎると、不完全燃焼を起こしてしまいます。そんなときは、消化のよいものを少なめに食べるようにするといいと思いますよ。

　食事は、穀物、野菜、魚や肉を食べるための、それぞれの歯が生えている割合（臼歯4～5《穀物》：門歯2《野菜》：犬歯1《魚、肉》）で食べるのが人間の食性には合っているそうです。

　あかちゃんとの暮らしに慣れるまでは、ごはんだけ炊いておいて、野菜や海藻、肉、魚などが入った具だくさんのみそ汁と漬けものがあったら充分。手抜きをしているようでいてちゃんと栄養も摂れる、理にかなった食事なんですね。

おっぱいが詰まるときに
ごぼうの種

炒ったものを7粒ほど、空腹時に1日3回食べると、おっぱいの詰まりが改善されるといわれています。

おっぱいの痛みに
ユキノシタ

きれいに洗い、さっとゆでて、葉の裏側の薄皮を剥がします。剥がしたほうを直接肌に付けて貼ります。中耳炎にもよいとされています。

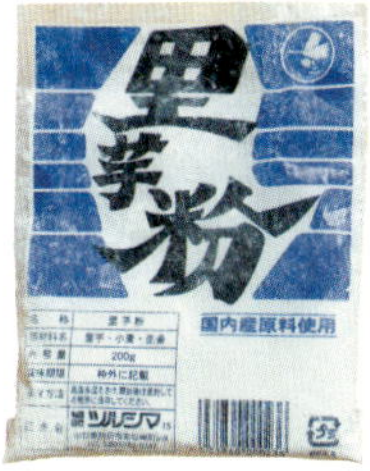

おっぱいが張ったら
青菜、または里芋粉

キャベツなどの青菜を、おっぱいにあてておきます。それでも治らないなら、里芋粉を。生の里芋でもよいのですが、かぶれるひとは里芋粉がおすすめです。固めに溶いたものをガーゼなどにのばし、おっぱいに貼ります。すったじゃがいもに小麦粉を混ぜても代用できます。じゃがいもには酢を少し入れるとよいでしょう。

乳首が切れたら
羊の油、またはピュア馬油*

乳首が切れたら、羊の油を塗って。授乳のときは、さっとふいて、そのままあかちゃんが口にしても大丈夫です。馬油は多少匂いがあるので、気になるひとには羊の油がおすすめです。スキンケアにも使えるので、万が一のときのために用意しておくと安心です。

自然療法の手当て

　ちょっとしたトラブルには、自然療法も。でも疲れたときや体調が悪いときは、とにかく休む。また、食べ過ぎないこと。不安やストレスを解消し、こころが元気でいることも大切です。

　目と子宮はつながっているといいます。わたしは、ちょっと疲れたときは、自分のからだに「がんばってくれて、ありがとう」という気持ちで、手で目をやさしくおさえてあげています。

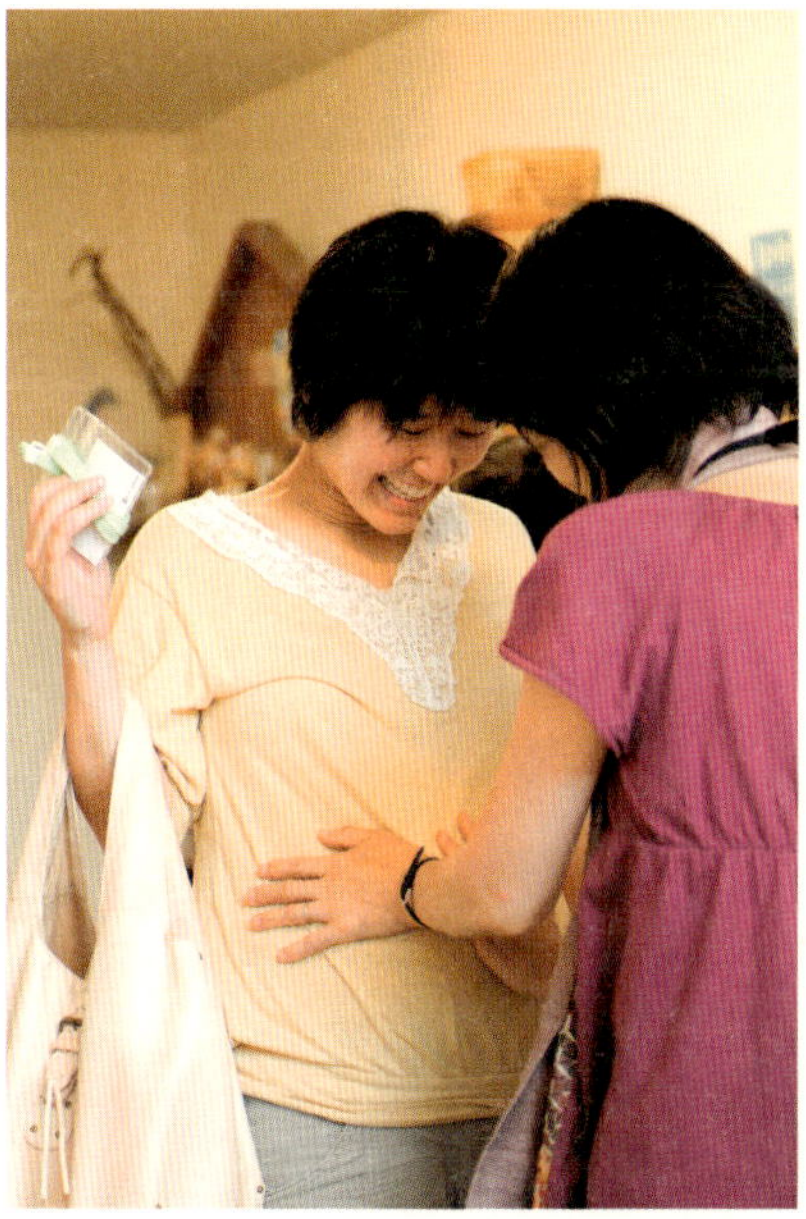

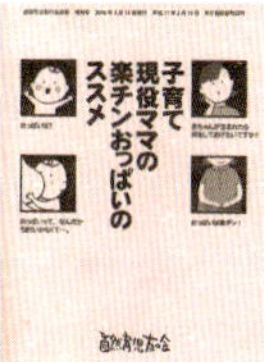

『子育て現役ママの楽チンおっぱいのススメ』
NPO法人自然育児友の会／刊
母乳育児の基本をわかりやすく解説している。

NPO法人 自然育児友の会　母乳育児を中心とした、自然な子育てをたのしむ家族の全国ネットワーク。自然なお産や母乳育児を実践するなかから学んださまざまな子育てや暮らしの知恵を、母親同士で伝え合っている。また、おっぱいとおむつなし育児の通信講座「メールサポートクラブ」、ホームページ上で「母乳育児相談室」なども行っている。
http://shizen-ikuji.org/

※羊の油（商品名：ランシノー）、ピュア馬油（商品名：ピアバーユ）のお問い合せはカネソンまで（http://www.kaneson.co.jp/）。

植物の力でほっとひと息

母乳ケア

母乳で育てたいけれど、おっぱいが痛い。
噛まれたあとが治らない……など、母乳育児の
悩みに直面すると、つらいですよね。
「でもそれはしあわせなおっぱい時間への第一歩」と
大山カオルさん。植物の力を借りたケア方法を
教えていただきました。

生後3ヶ月くらいまでの授乳は、母親もあかちゃんも、お互いに試行錯誤の状態。うまくいかなくて当たり前（笑）。落ち込まないで、あかちゃんと自分のからだのリズムに合わせてゆっくり生活しましょう。夜泣きに備えてお昼寝するのも大切です。

リラックスにはアロマオイルやハーブティーがおすすめ。乳房が張ったときや痛みのあるときにカスターオイルを塗ると炎症がやわらぎ、おっぱいの張りもやわらぎます。やさしくケアしてください。すると痛みも消え、おっぱいの時間が本当にしあわせなひとときに。あかちゃんとの関係もどんどんよいほうに変わっていきますよ。

実はわたしも、最初はおっぱいをあげるのがつらかったんです。でも徐々に、からだがすっきりするような快感に変わっていきました。よくつくり、よく出す……卒乳後しばらくは、その心地よい感覚がなくなって寂しかったのですが、そのうち、生理のときにも、似たような感覚があることに気づいたんですよ。女性のからだは、常に「つくり、出す」という、いのちの循環を感じているんですね。そんなふうにからだのリズムを感じはじめると、子育てもたのしくなりますよ。

乳首をやさしくケアする 蜜ろうクリーム

材料

- 蜜ろう…4g
- カレンデュラオイル…20ml

つくり方

蜜ろうを湯煎で溶かしてカレンデュラオイルを混ぜる。

使い方

- 肌の保護効果が高いとされる蜜ろうとカレンデュラのベストマッチ。あかちゃんがおっぱいを吸いすぎて乳首の皮膚がふやけたとき、噛まれてキズができたときなどに塗りましょう。授乳の後に塗りましょう。

おっぱいの張りがつらいときの オイルマッサージ

材料

- ベースオイル…カスターオイル（ひまし油）10ml
- 精油…ゼラニウム、ペパーミント各1滴

つくり方

材料をよく混ぜる。たくさんつくって遮光瓶で保存してもよい。

使い方

- カスターオイルはデトックス効果、肌や髪の保護効果などがあるといわれてます。ゼラニウム、ペパーミントは母乳の生成を抑えてくれます。
- 張り、しこり、痛みや熱などの炎症があるところは、ブレンドオイルをやさしく塗りましょう。乳首のまわりにも使えますが、授乳までに乾かなかったら、ふき取ってからあかちゃんに飲ませてください。
- おっぱいが熱をもっているときはキャベツを貼るのもおすすめです。張りが引かないときは、乳房をやさしく寄せて、持ち上げると、自然に母乳がしぼれてラクになります。

おいしいおっぱいのためのおすすめ ハーブティー

- ダンデライオン（タンポポの根）
- ネトル
- レモングラス

使い方

- ホッとひと息つきたいときはハーブティーが効果的。代謝を高めるとされるダンデライオン、血液をきれいにするといわれるネトル、消化を助ける働きが期待できるレモングラスで、リラックスしながらいいおっぱいをつくっちゃいましょう。

産後のリラックスに おすすめアロマ

材料

- ジャスミン
- サイプレス
- ラベンダー

使い方

- 気持ちがへこんだときはジャスミン、落ち着きたいときはサイプレス、リラックスにはラベンダー。アロマポットやディフューザーでお部屋を芳香で満たす、またはティッシュなどに含ませるなどして、香りをたのしんで。

お話・指導

大山カオルさん

おおやま・かおる　アロマテラピスト。アロマスフィア中野店長。自然療法総合スクール「マザーズオフィス」講師。あかちゃんとおかあさんのアロマケア、ムーンライトセラピーなどで活躍中。

撮影／宮津かなえ　取材・文／澤田佳子

「ほしがるとき」が
はじめどき

子どもに安心 大人もうれしい 離乳食

お話 岡本正子さん

あかちゃんも一緒に食卓を囲んでいたら
ある日、指を指してごはんをほしがった、
という話を聞くことがあります。
そんな話を聞くと、おっぱいの時期も、
やがて卒業していくんだなあ、と実感します。
どんなごはんで、この子の食生活を
スタートしてあげたらいいんだろう。
アレルギーにならないように、
胃腸が丈夫になるように……。
ところが、いろいろ考えてつくったのに、
食べてくれない！　ということも。
離乳食づくりで疲れてしまわないよう、
ちょっと発想の転換をしてみましょう。

あかちゃん連れでワイワイランチ！

東京都国分寺市にある矢島助産院では、あかちゃん連れでなかなか外出する機会のないおかあさんたちを対象に「サロンのランチ」*1を開いています。ここで調理を担当し、おかあさんたちの食に関する質問に、にこやかに答えているのが、管理栄養士の岡本正子さん。岡本さんは、院長の矢島床子さんの手を借り、自宅でお子さんを出産しました。

集まってきたおかあさんたちは、近くに座ったおかあさんと、おしゃべりに花を咲かせています。「その後どう？　おっぱい出てる？」「離乳食はじまった？」などなど、「ここに来ると、先輩ママの話が聞けて、参考になる！」と、評判です。

この日参加したおかあさんたちに、離乳食に関する疑問や悩みについて聞いてみました。

アレルギーの心配がいちばんの悩み

もっとも多かったのが、アレルギーを心配する声。

「昔の育児書を見ると、離乳食は卵の黄身からはじめるように、って書いてあるんですよね。でも、最近の育児書では、アレルゲンになりやすいので、卵はずっと後からにしたほうがいい、って書いてあるんですよ。どっちが本当なのかな？　と思って」

「友だちの子どもが、小麦アレルギー。それを見ていたから勇気が出なくて、自分の子どもに小麦製品を食べさせるのを躊躇してしまうんです」

「アレルギーを抑えるためには、離乳食の開始を遅くしたほうがいいって聞いて、8ヶ月くらいまではあげないほうがいいかなあって思うんですけど……」などなど。

食物アレルギーは、湿疹のかゆみもさることながら、みんなと同じものが食べられない、というつらさもあるので、食事の摂り方で避けることができるなら、何とかしてあげたいところ。まずは、この点から岡本さんに聞いてみました。

「食物アレルギーは、タンパク質が問題になることが多いんです。食べたものは、アミノ酸に分解され消化されるのですが、タンパク質は分解されにくいんですね。それで、未消化のまま腸に留まってしまい、か

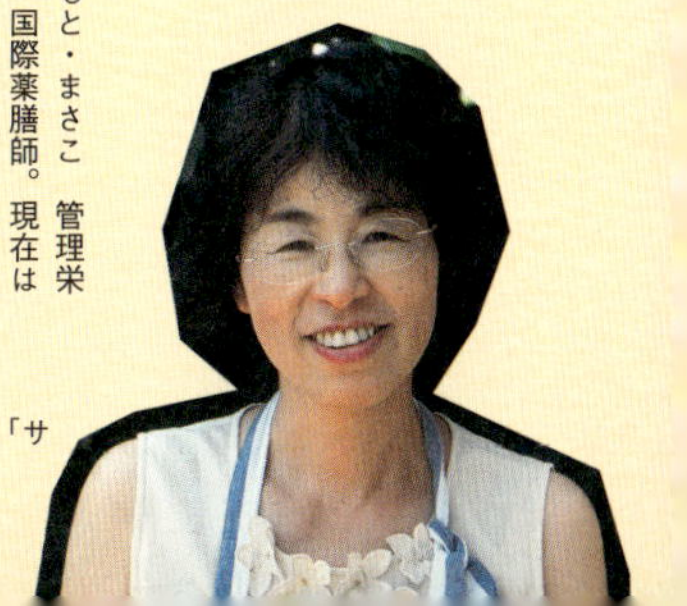

おかもと・まさこ　管理栄養士・国際薬膳師。現在は矢島助産院などで、講習会、食事づくり、栄養相談の仕事に携わるかたわら、地域で母と子に向けた食の講習会などを開いている。著書に『自然なお産献立ブック』（自然食通信社／刊）などがある。
http://homepage3.nifty.com/iisyoku/

撮影／宇井眞紀子　＊1記事は2005年に取材したものです。2010年現在、矢島助産院では「サロンのランチの会」ではなく、月2回「食の講習会」を開いています。

ある日の矢島助産院「サロンのランチ」のようす

この日のメニューは、五穀ごはん、冬瓜と白きくらげのスープ、トマトのみぞれあえ、手羽元甘辛煮、ポテトサラダのオーブン焼き、いんげんとパプリカのごまあえ、カブの赤酢漬け。

助産院とは別の場所にサロンがあります。この日は30名近くがワイワイと食事しながら、岡本さんに質問したり、あかちゃんをあやしたりして過ごしていました。

らだの免疫反応はこれを〈異物〉と捉えてしまいます。そのため、異物を排除しようとして、アレルギー反応を起こすんです。

だから、牛乳やチーズなど、高タンパクな食品は、胃腸が未発達な乳児期にはあげないほうがよいのです。

離乳食は、まずお米や雑穀などの、穀類、つまりデンプンからはじめましょう。小麦は、ポストハーベスト[*2]の心配がない国産小麦ならアレルギーが出ない、というお子さんもいます。野菜は、白っぽい野菜からはじめる、と覚えていてください。にんじんやほうれん草、トマトなど色の濃い野菜は、アレルゲンになることもあります。

もっとも、母乳で育てていらっしゃるなら、5ヶ月いっぱいくらいまでは、母乳のみでも大丈夫です。あかちゃんにとって、おっぱい以上においしいものはないのですから。わたしは、6ヶ月頃からだんだんに離乳食をはじめるのがいいと思います。

アレルギーを怖がって、あまり神経質になるのも疲れてしまいますよね。家族と一緒の食卓にあかちゃんを座らせ、親の口元を見つめてほしそうにしていたら、ちょっと味見させてあげればいいのです。〈食〉には、栄養を摂るだけでなく、食べるたのしみ、という点もあるのをお忘れなく。みんなで一緒に食べると、会話が生まれ、こころ豊かになります。子どもには、そういう体験をさせてあげてください」（岡本さん）

どのくらいあげたらいい？栄養は足りてるの？

生後3ヶ月を過ぎた頃から、健診などで果汁を飲ませるように、と言われます。いろいろな味に慣れるため、と指導されるのですが……。

「うちの子は、果汁をあげようとすると、口をギュッと閉じてしまって、飲んでくれないんです」

「4ヶ月なんですが、果汁をあげると下痢をするんです」

という声もありました。

「おっぱいだけでは水分が不足している場合もあります。果汁は、それを補うという意味もあります。ですが、みかんなどの柑橘類は刺激が強く、おなかをこわすあかちゃんがいるかもしれません。逆にりんごは下痢止めになるので、風邪をひいたときにあげるといい場合もあります。

適度な酸味は、食欲を増進させるので、いやがらなければ、あげてみる、という程度でいいと思います。砂糖を添加した果汁入りの甘い飲みものなどはやめましょう。季節のくだものをあげるのがいちばんです。ただし、くだものは〈嗜好品〉。たまに食べればいいものです」（岡本さん）

＊2ポストハーベスト…収穫後の農産物の農薬処理のこと。防虫・防カビ・防腐などのために行うが、残留農薬の危険性が指摘される。

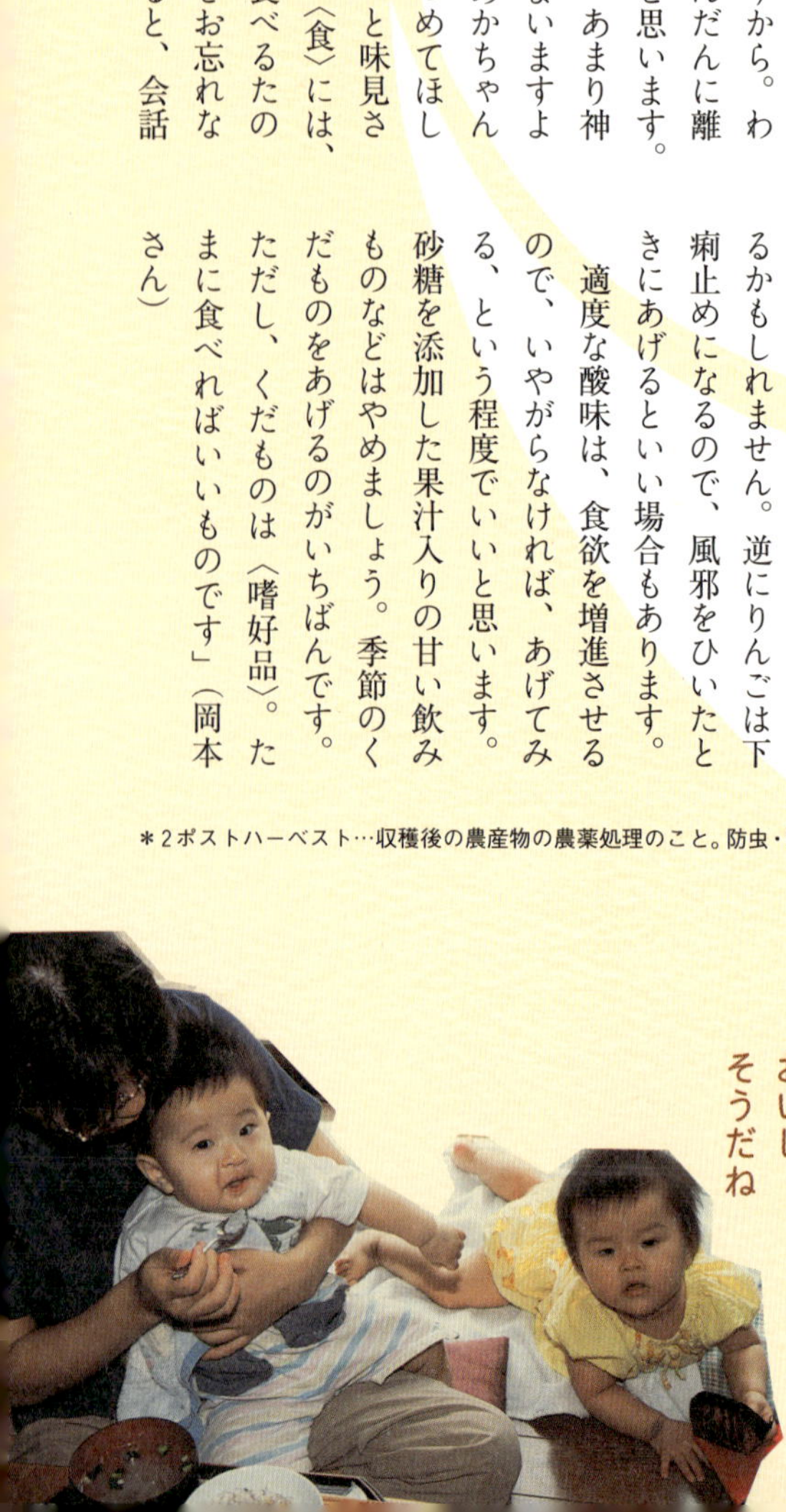

おいしそうだね

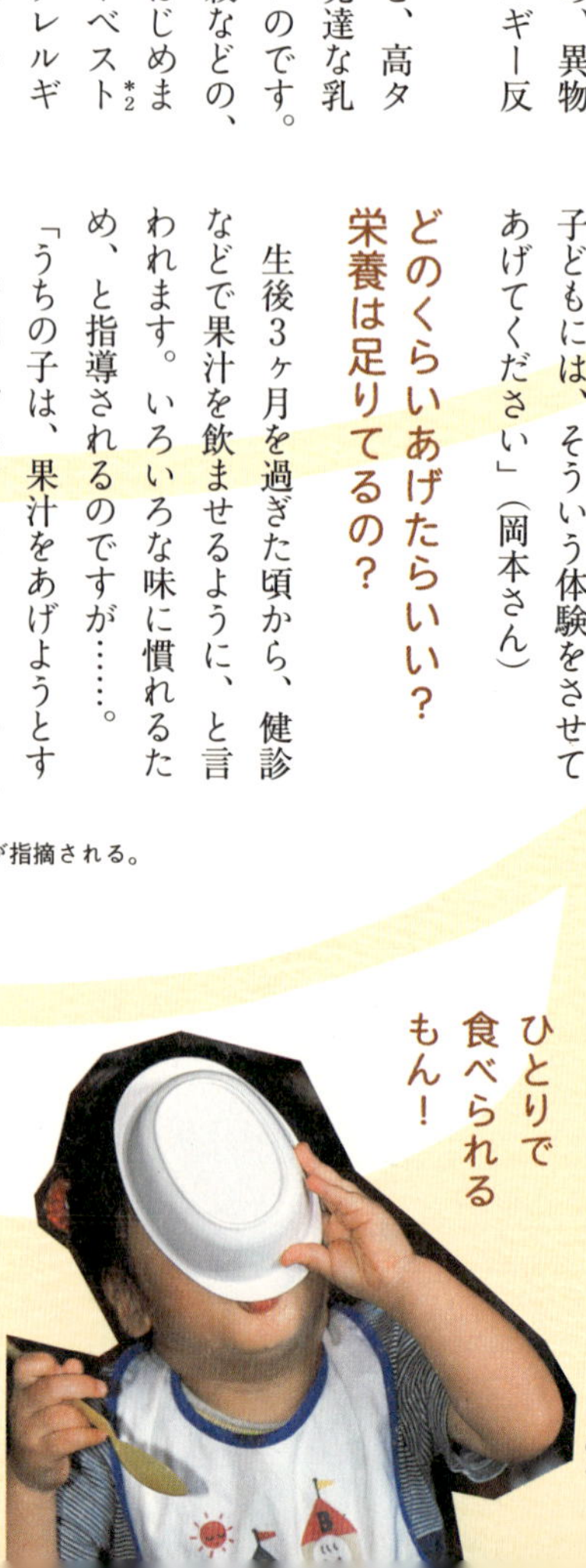

ひとりで食べられるもん！

白いもの
からね

これから
離乳食を
はじめるん
ですけれども

まだ
食べる？
おなか
いっぱい

食べる量も、なかなかつかみにくいですね。

「うちは、食べものの内容よりも、量のことが心配です。食べているうちに飽きてくるみたいで、あそびはじめてしまうんですね。そうすると、食べるほうがおろそかになってしまって。おなかがいっぱいなのか、あそびたいのか、判断がつかないんです」というおかあさん。

「ちいさいうちは、一度にたくさんは食べられません。ですから、大人のように一日3食では量を充分摂ることができません。5〜6食のつもりで考えましょう。10時、3時のおやつも1食のつもりで、お菓子ではなく、おにぎりなどを、少量ずつ。

ただし、時間は決まった時間に。食事のリズムをつけるためです。そうすることで、便通も正しくなりますし、食欲がないなあ、とか、食べ過ぎじゃないかなあ、といった変化にも気づきやすくなるのです。

また、子どもが決まった時間外に食べたがって大騒ぎしても、根負けしてあげてしまわないように。けじめも必要ですよ」（岡本さん）

メニューを増やすには ひとの料理を食べる！

ところで、離乳食に限らず、毎日の献立を考えていると、だんだんワンパターンになりがち。でも、子どもにはバラエティーに富んだ料理を食べさせてあげたい！ 献立づくりのプロは、どうやってメニューを考えるのでしょう？

「わたしの場合も、メニューの展開は必要に迫られて考えてきました。家族に残りものを翌日そのまま出しても、誰も食べてくれないんですよね。だから、ポテトサラダが残ったら、次の日は丸めてオーブンで焼いて団子にする、とか、里芋の煮物は翌日にはきんちゃくしぼりにする、とか。基本の料理に何か足したりしてアレンジすればいいんです。

メニューを増やすには、ひとがつくったものを食べるのがいちばん。同じきんぴらでも、切り方が違うと味も変わります。持ち寄りパーティーなんていいですよ。おいしいな、と思ったら、自分でつくってみる。そこから、新しいヒントが見えてくるものです」（岡本さん）

岡本さんは、離乳食をわざわざつくる必要はない！ と言います。そこで、次は「取り分け離乳食」のレシピと、そのコツを聞きました。

おっぱいにも
いい食事だよ！
うちはまだ
おっぱい

らくちん取り分け離乳食

離乳食を大人の食事から取り分けることができれば、大助かり！　家族で同じものを取り分ける食卓はたのしいもの。大人の食を見直すきっかけにもなります。管理栄養士の岡本正子さんに、大人にも子どもにもおいしいレシピを教えていただきました。

お話・レシピ
岡本正子さん（プロフィールは23ページ参照）

あっさりコーンスープ

材料（4人分）

- だし…3カップ
- クリームスイートコーン…小1缶
- 卵…1個
- パセリ…少々
- 塩…小さじ1
- 片栗粉…大さじ1

つくり方

1 鍋にだしをとり、火にかける。スイートコーンと塩を入れ煮立てる。水溶きの片栗粉を加えとろみをつける。

2 卵を溶き、鍋に流し入れかき混ぜる。ひと煮立ちさせてできあがり。器に盛りつけ、パセリのみじん切りを散らす。

あかちゃんへの取り分け方

1のスープを取り分け、お湯で薄めます。卵はゆつくりあげましょう。

取り分け離乳食で大人も薄味に！

みなさん、「離乳食」って、特別な料理だと考えていませんか？

わざわざあかちゃんのために別メニューをつくるのでは、時間も手間も材料も、たいへんな負担ですよね。

わたしが考える「離乳食」は、大人のごはんから取り分けてあげるだけ、というシンプルな考え方。その代わり、大人のごはんの内容を、あかちゃんにも負担にならないもの、という発想で組み立てる必要があります。基本は「一汁三菜」。わたしは、和食でも洋食でも、主食（ごはん）と汁ものがそろっていることが大切だと考えています。そして、食事内容のポイントは3つあります。

1、季節のものを食べる
2、安全なものを食べる
3、調味料はよいものを

だしを利かせ、よい調味料を使うと、薄味でも充分満足できるおいしさになります。これも、大人の健康にもよいものです。また、噛まずに飲み込めてしまうものより、よく噛むメニューを考えることも大切です。

揚げもの、生ものは、あかちゃんは控えたほうがいいでしょう。大人も、それらを多食して食事のバランスを崩すと、体調が悪くなることがあるので注意しましょう。

かつて日本の食卓では、あかちゃんたちは親のお皿にあるものを、噛みくだいて与えられていました。わたしの考える「離乳食」は、それを復活させたにすぎません。この方法の安全性は、過去の歴史が証明しているのですから、太鼓判を押しておすすめできます。

あかちゃんにとって、まずは母乳がいちばんおいしいごちそう。だけど、母乳をあげ続けていると、しばしばおかあさんが貧血気味になります。貧血のおかあさんのおっぱいだと、あかちゃんも貧血になってしまうので、おかあさんがやせ気味の場合は無理して母乳だけにこだわらないほうがいいと思います。

「食べる」ということは、社会的行為でもあります。食べることを仲立ちに、人間関係をつくる場面は、人生のなかでしばしば出会う光景です。栄養のためだけでなく、世界を広げてあげるためにも、「食」へ関心をもつよう導いてあげることは、ひととして重要なことなのです。

サムゲタン風おかゆスープ

材料（4人分）

- 鶏手羽先…4本（代わりに手羽元でも）
- ごぼう…小1/2本
- 米…大さじ2
- にんにく…1かけ
- 塩…小さじ1弱
- 青ねぎ…1束
- 水…2.5カップ
- クコの実…適宜

つくり方

1 手羽先は手羽中と羽先に切り分ける。臭みを抜くため一度湯がいて、さっと水洗いする。

2 ごぼうはたわしでていねいに洗い、1.5㎝に切る。にんにくは皮をむいて薄切りに。米は洗う。

3 鍋に鶏とごぼう、米、にんにく、水2.5カップを入れ、ふたをして強火にかける。沸騰したら弱火にして40分煮る。羽先は取り出す。

※圧力鍋なら、おもりが動いたら弱火にし、10分加熱。

4 塩で味を調え、さらに15分ほど煮込む。スープ皿に盛り1㎝に切った青ねぎを散らせばできあがり。水でもどしたクコの実を散らしても、彩りがいい。

あかちゃんへの取り分け方

ごはんとスープを取り分け、お湯を足し、ごはんを少しつぶして。クコの実はあかちゃんにはあげないほうがいいでしょう。

雑穀グラタン

材料（4人分）

- もち雑穀（きび、あわ）…大さじ2
- 鮭（甘塩）…2切れ
- たまねぎ…1/2個
- マッシュルーム…4個
- 水…1.5カップ
- 白みそ…大さじ1
- 粉チーズ…適宜

つくり方

1 もち雑穀は洗って水1.5カップと鍋に入れる。火にかけ沸騰したら弱火にし、ことこと15〜20分煮て、とろりとしたおかゆ状にする。みそを加えて混ぜる。

2 鮭は1切れを4つのそぎ切りにする。

3 たまねぎはたて半分に切り、繊維に沿って薄くスライスする。厚手の鍋で油をひかずに、中火で10分ほどじっくり炒める。しんなりしたらマッシュルームのスライスを加えさらに炒める。

4 ココット皿に**3**のたまねぎとマッシュルームを敷き、鮭をのせる。**1**の雑穀ペーストを広げてかける。200度に温めたオーブンで15分焼く。

※粉チーズをふって焼くとボリュームアップします。

あかちゃんへの取り分け方

1の雑穀ペーストと鮭少し（皮と骨をのぞく）をほぐして小鍋に入れ、2倍の水を加えて煮ます。

ピンクのサラダごはん

材料（4人分）

- 米…2カップ
- 黒米…小さじ1
- きゅうり…1本
- トマト…1個
- ホールコーン（缶）…大さじ2
- みょうが…1個
- 青じそ…4枚
- 酢…大さじ2
- 塩…小さじ1

つくり方

1 米と黒米を合わせて洗い、水に30分つける。炊くとき、酢大さじ2と塩小さじ1を加えて混ぜ、スイッチを入れる。

2 きゅうりは7㎜のさいころ型に切る。トマトは湯むきし、種を取って粗みじん切りにし、水気を切る。ホールコーンは水気を切る。

3 ごはんが炊けたら、ボウルにあけ、あら熱をとる。みょうがはみじん切り、青じそはたて半分にしてせん切りにする。

4 ごはんが冷めたら、野菜をさっくり混ぜ、みょうが、青じそを散らす。

あかちゃんへの取り分け方

あかちゃんは酸味が苦手ですが、酢を入れて炊いたごはんは、まろやかで、食べられます。ごはんとトマトを取り分け、2倍のお湯を加えてスプーンでつぶしてあげましょう。

 撮影／宮津かなえ

※子どもの成長をみて、どの程度の食品を食べられるかを判断しながら（その食品が消化しやすいかどうかなどで判断。肉は消化しにくい）、少しずつ食べさせてみてください。

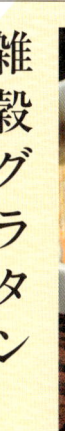

モロヘイヤとオクラのねばねばあえ

材料（4人分）

●モロヘイヤ…1/2束
●オクラ…8本
●練りごま…大さじ2
●ポン酢…大さじ1
●しょうゆ…小さじ1

つくり方

1モロヘイヤは葉先を摘んでさっとゆで、ざくざくときざむ。
2オクラもまるごとさっとゆで、小口切りにする。
3モロヘイヤ、オクラを合わせてかき混ぜ、練りごまと調味料を合わせてあえる。

あかちゃんへの取り分け方

ゆでたモロヘイヤを取り分け、さらに細かくきざみ、しょうゆ少々をたらします。スープやみそ汁に入れると、ごっくんしやすいでしょう。汁に入れるときはしょうゆは不要です。

里芋団子の大葉みそ焼き

材料（4人分）

●冷凍里芋…4個
●ツナ缶…小1個
●ねぎ…1/4本
●片栗粉…大さじ1
●青じそ…2枚
●みそ、水、砂糖…各大さじ1

つくり方

1冷凍里芋を鍋に入れ、水少々をふってふたをし、火にかける。蒸気が上がったら弱火にし、8～10分蒸し煮に。※育児中は手間のかからない冷凍の里芋を。冷凍ではない里芋を使う場合は、圧力鍋に1/2カップの水を入れ、ザルか付属の蒸し板を圧力鍋の中に置く。里芋はよく洗い、皮をむかずに圧力鍋に入れて火にかけ、おもりが動いたら弱火にして10分加熱。火を止めて10分ほどすると圧が抜ける。鍋から里芋を出し、皮をむく。
21をフォークでつぶし、みじん切りにしたねぎとツナ缶、片栗粉を加えて混ぜ合わせ、4つの団子にする。オーブンの天板にオーブンペーパーを敷き、団子を並べる。
3みそ、水、砂糖を合わせ、青じそのみじん切りを混ぜて団子にぬる。オーブンを200～220度にし、15分焼く（予熱する必要はない）。

あかちゃんへの取り分け方

焼き上がった里芋団子の中身をスプーンですくって、スープかお湯で少し溶きのばします。

オートミールシチュー

材料（4人分）

●じゃがいも…1個
●にんじん…1/2本
●たまねぎ…1個
●かぶ…1個
●ツナ缶…80g（ちいさめの1缶）
●オートミール…大さじ6
●ホールコーン…80g
●グリーンピース…大さじ2
●水…5カップ
●塩…小さじ1

つくり方

1じゃがいも、にんじんは薄めのいちょう切り、たまねぎは2cm角に、かぶは皮ごと半月切り。缶詰のツナはほぐしておく。
2鍋にオートミール、じゃがいも、にんじん、たまねぎと水5カップを入れ、火にかける。ふたをしないでときどき木べらでかき混ぜながら、こげつかないよう弱火で煮る。途中でかぶを入れる。
3だいたい煮えたら、コーンとほぐしておいたツナを加え、塩で味を調える。最後にグリーンピースを入れる。
※オートミールのとろみでよく煮えないので、野菜やじゃがいもは薄く切ります。
※オートミールは離乳食にも使いやすいく、ホワイトソースの代わりにすると、油脂を使わないでシチューやグラタンがつくれます。

あかちゃんへの取り分け方

シチューはお湯で薄めて。じゃがいも、にんじん、たまねぎ、かぶなどは、やわらかく煮えていれば、スプーンでつぶして一緒にあげられます。

クイック料理

時間に余裕のないときでも、手軽においしくできます。

ひと鍋でできる、蒸し煮料理

蒸し煮の調理方法に慣れると、お料理がとてもラクになります。

基本は、厚手の鍋を使うこと（ステンレスの多層鍋が使いやすい）。

鍋底から、水っぽいもの、たとえばこんにゃく、海藻、きのこなどを、平らに層にして重ねます。そしてその上に、なす、トマトなどの果菜、葉もの、いも類、根菜、肉魚の順番に重ねます。これは厳密にしなくても大丈夫。

最後に、表面にひとつまみの塩をふって、中火にかけます。

1〜2分で蒸気が立ったら弱火にし、じっくり蒸します。野菜がやわらかくなったら、しょうゆなどで味をつけますが、それまで鍋の中はそっとしておきます。

この方法で料理すると、鍋の中でうまみがじんわり出てきて調和し、とてもおいしいのです。

焦げつきが心配なら、大さじ1ほどの水を最初にふるといいでしょう。

蒸す時間によって味も変化します。にんじんを蒸すのに5分と10分では、時間をかけたほうが甘味が増します。キッチンのマジックに驚き！

酢をふって蒸し煮にしたれんこんは、きれいに仕上がります。

きんぴらごぼうもこの方法でつくると、油を使わずに簡単にできます。

ひと鍋筑前煮

材料（4人分）
- こんにゃく…1/3枚
- しいたけ…4枚
- 竹の子…1/4本
- ごぼう…1/3本
- れんこん…1/3節
- にんじん…1/3本
- 鶏肉…150g
- 塩…適量
- 片栗粉…適量
- しょうゆ…大さじ3
- みりん…大さじ2
- 絹さや…6枚

つくり方

1 こんにゃくはたて3つに切り、薄切りにする。さっとゆでて水洗いする。

しいたけは石づきの硬いところを切り落とし、半分に切る。竹の子はひと口大に乱切り。ごぼう、れんこん、にんじんはよく洗い、皮ごと乱切りにする。鶏肉はひと口大に切り塩少々と片栗粉をまぶす。

2 鍋に材料をレシピの順に下から平らに重ねていく。いちばん上に鶏肉をのせ、塩をひとつまみふって、ふたをぴっちりして中火にかける。蒸気が上がったら弱火にする。

3 このまま野菜に火が通るまで、じっくり15分くらい蒸し煮する。しょうゆとみりんを加え、天地を返しながら汁気がなくなるまで煮詰める。

4 塩ゆでした絹さやを添える。

あかちゃんへの取り分け方
できあがったら、皮をのぞいた鶏肉とにんじん1〜2かけを取り分けて、包丁でよくたたきます。お湯をさして薄めてあげます。

さつまいものヘルシースイーツ

材料（4人分）
- りんご…1/4個
- さつまいも…1/2本
- 塩…少々

つくり方

1 りんごは皮をむき、4つ切りにして5㎜ほどの厚さのいちょう切りにし、塩水につける。水気をきる。

2 さつまいもはよく洗い、皮ごと薄い輪切りにする。

3 鍋にりんご、さつまいもの順に平らに敷き、ひとつまみの塩をふって、ふたをぴっちりして中火1分、弱火10分で蒸し煮にする。やわらかくなったら、フォークか木べらでつぶす。

4 4つに分けて、ラップで茶巾しぼりにする。

あかちゃんへの取り分け方
このままでは、ごっくんしにくいので、お湯で薄めてとろりとさせます。

卒乳レッスン 5つのポイント

「スムーズな卒乳は、母乳を充分たのしんだ先にあります」と助産師の柳澤薫さん。無理のない卒乳のための、具体的な方法や取り組み方をうかがいました。

お話 柳澤薫さん

1 年齢を卒乳の目安にしないこと

卒乳は、年齢を目安にはしません。わたしは、親子それぞれに判断基準があると考えています。

まず、子どものようすからいえば、母乳以外の食べもので栄養を摂取できるようになっている、離乳食が順調に進んでいる、ということです。

しかし完全母乳の子どものなかには、離乳食がなかなか進まない、という子も多いのですが、食べる量よりも食べものへの関心度などの面が大切です。食べものに関心があり、少ない量でもきちんと食べていたら、日中の授乳回数も自然と減るはずです。

また、子どものメンタル面と身体的な発達状態も重要です。ひとり歩きが上手にできる、大人の言っていることが伝わっていて、とくに「約束」ができるというのは、卒乳のステップを進めるうえで重要な要素のひとつになります。

一方、おかあさんのようすですが、昔と違い、現代ではおかあさん側の理由から、卒乳を考える方が多いようです。頻繁に母乳がトラブルを起こす、体力が低下した、風邪を引きやすいなど、体調を崩しやすくなった、といった場合です。とくに無理して母乳育児を続けていると、疲労感が強くなり、やめたくなります。

そんなときは、おかあさんが真剣になって、子どもに自分の思いや気持ちを伝えていくのもひとつの方法です。そうすると、自然とおっぱいから卒業してくれたりするんです。

普段からの子どものコミュニケーションは、卒乳するうえでも、とても大切ですね。

やなぎさわ・かおる　1995年、東京都江東区にて母乳マッサージと自然育児相談を中心とした「ビバマンマ」を開業。自然育児法研究会会長でもある。

2 がんばり過ぎないこと

　子どもの気持ちをくんだ卒乳を目指すなら、毎日の母乳育児に無理は禁物。がんばっているおかあさんほど、知らないうちにストレスをためてしまうものです。お産前もお産後も、おかあさんのからだにとって、ストレスは大敵！　精神的、体力的にトラブルがあると、卒乳も困難になりがちです。

　もちろん、おかあさんの都合でやめてはダメ、ということはありません。ただ、子どもが卒乳に対してストレスを強く感じる場合、無理やりやめることは、極力避けてほしいのです。唐突な卒乳は、場合によって、お子さんのこころに一時的にダメージを与えてしまうこともあります。

　スムーズな卒乳のためにも、普段からおっぱいのトラブルには気をつけたいものです。

　その第一歩として、まず自分のからだを冷やさないようにこころがけることです。からだが冷えると、循環機能が低下して、消化・吸収能力も落ちます。実は胃腸の不調は、おっぱいに直結するのです。もちろん、からだが冷えると母乳が詰まりやすくなります。そこにストレスなどが加わると、さらに悪い方向に向かうこともあります。

　たとえば、冷蔵庫に入れてあった麦茶にさらに氷を入れてがぶ飲み、といったような、極端にからだを冷やす行為はおすすめできません。子育てを機会に、衣食住など、生活の環境を見直してみるといいかもしれませんね。

　ただ、何ごともあまり神経質になりすぎるのは、より問題です。「過ぎたるは及ばざるが如し」を忘れずに、気持ちをラクにして、ほどほどでいきましょう。

代用乳は「悪いこと」じゃない

ミルクの与え方

　自然育児＝完全母乳ということではないと思います。もちろん、母乳は望ましいことですが、早期出産や双子、母体の状態など、いろいろな事情からミルクが必要になります。大切なのはその与え方。やはり母乳と比較して、スキンシップが不足しがちになります。愛情をもって、あかちゃんとの触れ合いを大切にしましょう。また摂取量に関しても、一般的に推奨されている授乳量は、あかちゃんにとっては、多いことがほとんど。あかちゃんのようすをよく見て、与えすぎには気をつけてください。

3 〝口封じおっぱい〟はダメ？

長い期間おっぱいを与えると、自立が遅くなると言われたり、虫歯になりやすいということが話題になったりしますが、いずれもその心配はないと思います。

母乳を飲んでいる間でも、あかちゃんは自立していきますし、しっかり知恵や知識もついてきますよ。

虫歯に関しても、離乳食がはじまると、母乳以外にもいろいろな食べものを口にするので、虫歯のリスクは高まります。しかし糖分を多量摂取したおかあさんのおっぱいでもない限り、母乳だけでひどい虫歯になることはないのです。

母乳期間が長いことは問題ないのですが、いわゆる「口封じおっぱい」はおすすめできません。泣いたら、ほしがるたびに母乳を与え、おっぱいを口封じの便利な道具にしてしまうと、卒乳がむずかしくなります。

生まれたばかりのあかちゃんがおっぱいをほしがるのは、生存本能。おなかがいっぱいでも、おっぱいはほしがるものです。おっぱいを与えてもすぐ泣く、と悩むおかあさんたちもいますが、泣くたびにおっぱいをあげていては、かえって飲ませすぎになることも。それによって胃腸の不調を引き起こすあかちゃんに、たくさん出会います。授乳後にも泣く場合は、寝ぐずりだったり、口さみしかったり、母乳以外に原因があることも。それぞれのようすで対応してあげましょう。

4 卒乳後のおっぱいケアも大切

卒乳直後のおっぱいは、やはり張りやすくなるひとが多いようです。まずは卒乳後2～3日の間、普段から分泌が多い方ならもう少し長い間、水分を控えめにする、カロリーの高い食事を避ける、といったことをこころがけてください。おっぱいに張りを感じたら圧抜き（※下記参照。さかずき3～4杯程度しぼる）をしましょう。これは搾乳とは違いますから、出し過ぎに注意してください。だいたい3～4時間置きを目安にして、行います。その後、1～2週間くらい、張りやおっぱいの調子を観察していきましょう。おっぱいの張りが強くないなら無理に残乳を出す必要もありません。

ただ、卒乳後のおっぱいの状態には個人差があるものです。おっぱいに違和感を感じたり、体調が悪くなったりしたら、ケアをしてくれる助産師か、母乳外来を受診することをおすすめします。

圧抜きの方法

乳輪の両端に親指とひとさし指を置いて乳輪部を圧迫し、親指とひとさし指を合わせる。乳輪のあたりから母乳を押し出すようなイメージ。搾乳ではないので、強く刺激して、たくさん母乳を出すようなことはしないように。

5 たのしい母乳の仕上げは段階的な卒乳で

卒乳までのステップアップ

まず卒乳するうえでいちばん大切なことは、唐突に母乳をやめるようなことはしない、ということです。

卒乳には時期があります。だから、おかあさんのほうに精神的・体力的な苦痛がないようなら、その子が自然にやめるまで母乳を与えても、問題はないのです。でも、それがむずかしい場合（次の子を妊娠したいなど）、子どものようすをふまえて卒乳を進めていきます。その見極めの第一歩が、子どもの体力的・精神的な成長です。

下のステップの図は、卒乳を進めていく手順の目安です。離乳食がはじまり、大人の言うことを理解できるようになってきたら、段々とお互いの気持ちを、卒乳へ向けていくようにします。「この次のお誕生日がきたら、おっぱいともバイバイしようね」と語りかけ、カレンダーに印をつけるなどの準備ができると、卒乳もスムーズです。

STEP 1
食べものに関心が出てきた
しっかり歩けるようになった
親との約束ができるようになってきた
STEP 2
離乳食が進み、日中の授乳がなくなるか回数が減ってきた
STEP 3
カレンダーを見ながらおっぱいをやめる日の予定を立てる、話し合う
STEP 4
卒乳のイベントを行う（おっぱいに絵を描くなど）
※どうしても子どもが耐え切れないようすなら、また仕切り直しをする

いよいよ卒乳当日！仕切り直しは何度でもOK

卒乳日当日は、まずたっぷりおっぱいを飲んでもらいます。そこで、「たくさん飲めたね」と、子どもに感謝を伝えましょう。それから、一緒に口紅などでおっぱいに絵を描きます。絵はキャラクターでもお花でも何でもOK。この時間をしっかり印象づけることが大切です。そして夜におっぱいをほしがったら、おっぱいの絵をもう一度しっかり見せてあげます。「おっぱいバイバイしたんだよね」と、お話をしながら。母乳の代わりにお茶やおにぎりなどを与えても構いません。どんなに工夫しても、ずっと泣き続けて眠らないようなら、卒乳の仕切り直しをしましょう。一度で卒乳なんて考える必要はありません。また2～3週間後にようすをみて試して。何度かくり返すうちに、必ずできるときがくるのです。

オーガニックコットンの授乳ケープ

あかちゃんは、いつでもどこでも、すぐ「おっぱい!」。授乳室がないとき、外出先では授乳ケープが便利です。授乳ケープをつくったきっかけとつくり方を、デザイナーの奥山千晴さんにお聞きしました。

お話・指導 **奥山千晴**さん

母乳ライフをもっとたのしむために

息子はいま2歳です。生後すぐは授乳が頻繁で、外出先や夫の実家などで席をはずし、隠れて授乳することもしばしばでした。でも、隠れて授乳するのは、何だかいやだな、とあるとき思って。でも、だからといって、あけっぴろげに授乳して、まわりのひとの目のやりばをなくすのも……(笑)。そんなとき、ママ友だちに「いいものがあるよ」と海外製の授乳ケープを教えてもらいました。でもそれは、ワイヤーが付いていて、持ち運びにはちょっと不便。だったら自分で使いやすいものをつくっちゃおう、と思ったんです。

肌触りのいい布を選び、あかちゃんの顔が見えるように胸元にギャザーを寄せたり、さっとかぶれるように首ひもを工夫したり。

そうしてつくった授乳ケープは、肌かけとしても活躍しました。綿でつくれば、汗っかきのあかちゃんの頭や口元をふくこともできます。息子は乳児湿疹があったのですが、デリケートな肌には、オーガニックコットンはいいですね。

白い布地は透けてしまうので、色がついているものがおすすめ。オーガニックコットンのナチュラルな色合いは、いかにも「おっぱいあげてます」と主張してるようには見えず、サラッと、肌かけをかけているみたいな心地よさ。風通しもよくて、あかちゃんも気持ちよさそう。

手づくりのものは、その子だけのオリジナル。おかあさんの特別な気持ちがこもっているものです。息子もわたしが手づくりしたものは、言わなくても不思議とわかるようで、指さして「ママ」と言ったりします。

このケープもそうですが、子どものものはちいさいから、手縫いしてもそう時間がかかりません。ミシンをかけると音が気になるけれど、手縫いは静か。あかちゃんが寝ているすきにちょっと縫うには、ぴったりだと思います。

おくやま・ちはる 「TOLBIAC」というブランド名で製作活動を行い、ウェブ上で作品を販売している。2歳の蒼太さんのおかあさん。著書に『あかちゃんのために作るもの』(文化出版局/刊)がある。撮影/CHINATSU NISHIYAMA

授乳ケープのつくり方

できあがり寸法　80×53cm

材料
●布（オーガニックコットン）93×55cm
●平ゴム（0.8cm幅）42cm

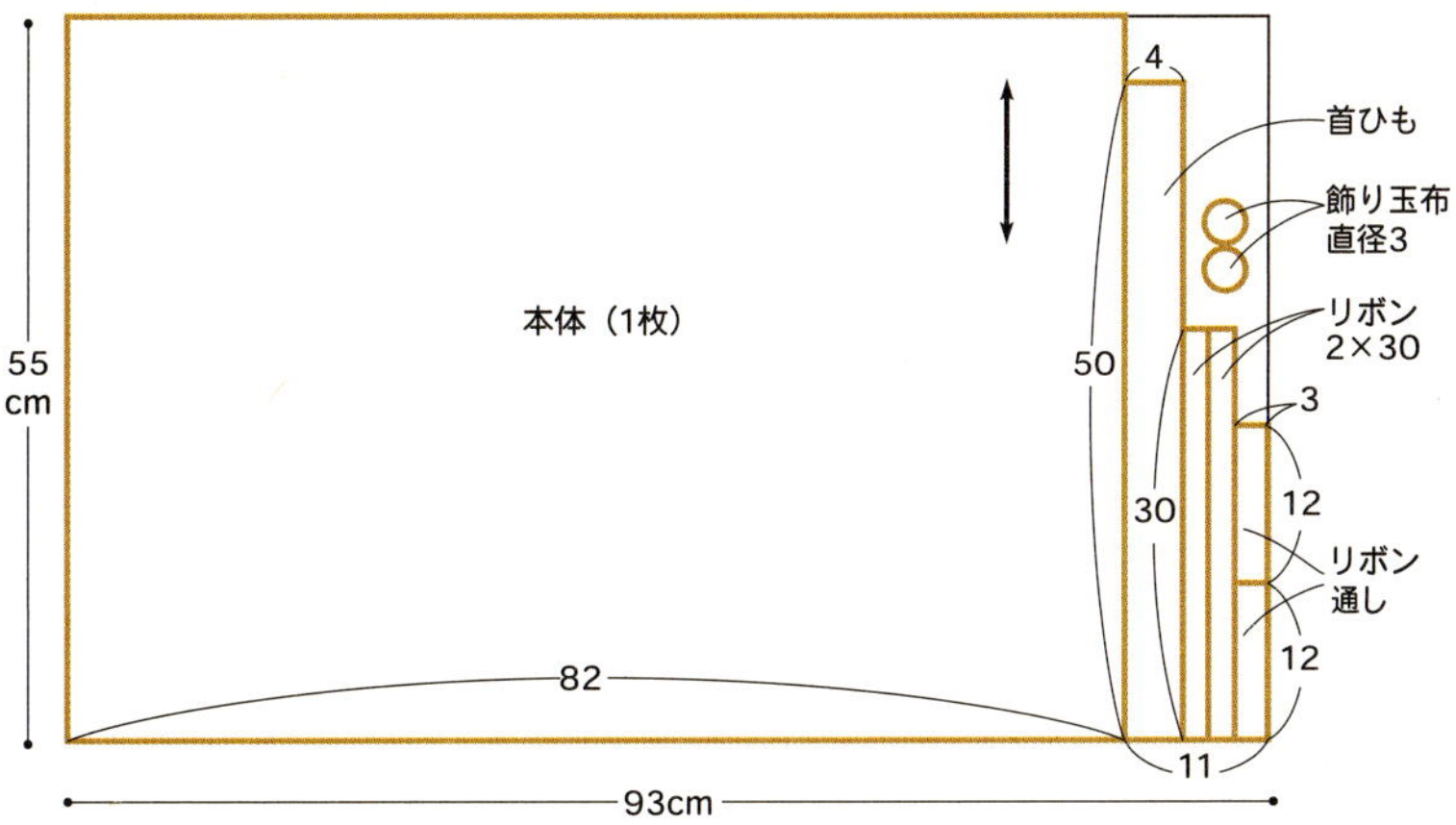

本体（1枚）
55cm
82
93cm
50
4
首ひも
飾り玉布
直径3
リボン
2×30
3
30
12
リボン
通し
12
11

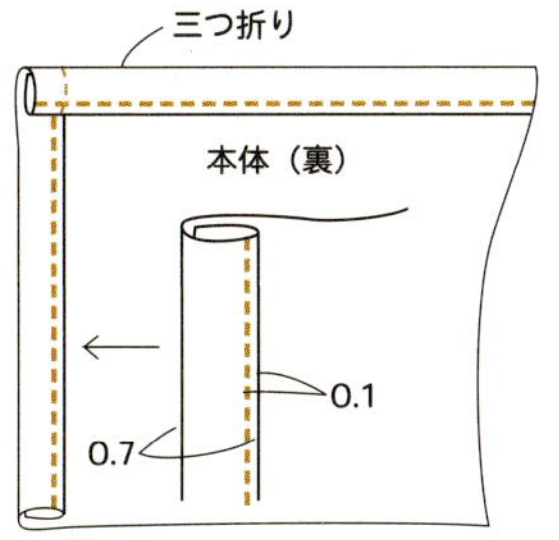

三つ折り
本体（裏）
0.1
0.7

1 本体の周囲1cmを三つ折りにし、縫う。

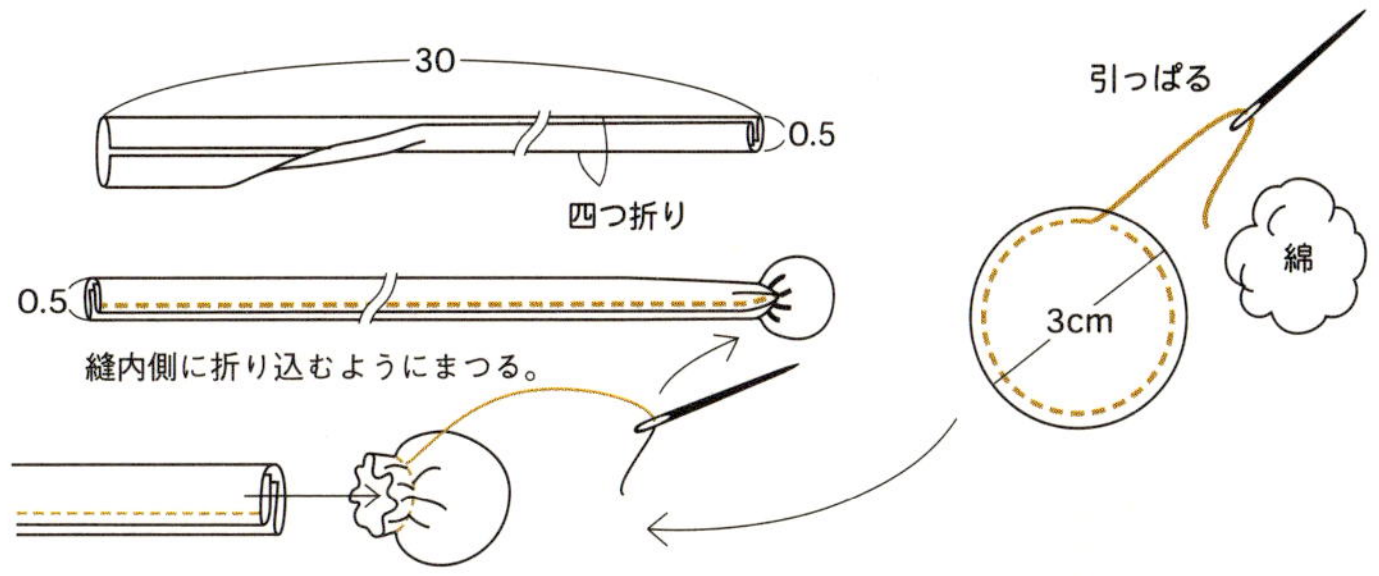

30
0.5
四つ折り
0.5
縫内側に折り込むようにまつる。
引っぱる
綿
3cm

2 2cm幅のリボン用の布を四つ折りにし、約5mm幅のリボンを2本つくる。直径3cmに丸く裁った布の周囲をぐし縫いし、中央に綿を詰め、リボンの端を入れて包むように糸をしぼり、ちいさな球をつくる。球の縫いしろを内側に折り込みながらリボンにまつりつける。

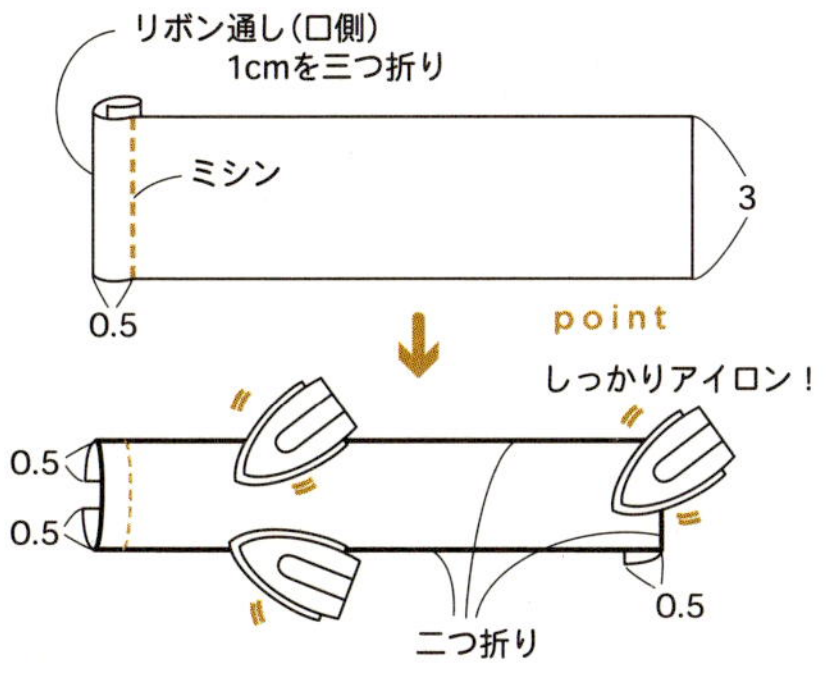

リボン通し（口側）
1cmを三つ折り
ミシン
3
0.5
point
しっかりアイロン！
0.5
0.5
二つ折り
0.5

3 リボン通しの口にあたる辺を三つ折りにして縫い、残る三方をそれぞれ5mmずつ二つ折りにしアイロンで押える。オーガニックコットンは生地がやわらかく浮きやすいので、しっかりアイロンをかけると、後で縫いやすい。

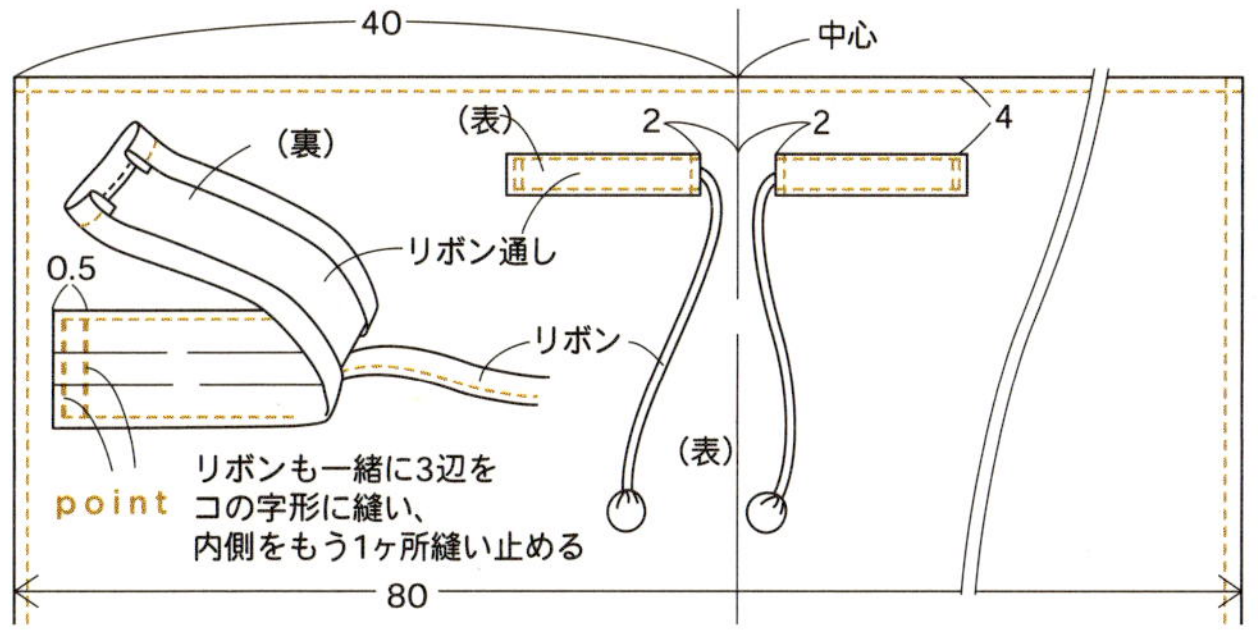

40
中心
（裏）
（表）
2
2
4
リボン通し
0.5
リボン
（表）
point
リボンも一緒に3辺を
コの字形に縫い、
内側をもう1ヶ所縫い止める
80

4 布の中心から左右2cmの位置にリボン通しの口がくるように位置を決め、コの字形に周囲を縫う。このとき、あらかじめリボンを通してリボンの端を本体にしつけておき、一緒に縫うとよい。

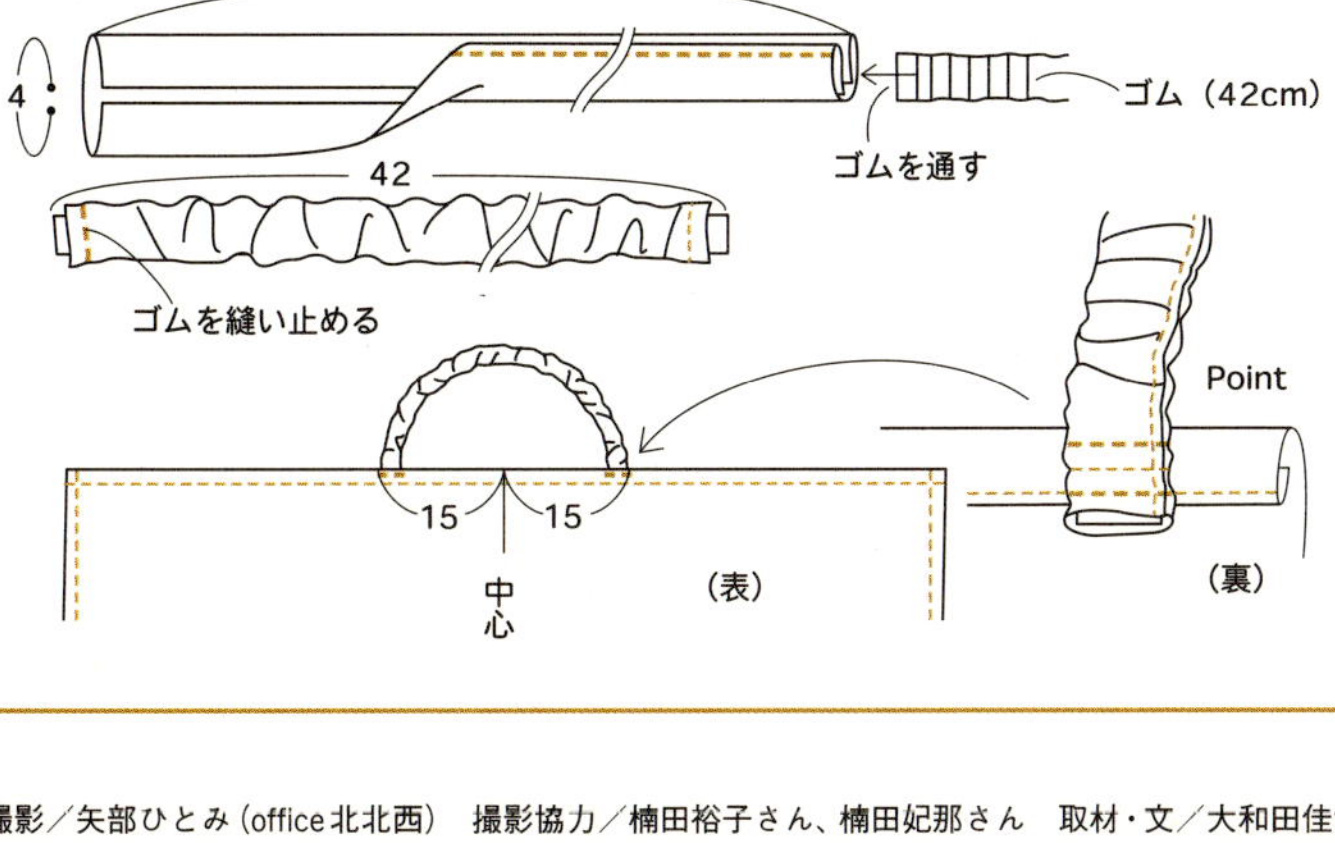

50
4
ゴム（42cm）
ゴムを通す
42
ゴムを縫い止める
Point
15
15
中心
（表）
（裏）

5 首ひも用4cm幅の布を四つ折りにし、約1cm幅の筒状に縫う。中にゴムを通し、ゴムの長さ（42cm）に合わせてギャザーを寄せ、左右を縫い止める。本体裏、中央からそれぞれ15cmのところの上端に、左右の端を縫いつける。

point
それぞれ2ヶ所しっかり縫い止めること。端のほつれが気になるようなら手でまつるとよい。

撮影／矢部ひとみ（office北北西）　撮影協力／楠田裕子さん、楠田妃那さん　取材・文／大和田佳世　パターン・トレース／しかのるーむ

トコトコ日記
「母乳のはなし」

すずきあさこ

母乳育児はやっぱりよいものでした。

栄養や安全性はもちろんですが、何より手軽で、すぐあげられる。その安心感は、毎日の育児やおでかけの手助けになってくれました。

また、おっぱいを飲むトコさんを眺めているときは、なんともいえないしあわせな気持ち。

とくに夜、おっぱいをあげながら寝かしつけると、だいぶ大きくなったトコさんがちいさく丸まって産まれた頃のよう……。

つい、いつまでもおっぱいをあげていたくなっちゃうのです。

すずき・あさこ　イラストレーター。現在1歳3ヶ月になるトコさんと夫との3人暮らし。母乳育児で子育てに奮闘中。http://inkpot.main.jp/

布、ときどき紙おむつ

生理のとき、布ナプキンを使ってみると、その気持ちよさに驚かされます。あかちゃんも、おむつは紙より布が気持ちいいのでは？　あかちゃんの感じていることを、想像してあげられたらいいですね。でも「絶対布おむつ！」ではなく、「ときどき紙おむつでも」という、こころのゆとりも大切です。ここでは、布おむつの使い方の基本をご紹介します。

 撮影／矢部ひとみ（office北北西）　撮影協力／楠田裕子さん、楠田妃那さん

きょうから はじめる 布おむつ

あかちゃんとの暮らしは、毎日おしっこ、うんちとのおつき合い。〝洗って干して〟は手間ですが、できる範囲で布おむつをたのしんでみませんか。布おむつのよさを、助産師の柳澤薫さんにお聞きしました。

お話
柳澤薫さん（助産所「VIVAマンマ」）
※プロフィールは30ページをご参照ください。

布おむつは感情も育てます

いまは性能のよい紙おむつがあるため、「紙おむつが当たり前」のひとも多いと思います。でも、紙おむつは、実は石油からつくられた化学製品。長時間おむつ替えをしなくてよいというメリットもありますが、デリケートな部分にあて続けるのが気になることもあります。

布おむつは一度おしっこをするとあかちゃんが敏感に感じ取り、生後1ヶ月でもフニャフニャ言ったりもぞもぞしたり。生後6ヶ月にもなれば、「おむつを替えて」とばかりに寄ってくる」と言うおかあさんもいます。そうしてあかちゃんを見守るうちに、子どもの排泄のサインがわかってきますが、わが子と気持ちが通じ合っているようでうれしいもの。うんち、おしっこのタイミングがつかめるようになると、おまるにも誘導しやすく、おむつをはずすのが容易になるというメリットがあります。

あかちゃんは、おむつが濡れることで「不快」を感じ、乾いたおむつに替えることで「快」を感じます。布おむつのほうが、より多く、めりはりのある「快」「不快」の感情を体験することになり、あかちゃんの精神面の発達にも役立ちます。また、あかちゃんの感情やようすを察する、おかあさんの五感も育つという側面もあります。

さらに、排泄回数や排泄物の状態もよくわかり、あかちゃんの体調管理がしやすくなる、というよさがあります。

無理せずできるところから

わたしの子育て時代は「安上がりだから」と必然的に布おむつを使いましたが、いまはゴミを出さずに済むなど、エコの観点から使う方もいるでしょう。「晴れた日にお日さまに干しながら『きれいになったおむつを、またこの子にあてるんだな』と思うとすがすがしい」とおっしゃっている方もいました。

でも、仕事のあるときや、夜間や旅行のときなど、紙おむつが便利なときもあります。「布おむつでなければ」ではなく、臨機応変に布と紙を使い分けたらいいのではないでしょうか。

パートナーの協力があれば、より、布おむつ生活をしやすくなるでしょう。まずは気ラクに、できるところからはじめてみてはいかがですか？

協力／『Natural Mothering ビバ！布おむつ!!』（自然育児友の会）編集部　服部育代さん　取材・文／大和田佳世（P38～42）

輪おむつの縫い方

あらかじめ縫ってある輪おむつや、たたまなくても装着できる成形おむつも市販されていますが、手づくりもたのしいものです。

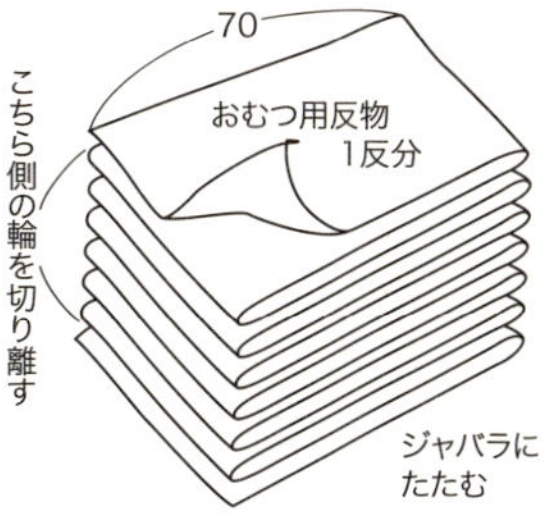

70
おむつ用反物
1反分
こちら側の輪を切り離す
ジャバラにたたむ

1 幅30〜35cmのおむつ用反物を140cmごとに裁断する。1反(10m)の反物から、おむつが7枚とれる。

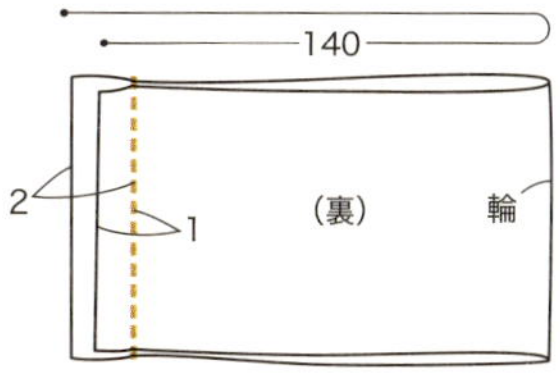

140
2
1
(裏)
輪

2 裁断した長さ140cmをふたつ折り(約70cm)にし、端を1cmずらして置く。ずらしたさらに1cm下のところを縫う。

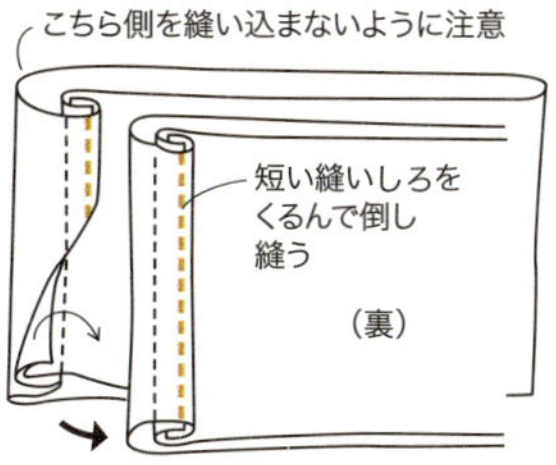

こちら側を縫い込まないように注意
短い縫いしろをくるんで倒し縫う
(裏)

3 長いほうの縫いしろを、短いほうの縫いしろにかぶせて折り込み、上から縫い押さえる。

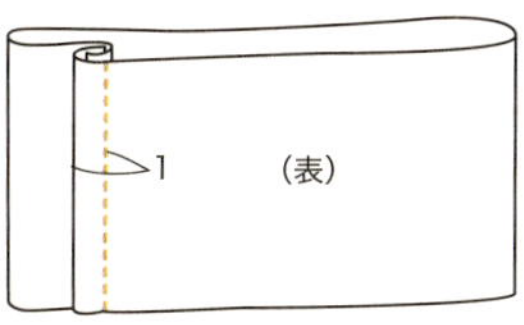

1
(表)

4 表に返して、完成。

古くなったゆかたなどの布を利用しても。使い古した綿は、何度も洗われて、肌触りもやわらかくなっています。ただし、白いもののほうが、排泄物の色などをチェックしやすいというメリットもあります。

布の種類

ふんわり織られたドビー織は吸収力と通気性にすぐれています。平織のものは、肌にあてたときに少しひんやりするようです。どちらも木綿で、洗濯しやすく乾きやすい。敏感肌のあかちゃんには無漂白やオーガニックコットンを選ぶとよいでしょう。

ドビー織

平織

おむつカバー

新生児の頃は、天然の抗菌作用と通気性に優れたウールや、肌触りのよい綿素材の外ベルトタイプを。寝返りをうつなど活動的になってきたら内ベルトタイプ、おしっこの量がだんだん増えてきたら防水加工のカバーを使っても。おむつネットなど、おむつの汚れを軽減するものも市販されているので、利用しても。

おむつネット
おむつの上に重ねれば、水分は通し、うんちだけキャッチするので、おむつの汚れを軽減します。

外ベルトタイプ

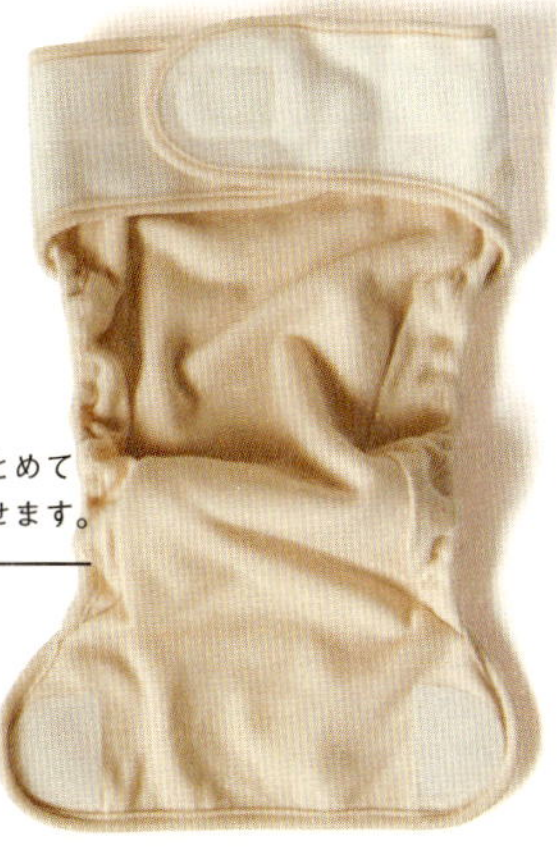

おなかの部分で一度とめてから、カバーをかぶせます。

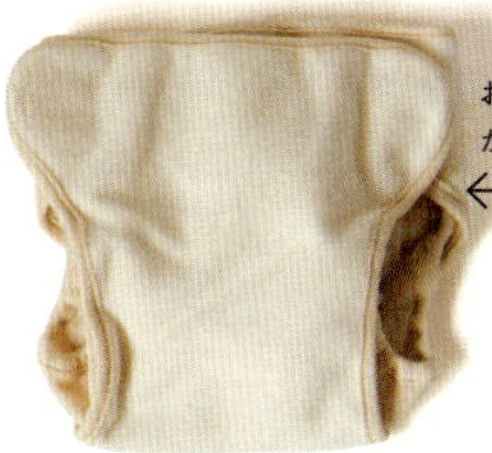

内ベルトタイプ

撮影／矢部ひとみ(office北北西)　イラストレーション／松尾ミユキ　※おむつネット(プリスティン)、おむつカバー(メイドインアース)はともにオーガニック素材の製品です。クレヨンハウスにてお取り扱いしています(東京店TEL03-3406-6465　大阪店TEL06-6330-6507)。

おむつのつけ方

布おむつ、基本のつけ方

排泄量が増えてきたら、おむつの折り方を工夫したり2枚重ねにしたり、カバーとの組み合わせを変えたりと工夫できるのが布おむつのよいところ。基本のあて方を紹介します。

1

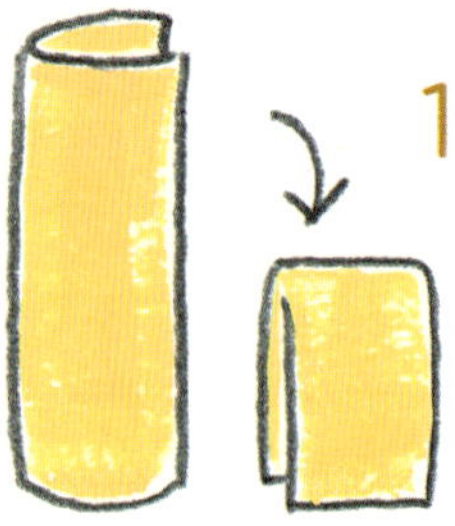

輪おむつ1枚を、四つ折りにします。

2

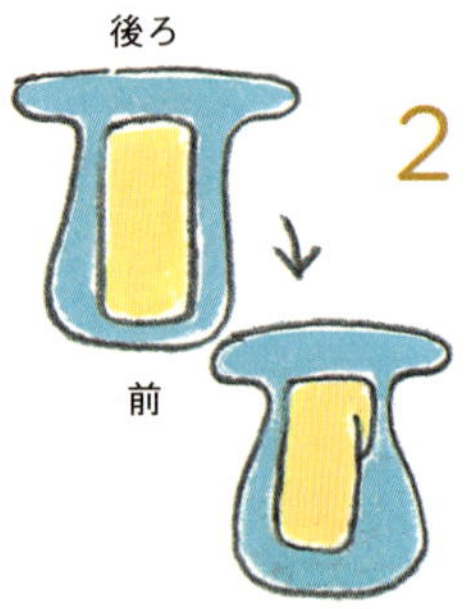

おむつカバーの上に輪おむつを置きます。尿漏れが気になるようなら、女の子はイラストのように後ろを折り込み、男の子は前を折り込んで厚みをつけると、漏れにくくなります。

3

子どもをおむつの上に寝かせて、股に自然なギャザーを寄せるようにしながらおしりの前後を覆います。

4

おむつカバーからおむつがはみ出さないように、カバーベルトなどで固定してできあがり。

ゆるいうんちのときや、おしっこの量が多いときに

少し大きくなったら、排泄の量も多くなるので、おむつに土手をつくると、漏れにくくなります。新生児のうんちがゆるいときにも。

1　まず1枚目を半分に折り、四つ折りにしたおむつを、その上にのせます。

2　両側のはみ出た部分を内側に折り、さらにもう一度折り返して土手をつくります。

夜、おしっこがおむつから漏れてしまうときは……

夜、気がつくとおしっこが漏れて背中のほうまでびっしょりになっていることも（そんなときはたいてい、おっぱいを飲み過ぎているのですが）。すぐに着替えさせてあげられないときは、背中にタオルをはさんでおくとよいでしょう。準備ができたら替えてあげればよいことです。布団まで濡れることもありますが、市販のおねしょパットのようなものを下に敷いたり、バスタオルをシーツの間にはさんだり、工夫してもよいでしょう。

わたしのおむつ生活

布おむつを使っていらっしゃる「月刊クーヨン」の読者の方に、布おむつのよいところ、工夫などを教えていただきました。

●快適に過ごす工夫

以前インターネットで見たのですが、ある程度の大きさに切った牛乳パックで、うんちをおむつからこそいでトイレに流す、というのをしています。その後、下洗いをし、アルカリウォッシュ（セスキ炭酸ソーダの洗浄剤）を溶かした水につけて、次の朝、洗濯機で洗っています。

（クルセ）

おしっこ用、ウンチ用のふたつのバケツを用意し、それぞれに石けんを溶かしておく（ウンチ用は濃い目に）。1日1〜2回、もみ洗いしてから、洗濯機で洗う。

（中島麻子）

無理をしないこと。産後すぐや自分の体調が悪いとき、あかちゃんが動きだしておむつがえにイライラしてしまうときは、紙おむつに助けてもらいます。（匿名希望）

熱が出たとき、下痢のときは、紙おむつの中に布おむつをはさんで使用していました。ときどき、夜間授乳で寝不足のときや母親の体調が悪いときは、紙おむつを緊急処置的に使用。

（ぽちぽち）

洗濯は慣れるけど、天気が悪いと干す場所に困ります。月齢の低いときのうんちの処理が大変で、考えた末、メリヤスのシャツ（子どもやパパの古くなった服や下着）を使い捨て布として使用。うんちをしなかったときは、洗ってもボロボロにならず、くり返し使いました!!　おすすめ!!

（上田桂）

汚れたおむつをバケツにためて洗うとひと仕事になるので、おしっこのときは、その場で、洗面所で、石けんでささっと洗い、手でぎゅっとしぼって、そのままベランダに干す。軽快でいいです。

（山本良子）

使い終わったものは、バケツに粉石けんと重曹を入れておいて、そこへポイポイと。雨の日なんかは、洗濯してもなかなか乾かず、憂うつになるので、紙おむつにしてました。外出の際は、紙おむつを使ってました。

（さらママ）

●ここがお気に入り

うまく言い表せないのですが、布おむつは、あかちゃんをだっこしたときにやわらかい印象でこちらもほんわかやさしい気持ちになりました。紙おむつのときは、洋服の上からもシャリシャリ感があ

洗い方

あかちゃんは、ちいさいうちはうんちの回数が多いものですが、成長するにつれだんだん回数が減り、洗濯もラクに。完璧にまっ白にならなくても大丈夫！
日光によくあたるように干しましょう。

1

バケツに、お風呂の残り湯（ぬるま湯）を入れ、重曹またはセスキ炭酸ソーダ100％の洗浄剤（粉末）をよく溶かしておきます。

2

うんちはトイレに流します。専用トングで振り洗いするか、ヘラやブラシ（古い歯ブラシでもよいが、大きいほうが落としやすい）で落とすとよいでしょう。

3

汚れが気になる場合は、浴室などで軽く手洗いしてから、1につけ込みます。うんちの汚れが気にならない場合や、おしっこの場合は、そのままバケツへ。

4

1日分たまったおむつとおむつカバーを、軽く洗い洗濯機へ。

5

太陽と風にあてて日光消毒を。

参考資料…NPO法人自然育児友の会会報別冊『Natural Mothering ビバ！布おむつ!!』

りました。（金あつこ）

おむつ替えの回数が多い分、スキンシップがたくさんとれたこと。子どもの皮膚をよく観察するようになったこと。ゴミが減って、臭いの心配もなくなったこと。（中村恭子）

外出時は、布おむつはかさばるのと使用済はずっしりと重いので、紙おむつを利用していました。家にいるときは、極力布おむつ。布おむつのほうがケチケチしなくてすむ分、まめに替えてあげられた気がします。ある助産師さんに、「真っ白いおむつを洗濯して干したときの気分は最高に気持ちいいのよね」と言われ、まったくその通り！と思いました。わたしの母も、わたしたちを布おむつで育ててくれたので、布おむつのほうが積極的に息子の世話を手伝ってくれたと思います。（ぷにすけ）

子どもの体調がよりわかる感じがします。実はユルユルのうんちだったのに、紙だと水分が吸収されて、時間がたつと、普通のうんちに見えるときがあるので。

かわいい柄のカバーがたくさんある。モコモコのお尻がカワイイ。ベビー休憩室などで布を広げると、「スゴイ」と話しかけられたり、ほめられたりする。知らないひとだったのに、布おむつ同士のママで話がはずみ、情報交換したこともあります。（比留間）

紙おむつのように、常に買い置きしておかなくてはならないプレッシャーがないこと。すっきり洗って、「気持ちいい」感覚を、親も一緒に感じられたこと。白いおむつがベランダに、青空の下にずらっと並んで干してあるのが、清々しくて心地よかったこと。（あまからだんご）

子どもを見る回数がぐっと増えること。また、おしっこやうんちの濡れていやな感覚が身に付いて、こちらに「ちっち」とか教えてくれること。紙のときはそんなに教えてくれません。（和久井千世子）

おむつのたたみ方、あてる枚数などを変えることで、からだの大きさや体形に合わせられること（S・M・ビッグと買い換えなくてよい）。とくに生まれたてのときは、一度にちょっとしか汚さないので、紙だともったいない。（中村万里子）

肌にやさしいだけでなく、こころもやさしくなる。おむつをきらす不安がない。紙おむつは突然なくなっていて（きらしてしまって）あせる。（たらちねの母）

上のおにいちゃんは、2歳前にほぼ、おまるでできるようになり、いまでは、夜寝ているときでも、ちゃんと起きて「おしっこ行く」と言ってくれる。

おむつを洗っている間、いろんな考えごとができて、落ち着く。気分転換になる。使い捨てでないので罪悪感がない。自己満足かもしれないけど、気分がイイ。（安藤亜紀）

うんち、おしっこチェックで体調管理

布おむつだと、排泄物の色や量がわかりやすく、健康管理もしやすいもの。引き続き、柳澤薫さんに、うんち、おしっこであかちゃんの健康状態をみる方法について、おうかがいしました。

お話　柳澤薫さん

うんちチェック

□緑色をしている→消化が悪い。冷えている

□白い色をしている→ロタウィルスに感染している可能性もあるので、心配なら小児科でみてもらってください

□離乳食がはじまっているのにゆるい→冷えている。風邪をひいている。くだものや葉菜類など腸を冷やすものの食べ過ぎ。たまねぎの摂り過ぎ

□べたっとしている→くだものやジュースなどで腸が冷えている

□便秘気味→偏食（おかずばかり食べているなど）。母乳を飲む量の不足や水分不足

□ころころして、短く切れている→野菜が多い

□細く長い→肉類が多い

□ゆるめで、すっぱい臭いがして粒々がまじる→乳製品やくだものの摂り過ぎ

おしっこチェック

□量・回数が多い→母乳の飲み過ぎ。冷えている。風邪をひいている

□量・回数が少ない→母乳を飲む量の不足、発熱や発汗で水分不足

□赤茶色をしている→レンガ尿といわれ、脱水のはじまりの可能性も。水分補給をしてください

「出す」のは大切なこと

布おむつでみる一日のおしっこの回数の目安は、日中7~8回、夜中2~3回くらい。月齢にもよりますし、頻回だからといって一概に悪いとはいえませんが、尿量が多いかな、と思ったら、おなかや手足が冷えていないか、母乳を飲み過ぎていないか、風邪をひいていないか（ぐずりや、鼻水・咳・微熱などの症状も）注意してください。逆に、暑さや発熱で、汗に水分が奪われておしっこが出ないときもあかちゃんはぐずります。適度な水分を与え、おしっこがサーッと出るとぐずりがおさまることも。からだから「出す」のはとても大切なことですね。

おむつかぶれは、多くはうんち・おしっこの性状によりかぶれているのです。ちょっと硬め・ゆるめくらいの、普通のうんちでおむつかぶれになることはありません。おむつかぶれは、ウイルス、または冷えや食事による下痢が続くと起こります。つまり腸が荒れ、咳も出て、微熱があって、というお子さんのおしりはかぶれます。

真っ赤になってヒリヒリと痛そうなときは、微温湯（36~37度。人肌程度）でやさしくすすぎ、コットンで下からそーっと押しぶきしてあげましょう。赤くなったおしりはタオルやガーゼがあたるのも痛いはず。おむつの前にピュア馬油を塗ってあげると治りがよいです。石けんは使いません。

便は腸の調子のバロメーター

便の色にも理由があります。いつもの健康な状態を知っていれば、不調も早めに発見できます。本当の病気になる前の段階で手当てをしてあげられるのは、医療者ではなく、いちばん身近な親です。

便秘や下痢は、腸の調子がよくないととらえ、胃腸に負担の少ない食事に変えましょう。離乳食をはじめていたらいったんお休みにする。母乳ならおかあさん自身が冷たいものを食べたり飲み過ぎたりしていないか、など食事内容を振り返ってみて。

大人でも旅行に行くとリズムが狂って便秘になることがありますが、不調の原因の見当がつけば、安心です。子どもも、生活を振り返ってみると、いつもとちょっと違うことをした、などの原因が見えてきます。おしっこ・うんちとなかよくなって、暮らしを調整し、すこやかに過ごしたいですね。

トコトコ日記
トコちゃん
「出るもののはなし」
すずきあさこ
1
産まれたばかりのトコさんは便秘気味。
オイル付の綿棒で肛門を刺激するといいわよ。
ゴニョゴニョ
そんなアドバイスをもらい、早速実践
少し出るようになりました。
2
ところが一ケ月検診でお医者さんに相談してみると…
自分で出す力がなくなっちゃうから綿棒は使わない方がいいですよ
うーん確かに…
3
便秘以外は元気そうなトコさん。
心配ながらも見守ってみることに。
すると一週間に一度ウンチが出ることが判明。
リズムがあれば平気かな。
少し安心しました。
ウンチの日
月
火
水
木
金
土
日
4
その後いつのまにか便秘は治っていました。
ああ、よかった！
ででるね
ん、

ひとつくらい心配事はあるもので、トコさんの場合、便秘がそれでした。

「見守る」という選択は不安でいっぱいになりましたが、そのぶん、よくようすをみるきっかけになったように思います。薬などに頼らないですんだのもよかったです。

ところでいまは離乳食中。少々消化が悪そう。腸が弱いほうなのかもしれません。

離乳食も焦らず進めていきたいな、と思っております。

だっこは、しあわせな記憶の貯金

わからないことだらけの育児は、ときにくたびれてしまうことも。でも、そんなときこそ、こころを込めた、だっこを! そう呼びかける、乳幼児精神科医の渡辺久子さんのお話です。

羊水で包むようなだっこを

ひとのあかちゃんの頭は、生まれてくるときには、大人の6割程度の大きさしかありません。そのときには、脳の中のあらゆる回路も大人の半分程度。ここから、ちゃんと脳が育っていくためには、安心できる環境の中で、自分の欲求に応えてくれるひとがいる必要があります。泣けばだっこしてくれる、「クークー」と言えば「クー」と返してくれる。そんなやりとりが、ひととの関わりを司る回路を育てるのです。

生まれたばかりのあかちゃんにとって安心できる環境とは、おかあさんのおなかの中、つまり羊水のような、あたたかく自分を包み込んでくれる環境です。ひとの脳がいちばん発達するのは、実は受精後の胎生期。このときに刻まれた記憶は、生涯を通した安心感の原点になるのです。ですから、あかちゃんを不安にしないためには、羊水で包むようにだっこしてあげます。ベッドに寝かせると泣くのは、あまりの環境の違いに不安を抱くからなのです。

原始時代、あかちゃんは、生まれてそのまま放置されれば、ほかの生きものに襲われてしまいました。だから、誰か大人のそばにいて、守ってもらうことは、運命づけられているといえるでしょう。置いて行かれないように追いかけていったり、信頼できるひとにくっついていたい、という気持ちは、スキンシップを求める行動の原点でもあります。あかちゃんの脳には、ひとを求める機能が、生まれつき備わっているのです。

孤独ストレスで育児も困難に

一方で、現代の育児は、都市部を中心に、孤独と孤立のなかで行われがちです。

育児は、そもそも母と子のふたりでは成り立たないもので、あかちゃんの発達には、第三者の関わりが必要なのです。かつては大家族のなかの女性や、近所のひとたちが「だいじょうぶ、だいじょう

ぶ!」と声をかけてあげることで、育児に対する緊張をほぐしていました。そういった励ましや、お手本がない育児は、とてもストレスがたまるものです。そうすると、あかちゃんの反応に、ぱっと自然に応えてあげる「直感的な育児」のスイッチが、入らなくなってしまうのです。多くの研究は、おかあさんが不自然な反応をすると、あかちゃんが例外なく緊張し、不安になることを明らかにしています。泣き出してしまうあかちゃんもいるし、目をそらして、寝たふりをしてしまうあかちゃんもいます。そうして、親子のコミュニケーションがうまくいかなくなって、お互いに苦しんでしまうことが起こってしまうのです。おかあさんがひとりで背負い込むと、その緊張や疲れをあかちゃんが感じ取って、いやな反応を示してくるので、おかあさんは子どもに触れるのもいやになってしまいます。

安心してたっぷりとだっこしてあげて!

これは、育児書や、情報では解決できません。本来、子どもの要求に自然に応えてあげる「直感的な育児」のスイッチというのは、どのおかあさんももっているはずです。そのスイッチをONにできるような支援が、必要とされています。

わたしはまず、あかちゃんが泣いたら、安心してだっこすればいいんだよ、ということを伝えてあげたいと思っています。抱き癖がつくとか、甘ったれになるとかいうひとがまわりにいるかもしれませんが、気にしなくていいんですよ。「すこやかな自立は、すこやかな甘えから生まれる」と信じてください。だっこされたという経験は、愛されたという記憶とともに、身体感覚のなかに貯金されるものです。だから、たっぷりだっこして、たくさんの貯金をしてあげましょう。そうすれば、たとえ親と離れても、そのひとの中に、しっかりとあたたかな「まぶたの母」の思い出が残り、人生を支え続けてくれます。

そのためには、まずはおかあさんがハッピーな気持ちでいられるようにしたいものです。ひとりでがんばりすぎない。正直にパートナーに「ひとりでがんばるのはさびしい」と伝えてみたらどうでしょう。おかあさんとおとうさんのスキンシップこそ実は重要です。家族関係が、良質なオーケストラのようになっていないと、子どもは上手に社会に溶け込んでいくことができないからです。家族の関係が、ひとつの羊水のような環境になれば、子どもも安心して過ごすことができます。

育児は、親から子へしあわせを伝えること。そのためにも、出し惜しみせず、たっぷりとこころを込めてだっこをしてください。

お話 **渡辺久子**さん

わたなべ・ひさこ 慶應義塾大学医学部小児科学教室専任講師。乳幼児精神科医。世界乳幼児精神保健学会副会長(アジア地区担当)。著書に『こころ育ての子育て』(白石書店/刊)『抱きしめてあげて』(太陽出版/刊)など多数。

だっこが好き！

おかあさんやおとうさんの腕の中は、
あかちゃんにとっての安全基地。
だっこなど、スキンシップは、子どもの
すこやかな成長に不可欠なものです。
いまは、スリングやおんぶひもなど、
親子で触れ合いながら一緒に
行動できる便利なグッズもあります。
当たり前のようにしている
スキンシップの大切さを、
いま一度見直してみませんか？

撮影／矢部ひとみ（office北北西）　撮影協力／楠田裕子さん、楠田妃那さん

だっこでおでかけ！

あかちゃんとのおでかけの必需品といえば、だっこをサポートしてくれるスリングやだっこひも。最近ではリュック感覚のベビーキャリアも人気です。
東京・表参道にあるクレヨンハウスの店頭であかちゃんとご来店のおかあさんに、それぞれの使用感をうかがってみました。

歸山《かえりやま》浩子さん・幸輔さん・存《ある》さん（4ヶ月）

使用タイプ

だっこひも

歸山さんご夫妻が愛用するのは、人気クリエイターのイラストがあしらわれたクロス式だっこひも。布幅が広く、おかあさんの肩や腰への負担も少ないそう。ちなみに、存さんが生後1週間のときは友人のお手製スリングを使用していたそうです。存さんはだっこが大好きで、どちらのタイプも入るとすぐに寝てしまうのだとか。

小倉千佳さん・愛來《あいら》さん（7ヶ月）

使用タイプ

ベビーキャリア

先輩ママからのおすすめで日本のメーカー・コンビの子守帯をベビー用品店で購入した千佳さん。前向きだっこと対面だっこ、おんぶの3通り使えて、さらにあまり重さを感じないのがよいところ。両手が使えるので雨の日のおでかけはもちろん、愛來さんを寝つかせたいときなどさまざまに活用しています。

鈴木典子さん・天風《てんふう》さん（11ヶ月）

使用タイプ

ベビーキャリア

典子さんが使用しているのは、ハワイのブランド、エルゴ・ベビーのベビーキャリア。18kgまで対応しているため、からだが大きい天風さんでも安心して使えるのがミソ。ちなみに、ベビーキャリアは3代目。これまで試した結論としては、たくさんの抱き方に対応しているものよりシンプルなもののほうが使い勝手がよいとのこと。

末田友美子さん・昌士さん・天土《てんと》さん（2ヶ月半）

使用タイプ

スリング（チューブタイプ）

妻の友美子さんから「スリングがほしい」という要望を受けて、服飾ブランドのデザイナーである昌士さんがつくったオリジナルのスリング。生地はカディと呼ばれる綿100％の、インドの手紡ぎ手織り布。吸湿性速乾性にすぐれ、夏は涼しく冬は暖かいそう。「だっこをしながら仕事ができるので便利です」と昌士さん。

梶山千恵子さん・真也さん・晴陽《はるひ》さん（8ヶ月）

使用タイプ

ベビーキャリア

梶山さん夫妻は、さまざまなメーカーのものを検討した結果、ベビービョルン社のベビーキャリアを選びました。ヘッドサポートがついていて、首のすわらないうちから使えることが決め手。そろそろからだも大きくなり、サイズが合わなくなってきたため、布地のスリングへの買い替えも検討中だそうです。

神田奈々恵さん・透和《とわ》さん（7ヶ月）

使用タイプ

だっこひも

だっこひもユーザーの奈々恵さん。やはりインターネットで購入したそう。デザインがシンプルで着る服を選ばないのが気に入っているところ。折りたためばバッグの中に収納できるほどコンパクトになるのも◎。このだっこひもはおでかけ専用とし、家ではつくりのしっかりした別のタイプを使っているそうです。

水野桂子さん・博行さん・里美さん（11ヶ月）

使用タイプ

だっこひも

インターネットで購入したという桂子さん。ベビーカーからさっと取り出して、その場で装着してくださいました。やわらかいキルティング素材で肩ひもの幅が広く、からだにフィットするため使っていて安定感があるのだとか。使い心地がとてもよいので、ちいさい子どものいる友だちにも積極的にすすめているそう。

Ayca Dabis Gillettさん・Asya Gilettさん（3ヶ月）

使用タイプ

ベビーキャリア

スウェーデン・ベビービョルン社のベビーキャリアを海外で入手したという Ayca さん。背中に芯が入っているので、疲れにくいのだとか。対面だっこのほか、前向きだっこにも対応しているので、あかちゃんと一緒に外の世界をたのしめるうれしさがあるそうです。あかちゃんの脚が、やや「開脚し過ぎ？」なのが気になるポイント。

体重や成長ごとに さまざまに使い分け

この日、クレヨンハウスに来店されたご家族連れは、あかちゃんをベビーカーに乗せている方がほとんど。表参道という土地柄か、電車を利用される方が多いのでしょうか。スリングママもだっこひもママもあまり見かけません。

そこで、ベビーカーの方にスリングやだっこひもの有無をたずねてみたところ、ベビーカーのポケットから取り出してくれました。聞けば、少し郊外のほうからお越しになったそう。なるほど、家からの距離に応じて、ベビーカーと組み合わせて使われているのですね。折りたたんで収納できるかどうか、携帯性のよさもポイントのひとつのようです。

さまざまな方にお話を聞いてみると、新生児の頃はスリングやだっこひもを使用し、子どもが大きくなってくると、しっかりだっこのできるベビーキャリアを使うといった意見が多く、お子さんの体重や成長に合わせて使い分けているみたい。

それにしても、お会いしたあかちゃんは、みんなだっこが好きなごようす。中に入り気持ちよさそうにまどろむ表情が印象的でした。

 撮影／宮津かなえ（P46～47）　取材・文／草刈朋子

リング式スリング・ふち綿《わた》なし

ふち綿がないのでサイズや形の調整がしやすく、多様にアレンジ可能。0〜5歳まで使用できます。気持ちのいいフィット感が特徴です。(A-isso)

リング式スリング・ふち綿《わた》あり

リングで長さを調節します。ふちと肩部分に綿が入っていて、負担を軽減。微妙な調節が可能です。(北極しろくま堂)

バックル式スリング

接続部分にバックルを使っているため、一度決めたベストポジションをキープすることができます。(Happy! hughug)

両肩スリング

両方の肩と腰で支えるので、ねじれた力がかからず、感じる重さは片肩タイプの約3分の1に。(えなのさと)

リングなしスリング

肩の部分に、肩幅を調節できるストラップつき。ずり落ちを防止します。ポケットに入るコンパクトさ。(ルナスリング)

リングなしスリング・チューブタイプ

シンプルデザインで調整の必要がない安心な一体型タイプ。コンパクトに折りたため、装着が簡単。(ハーモネイチャー株式会社)

あかちゃんのためのスリング選び

スリングにすっぽり包まれた状態は、おかあさんのおなかの中にいる感覚と似て、あかちゃんは、安心感をもつといいます。
あかちゃんに使ってあげたいスリングのあれこれについてご紹介します。

藤原真希枝さんに聞きました

ふじわら・まきえ　スリングのネットショップ「Happy! hughug」店主。スリングアドバイザーとしてスリングとその正しい使い方の普及のために、現在は積極的に講習を開いているところ。

スリングって、どこがいいの？

だっこは、子どもたちが「愛されている」と感じることのできるコミュニケーションのひとつです。あかちゃんはもちろん、「ふたり目が生まれ、ちょっとさびしい」という上の子をギュッとするのにも、スリングはよい仲立ちになってくれます。

そのためにも、大切なことはひとつ。「密着させる」ということです。これは、落下防止のためにも重要ですが、「ベビー・ウエアリング」（たっぷりだっこすることを重視する育児法）という、スリング考案の原点を考えても、はずせない点です。

密着していると、あかちゃんの重みも自分の延長のように感じられますが、下に下がってしまうと、荷物をぶら下げたようになり、負担感が出てきてしまいます。その気持ちは、あかちゃんに伝わってしまうので、ぜひ、ぎゅっと袋を引き寄せて使ってみてください。

あかちゃんの身じろぎひとつで気持ちがわかるようになると、育児もラクになるはず。毎日のだっこから卒業するその日まで、スリングは、親子のこころの支えになってくれるでしょう。

※各種スリングメーカーのお問合せ先はP128をご参照ください。

スリングのつくり方

材料

- 木綿布…75～90cm幅×200cm（なるべく綿100％で、目が細かく強度のあるものを選んでください）
- スリングタッチ（リング）*…2個
- キルト綿（厚手）…40×35cm
- ポリエステルミシン糸60番

用具

- ミシン（針は太めのものを）
- 定規
- アイロン

*リングは、手芸品店などで購入できます。直径5～6㎝程度の、樹脂製のものが適しています。お近くで見つからない場合は、日本スリング協会のサイトで購入できます（http://www.japanbabysling.org/）。「スリング手づくり相談所」でも、樹脂製の「スリングタッチ」を販売中。

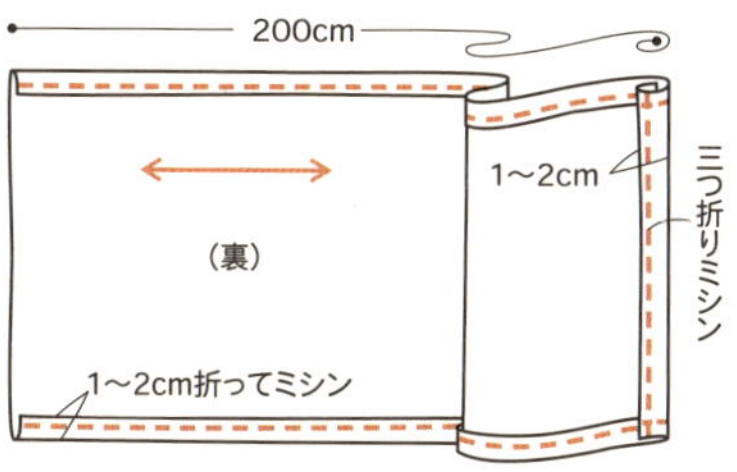

1 布の耳の両サイドを1～2cm折り、ミシンをかけます。次に片方の断ち端を1～2cmの三つ折りにして、ミシンをかけます。

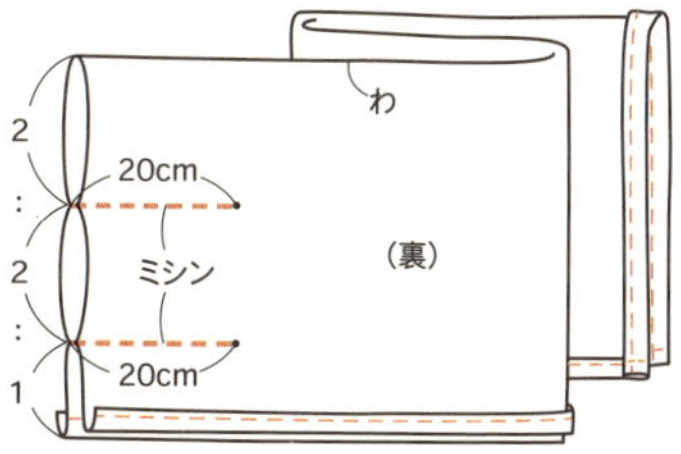

2 中表に半分に折り、1で始末していないほうの断ち端を2：2：1の位置で、それぞれ20cm分、ミシンで平行に縫います。

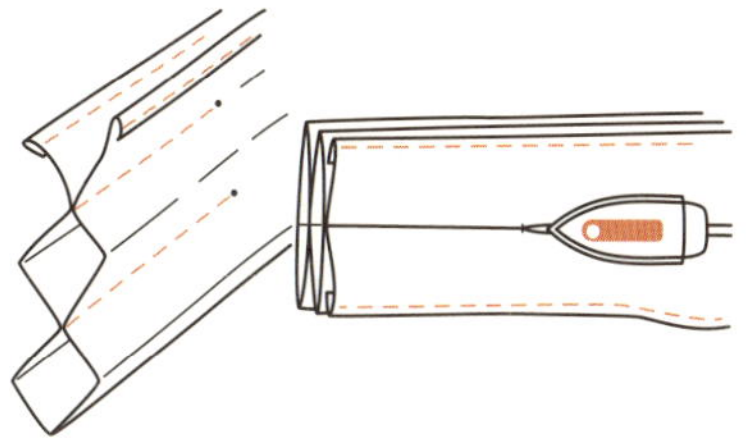

3 2の縫い目2本を重ねて図のようにたたみ、アイロンをかけます。

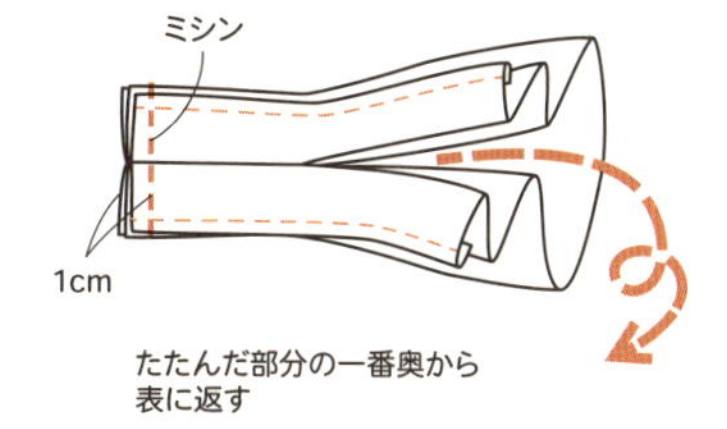

4 たたんだ端から1cmのところを縫い、袋になった部分を表に返します。

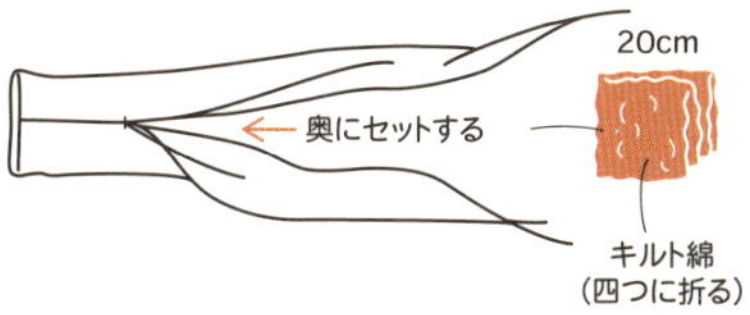

5 袋になった部分に四つ折りにしたキルト綿を入れます。ここが肩パッドになるので、キルト綿の厚みは好みで加減してください。厚すぎるとミシンがかけられなくなるので注意して。キルト綿を入れず、コンパクトなスリングにすることもできます。

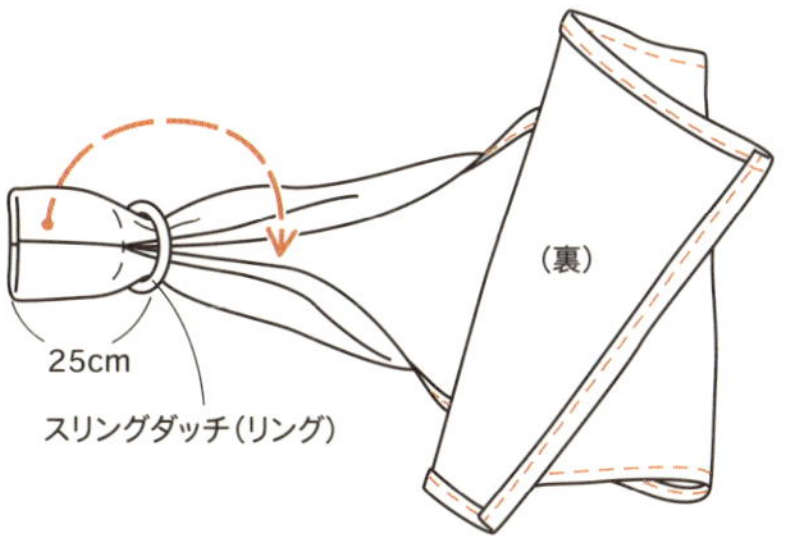

6 肩パッドの端からリングを2個重ねて通し、端から25cmの位置で折ります。

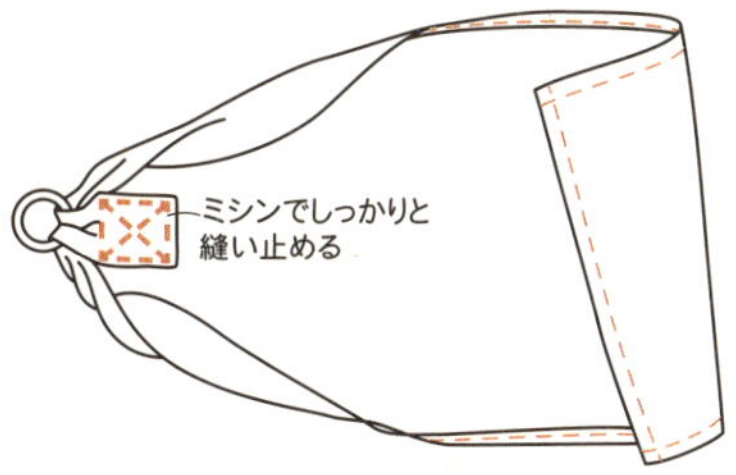

7 本体の裏面にミシンでしっかり縫い止めて完成です。

完成！

スリングをつくってみよう

スリングは、あかちゃんや子どもを布でくるんで「身につけて運ぶ」道具です。それは、世界中のおかあさんたちが、いろいろな形で工夫してきたもの。手近にあるもので、あかちゃんを運べる方法をと、智恵を凝らしてきたものなのです。

というわけで、手近にある材料で、あなたも「マイスリング」をつくってみませんか？　工夫しながら、あかちゃんとあなたがもっともフィットする状態をつかんでください。

 監修／藤原真希枝さん（P49～51）　写真提供・協力／Happy! hughug（P49～51）　パターントレース／しかのるーむ

あかちゃんをスリングに入れてみよう

リング式スリングは、ちょっと使い方がむずかしそうなイメージがありますね。でも、生後1ヶ月以降から使用できるうえ、ぐずり具合、だっこするひとの状況に合わせていろいろな抱き方が可能なのです。引き続き藤原真希枝さんに教えていただきました。

リング式スリングのつけ方

つけ方のポイントとしては、袋のふちを少し締め気味にし、胸のあたりにあかちゃんを密着させるようにすることが重要です。リングから垂れているテールの、内側を引けばあかちゃんを入れる袋のふちの外側が、テールの外側を引けば袋のふちの内側が締まります。テールの真ん中を引くと、袋の底が締まりますので、高さの調節に使います。

　むずかしそうに思えるリング式も、コツさえつかめば意外と簡単ですよ！

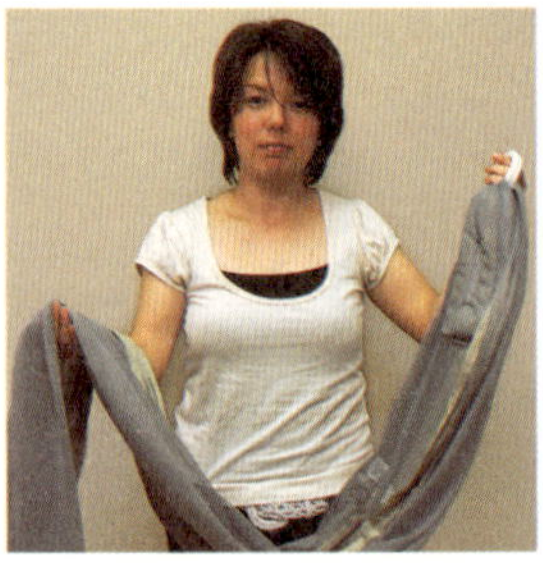

1 スリングを広げ、表と裏を確認します。もちろん裏を内側にして。

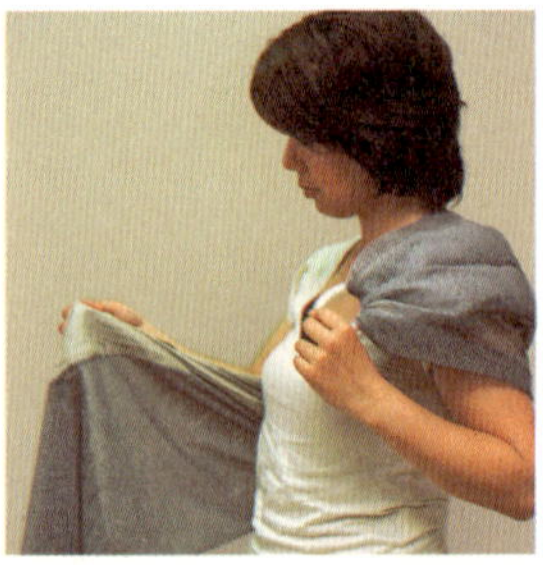

2 リングを持ち、スリングを肩にかけます。左右どちらの肩でもOK。リングは鎖骨の下あたりにくるように。

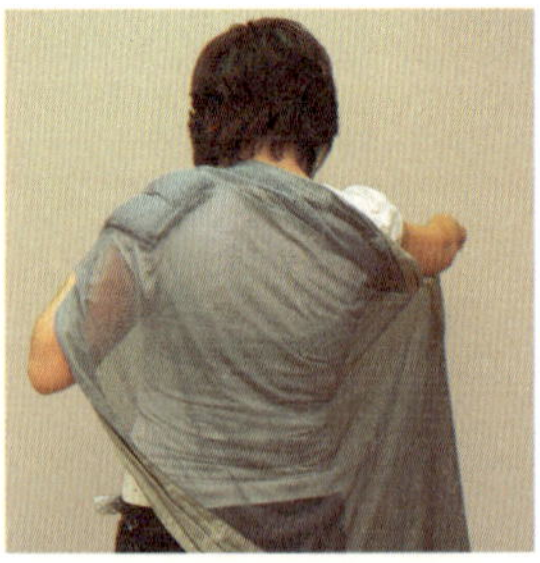

3 布をからだに巻くようにして、後ろから前へ回してきます。表裏がひっくり返らないように注意して。

4 リングに通すため、布をじゃばら状にまとめます。布がねじれないよう、端からシワを寄せていきます。

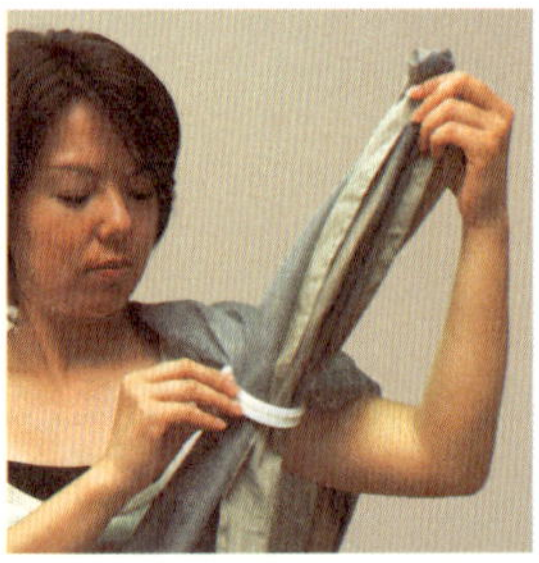

5 まとめた布を、下から上へ、2本のリングに通します。

6 リングの上で布を折り返して、下のリングにもう1回通します。肩の部分は、首側よりも、なるべく肩を覆うようにかけます。

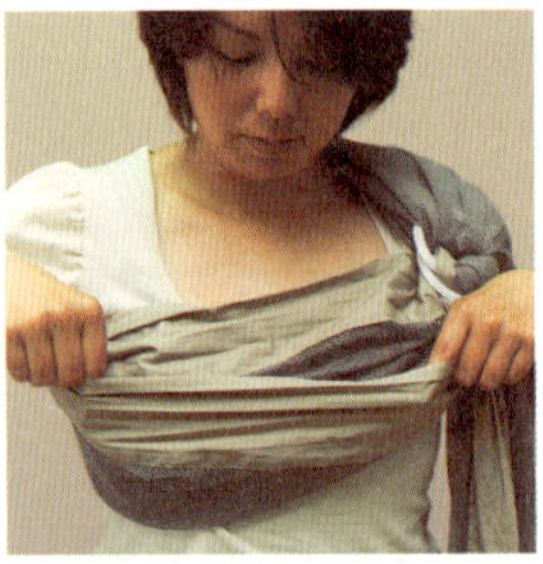

7 あかちゃんが入る部分が袋状になるように整えます。高さは、胸のあたり。このとき、下がり過ぎていないように。

←こちらが外側
ここが袋のふち・外側→
←この部分がテール

8 テールの部分は、スリングの裏側が前面に出ています。

撮影／宇井眞紀子（P50～51）　モデル／宮下良子さん

あかちゃんの抱き方

それでは、実際にあかちゃんをスリングに入れてだっこしてみましょう。首がすわる前と、すわった後で、使い方が少し違います。いろいろ試しておかあさんとあかちゃんに合った抱き方を見つけましょう。

　スリングを使用する際に気をつけたいポイントとしては、足の動きが制限されないようにすること。布の中で股関節が伸びていたり、固定した状態で毎日だっこを続けていると、股関節の開きが悪くなり脱臼を招く恐れがあります。脱臼の発生率は0.1～0.2％程度と高くありませんが、足が自由に動かせる状態になっているかどうか気にする習慣をつけましょう。チェックポイントを確認し、あかちゃんにとって快適な使い方を！

抱き方のチェックポイント

チェック方法は、リング式、リングなしどちらのタイプのスリングも同じです。

□あかちゃんと密着するようにふちがきちんと締まっている
安全のためにあかちゃんとおかあさんが離れすぎないようにしましょう。

□あかちゃんの脚はＭ字に開き、脚の運動を妨げないよう袋から出ている
股関節脱臼予防のために必ず守りましょう。

□あかちゃんのおしりはおかあさんのおへそより上にきている
重心が高くなることでおかあさんの腰や肩の負担が軽くなります。

□あかちゃんのからだがおかあさんの身幅から出ていない
あかちゃんを壁や柱にぶつけないようにするためです。

基本編

1

リング式の場合は、スリングのテールを引きながら、スリングの形を整えます。底は上げ気味にします。

2

スリングをかけていないほうの肩にあかちゃんを担ぎ上げます。

3

片手で両脚をまとめながら、反対の手で袋の口を広げて滑り込ませます。脚は開脚させ、外に出します。位置が決まったらテールを引き、ふちを締めて密着させます。

抱き方のバリエーション

首がすわる前

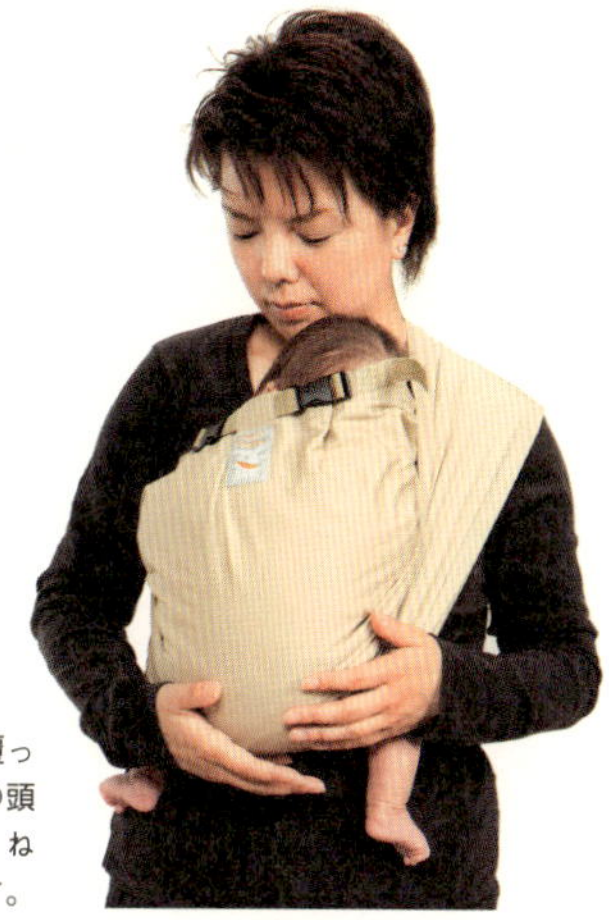

ゆりかご抱き

スリングを頭まですっぽり覆って、肩ひも側にあかちゃんの頭がくるように安定させます。ねんねや授乳の際にも便利です。

おすわりできる頃から

寄り添い抱き

袋の部分にあかちゃんが腰かけ、両脚は、おかあさんのからだにまたがっています。おしりは膝より下の位置に。落ちないように、おしりをすっぽり覆って。

腰いす抱き

寄り添い抱きをしてから、横にずらして、腰骨にあかちゃんがすわるような形にします。こうすると、より軽く感じられます。

おんぶ

寄り添い抱きから、後ろに回しておんぶにします。短時間の家事のときなど便利。テールは引き気味にして、からだに密着させておくのがコツ。

［月刊クーヨン］2006年8月号掲載記事に加筆し再構成しています。　撮影（下）／宮津かなえ　撮影協力／大和田佳世さん、小尾瑞希さん

トコトコ日記

「おでかけのはなし」

すずきあさこ

トコちゃん
階段もなんのその
Book
お店の中も気にせず歩けます。
声をかけられることもしばしば
トコさん重くも足どり軽く
イチニ、イチニ
冬はヌクヌク
夏はアセダク…

都市部に住んでいるため、移動は「だっこひも」がいいな、と考えていました。実際、わたしたちの生活にはぴったり。

少々、重くはありますが、妊娠中を思えば、たいして変わらないし、階段も狭いお店もへっちゃらです。

それから、声をかけてもらえるのもよいところ。あかちゃんと目が合いやすいんでしょうね。あかちゃんにとっても、よい刺激になっていることでしょう。

自分がつかれたら
トコさんもつかれている?
おでかけは
無理ない
範囲です。

安心な住まいづくり

子どもの育つ家は、自然素材の気持ちのよい空間にしたいもの。とくにアレルギー体質の子どもの場合は、建材や塗料も、できるだけ化学的なものを使いたくない……。

家の掃除は、万が一、あかちゃんがなめても安心な重曹や石けんを使って。

ここでは、安心で安全な住まいの環境づくりのヒントをご紹介します。


 撮影／矢部ひとみ（office北北西）　撮影協力／三木佑二さん、三木壮一朗さん

狭くても大丈夫
子どもが育つ住まいづくり

アレルギーがあるお子さんのことを考えて、新築の際にエコな家をつくった
田口さん一家。子どもふたりのこれからのことも考えて、
限られたスペースでゆったり住まう工夫をしました。
田口さんのエコな家を参考に、子育てしやすい住まいのノウハウを探ります。

自然素材の家に越して、アトピーも軽くなりました

埼玉県 田口雅一さん、真紀さん、藍衣さん、鈴藍さん

つくりたい家を徹底的に追求！

2007年6月に完成した田口さんの家。建築家の巻京子さんと出会ってから、1年をかけてつくった、待望の「エコな家」です。

「家をつくるなら木の家を、というのは夫婦で一致していました。上の子に軽いアトピーがあったこともあり、自然素材がいいと思っていたんです。巻さんにお願いしたのは、インターネットで調べて、片っ端から電話してみたなかで、いちばん親身になって話を聞いてくれたからです」

そう話してくれたのは、田口真紀さん。残念ながらこの日不在だった夫の雅一さんと、細部にわたるまで本当につくりたい家を探求しながら、この家を完成させました。

a●いまは収納のみ使用している子ども部屋。2階に2部屋設けた。将来は個室になる予定。b●台所。照明は、真紀さんお気に入りの喫茶店を参考に、自分たちで工夫しています。c●外観。まわりの家との兼ね合いで高さに制限があったため、コンパクトなつくりに。d●1階のリビング。フローリングはから松の無垢材で、座っているとじんわりあたたまります。e●田口さん一家。階段で。f●玄関は、身支度するときや、ひとを迎え入れるときにゆったりコミュニケーションできるよう、広くしたそう。g●トイレの便器は、雅一さんが気に入ったものを入れました。水栓なども、自分たちで探してきたそうです。

1階台所脇の収納スペース。子どもたちがここにこもってあそびたがるので、おもちゃの棚を入れ、あそびスペースに。
リビングにおもちゃを出すときは、ひとつ出したらひとつしまう、のルールを徹底。藍衣さんは、ちゃんとルールを守っています。

「住宅雑誌の気に入ったページを持ち歩き、出先でこれ！　と思ったデザインを取り入れ……夫とは、本当によく話しました」（真紀さん）

ところで、家づくりには、限られた土地、限られた予算など、たいてい何らかの制約があるものです。

「ご近所との関係で、背の高い家は無理。でも、そこは巻さんに相談して、なるべく狭さを感じない設計をお願いしました。まだ、子どもが走りまわる年齢なので、段差をなくすとか、デッキをつけて外の空気を感じられるようにするとかいった点もお願いしています。ただ、あまり機能重視だとおもしろくないので、将来子どもたちが部屋を飾ったりしやすいよう、壁面などのスペースには余裕をもたせてあります」（真紀さん）

たしかに、田口さんの家はまっさらな部屋の壁が印象的。

「限られた予算で収めるため、建具の塗装などは、週末を利用して夫婦でがんばりました。おかげで、引っ越し後、子どもたちが〈ペンキ塗りごっこ〉をしてあそぶくらい（笑）」（真紀さん）

ドアノブやアンティークの窓、スイッチ、照明器具など部屋の個性を左右するものは夫婦でほうぼうを探し歩き、取りつけました。

この家で、家族みんな健康的に

2階の子ども部屋に通じる階段は、帰ってきた子どもの顔が必ず見えるよう、リビングにつけました。階段下の収納スペースは、すっかり子どもの秘密基地に。

「それを逆手に取って、おもちゃはここに集中させました。ひとつ出したら、ひとつ片づける。これを徹底しているので、リビングもそんなにひどく散らからなくなりました」（真紀さん）

本当にびっくりするくらい、リビングはすっきりしています。こんな工夫が過ごしやすくなるコツ。

「上の子は寒くなるとアトピーが悪化していたのですが、ここに越してきて、ほとんどかゆがらなくなりました。ごはんもよく食べるようになったし、早起きになったし、本当に気持ちよく暮らしています」（真紀さん）

田口さん一家は、健康と住まいの関係をはっきりと実感しているようです。

子どもの健康で気になることがあったら、家を再点検してみるといいかもしれません。新築は無理、とあきらめないで！　リフォームという手もあるのですから。

 撮影／宇井眞紀子

断熱材

エコな家づくりの課題が断熱材。コルクや羊毛など、いくつかの素材の選択肢はありますが、現状では価格と性能の折り合いがなかなかむずかしいところ。断熱効果をある程度上げないと、暖房に余計なエネルギーを使ってしまうので、効果的な素材を選びたいもの。

フォレストボード／杉樹皮と杉の端材からとったバージンパルプを混ぜてコーンスターチで固めた断熱材。自然素材のため廃棄しても有害物質を出さず土に還ります。（白神フォレスト）

壁・壁塗り材

吸湿性に乏しく、カビの温床にもなりやすいビニールクロス。その多くに塩化ビニールなどの有害物質が含まれるため、化学物質過敏症の方は使用を避けたいところ。土やしっくいで仕上げる日本の伝統技術は、調湿効果のある「呼吸する壁」をつくれるのでおすすめです。また、クロスの上から塗れる塗料もあり、リフォームに便利。

右・アラバスタ／大理石の粒や粘土などでつくられたドイツの塗料。左・ナチュラルホワイト／天然素材による安全な水性塗料です。匂いがほとんどないので、住みながらのリフォームにも便利。（ともにエコ・オーガニックハウス）

床

あかちゃんは、床の近くで生活しますので、素材には気をつけたい。無垢の木材はフローリングと違って暖かく、やわらかく、何よりも調湿機能に優れています。広さにもよりますが、釘を使えないアパートやマンションでは、床材を寸法に切って張るだけで部屋の空気が変わります。汚れ止めには、自然素材のオイルやワックスを。

田口さんの家の床は「から松」。そのほか、ひのき、栗なども、硬さがあって、床材に向いています。

子どもが育つ住まいに大切なこと

お話 巻京子さん（木の家設計室くわくわ）

自然素材といっても、いろいろあります。使い勝手のいいもの、質のよいものを、田口さんの家を手がけた建築家、巻京子さんに教えてもらいました。

まき・きょうこ　建築士。「木の家設計室くわくわ」主宰。自らのシックハウス体験や子育ての経験から、子育てしやすく、健康に気を配った家づくりを専門に請け負う。http://www.ne.jp/asahi/kuwakuwa/home/

あかちゃんは「つらい」と言えません

建築材料による肌や目、粘膜への影響には、個人差があります。親が何も感じなくても、子どもがつらい思いをしているケースもあるのです。とくにことばで表現できないあかちゃんには、つらさを伝える方法がありません。

建築材として使われる集成材には多量の接着剤が使用されています。その安全性は確認されていないものがほとんど。やはり無垢の木材や、調湿機能のある紙の壁紙や左官材がよいのです。家具やカーテンについても同様の配慮が必要です。

やりくり次第で手に入ります

よく「自然素材の家は高い」といわれますが、予算がなければ、規模をちいさくするとか、自分たちも建築に参加するなど、やりくりの方法はいくらでもあります。まずはあきらめず、建築家とよく相談してほしいのです。

本物の自然素材の家に流れる空気にはマイナスイオンがたっぷり

子育てをする家づくりのポイント

住み手が建築に参加する

建築費には限りがあります。やりたいことの優先順位をつけるなかで、自分で手がけてコストダウンすることも視野に入れるとよいでしょう。田口さんは、壁塗り、建具の準備、台所まわりの組み立てやドアのペイントなどを自分たちで行いました。それがかえって家族の思い出になるというおまけも。壁塗りは少し大きい子どもなら参加している家族もあります。

田口さんの家の台所。流し台、その背後にあるつくりつけの食器棚や引き出しは、雅一さんが北欧製のキットを選び、自分で組み立てました。

フレキシブルなスペースづくり

家族によって考え方はさまざまですが、ちいさな子どもには「子ども部屋」としての個室は必要ありません。田口さんは、いずれ必要になったら子ども部屋にできるよう、スペースを確保しておく方法を選びました。それまでは収納場所や子どものあそび場として利用していく予定です。子どもの発達に応じて、フレキシブルに使い方を変えられるつくりは便利です。

田口さんの家の２階は、おままごとスペースになっている踊り場を中心に、左右が将来の子ども部屋となるべく、個室のつくりに。

内と外の連続性

リビングと同じ高さにデッキがあることで、家の延長として使え、アウトドア感覚のあそびや、家族での団らんが可能になります。家の中に閉じこめられる感覚から解放されるのも、デッキの魅力。家の外と内が、ゆるやかな連続性をもつことで、子どもも安心してあそぶことができ、親の目も届きやすくなります。近所のひととの気軽なコミュニケーションの場としても。

１階のリビング、台所からデッキに出られるようになっています。

ワックス

無垢の木の素材感や調湿作用などを損なわず、それでいて保護効果もあるものを選びましょう。蜜ロウワックスは、塗りすぎるとかえってほこりを呼んでしまうので、塗り方は説明をよく読んで、適量を塗ることが大切です。

ブレーマー自然塗料（オイル、ワックス、ワニス・くるみ）／ハーブオイルや天然樹脂からつくられた、ドイツ・ブレーマー社の塗料。下地にオイルを塗ってから、ワックス（色をつけたい場合はワニス）を塗ります。（すべてエコ・オーガニックハウス）

防腐加工

木の家は、白アリの被害が気になるところ。かといって防蟻材の人体への影響も心配。土台は、材質によって防蟻処理をしなくてもよいという法律があるので、できれば素材で工夫を。基礎まわりを通気のよい構造にし、土台や柱に、ひば油、木酢油などを塗ることで、防虫効果を上げることもできます。

森林恵／ひば油、ヒノキチオール、ニームなどの自然の成分でできた防蟻処理剤。防腐加工にも使用できる。（小川耕太郎∞百合子社）

含まれ、森林浴をしているような心地よさがあります。一年を通して、湿度が50～60％に保たれているので、ウイルスの繁殖を抑え（ウイルスは乾燥した空間を好みます）、風邪やアトピーなどの予防にも役立ちます。

　エコロジーという観点で見た場合も、国産材を使うことはひとつの方法です。いま、日本の木は伐りどきを迎えています。戦後植林した木が手入れされずに放置されているところも多く、国産材の利用を増やすことで日本の森林を守ることができます。

子ども部屋は本当に必要？

「子育てする家」を考えたとき、子ども部屋のことは、誰もが考えることと思います。でも、必ずしも子ども部屋が必要、とはいえないと思うのです。それは、家族ごとに考えて、結論を出せばよいことで、親が「いらない」と強く思うなら、案外子どもは無理を言わないものです。

　わたしが子どものいるひとによく言うことは、子ども部屋にテレビやパソコンの配線はつけないほうがいいよ、ということです。テレビゲームやパソコンは、あれば使いたくなるもの。それは、みんながいるリビングやパソコンコーナーにあればいいと思うのです。子ども時代は、思いっきり親子の関わりをもってほしい。そんな設計を、こころがけています。

リフォーム できるポイント

子どもの健康に配慮した「エコな家」は、新築でなくても実現可能です！リフォームで快適な住まいに変身させる方法がいろいろあります。

壁紙をエコ素材にする

湿気による室内のカビはアレルギーの大きな要因。だからといって、やたらに市販されている薬品を使うことも心配です。その場合、日本に昔からあるしっくいや自然素材の塗り材を塗ることでカビを防ぐことができます。より手軽なのは、薬品の混入の少ない紙の壁紙をクロスの上から張る、という方法です。

和紙壁紙／手漉き紙は防汚材や難燃材などの添加物のないものを。また、接着剤にはホルマリン以外にもからだに有害な防腐剤、防カビ剤が添加されているものがあるので、天然素材の接着剤や壁紙用接着剤の使用をおすすめします。（エコ・オーガニックハウス）

太陽熱給湯器を取り入れる

オール電化住宅がはやりになっていますが、原子力発電所の余剰電力の消費が主眼で、エコロジーや安全の面では、大いに疑問があります。太陽熱給湯器は、自然のエネルギーである太陽熱を利用するので、電磁波の問題や、原発の問題を心配せずに使うことができます。

屋根の上に集熱パネルを設置した施工例。効率よく太陽熱を集め、水を温める。暑い季節は、これだけで温水がまかなえる。寒いときは、追いだきが必要な場合も。

敷地に炭素を埋設

電磁波の影響を緩和する、マイナスイオンの空間をつくるなどの効果が期待できる。備長炭の微粒粉300kgを直径1m、深さ1mのきれいな円に水を混ぜながら埋設。直径8m以内に影響があるといわれる。シロアリやムカデなどはマイナスイオンをきらうので、床下に炭を敷く方法よりも、効果が。

巻さんが施工した、炭の埋設の現場写真。炭には調湿効果もあるが、巻さんは磁場調整という意味で使用。

床を国産材で張り替える

畳やカーペットはダニを発生しやすく、アレルギーを誘発する場合も。木の床に張り替えることも視野に入れましょう。合板のフローリングはシックハウスの誘因になるため、手間はかかりますが、無垢の板がおすすめです。桧やから松は比較的傷にも強い材料。ほかに国産材では、栗やなら、かえでなどがあります。無垢の木を扱いたがらない工務店もあるので、工事を依頼するときは、よく相談して。

床板は林産地のメーカーが生産、流通させています。選ぶ際には、乾燥していて薬剤処理がされていないものを。無塗装のものを張ってもらい、オイルは自分で購入し、塗布するのが安心です。

自分でリフォームするという手もあります

壁紙の張り替えは、自分でできる手軽なリフォームのひとつです。「和紙壁紙」は吸湿性にすぐれていて、温かみのある風合いに仕上がります。安全な壁紙用の糊を薄めてローラーで塗り、ビニールクロス*の上から貼ることもできます。塗り壁にする予算がない場合など、検討してみてほしい素材です。

アレルギー対策には、そのほかにも床の張り替えや、家具、カーテンの見直しも必要かもしれません。素材はあくまで、無垢の素材であること。防虫処理、防炎処理などの薬剤処理がされていないものであること。何より家庭で日常的に使う、洗剤やワックスを自然系のものにすることです。

そのほか、太陽熱を取り入れる、雨水を利用する、などエコな工夫はいろいろ。家族が快適に過ごせるだけでなく、地球の環境についても考えた家づくりになるといいですね。非化石燃料を用いる木質ペレットのストーブなどは、注目できる商品だと思います。

[月刊クーヨン] 2008年1月号掲載　*安全性は、ビニールクロスの状態や貼る場所の条件によって異なります。

エコな家なら電気にも配慮を！

建物はエコだけど、家の中は
家電製品がいっぱい!?
そうなると、電磁波の影響も
心配だし、電力の使い過ぎも
気になるところ。電気まわりのこと、
チェックしてみましょう！

まとめ　編集部

ちいさな子どもにはリスクの高い電磁波

日本の家庭は、狭いところに家電製品があふれている場合が少なくありません。電気が流れるところには必ず発生する電磁波。その電磁波が、子どものからだに危険を及ぼす疑いがあります。

電磁波とは、電気と磁気の両方をもつ高速の波のことで、周波数の高いものからエックス線、紫外線、電子レンジや携帯電話から発生するマイクロ波、テレビから出る超短波、電磁調理器から出る超長波、家電製品や送電線、屋内配線から出る超低周波などがあります。このうちの超低周波が、問題となっています。

国立環境研究所の調査では、超低周波の電磁波が発生している高圧線の近くに住む子どもは、小児白血病の発生のリスクが高い、という結果が出ています。また、「子ども部屋の平均磁界レベルが4ミリガウス[*1]（0.4マイクロテスラ）以上で白血病のリスクが上昇する」という報告も出しています。

それ以外の電磁波も、とくにからだに近づけて使うものについては、注意したほうがよさそうです。

前ページでアドバイスをくださった巻京子さんは、「ＩＨ調理器は、電磁波のすぐそばにからだが近づいたかたちで使用するため、電磁波の影響を受けやすいのです。ちいさな子どもや妊娠中の方などは、使わないほうがいい」と言います。

電磁波は、発生源から離れると急激に減る、という性質をもつので、家電製品は、なるべくからだから離して使いたいところ。テレビ、コンピュータなどは、子どもの枕元などには置かないようにしましょう。また、長時間使用しないことも大切。節電もかねて、スイッチはマメに切りましょう。

非電化製品なら電磁波も安心!?

家電製品は、電磁波の問題だけでなく、電力を大量に消費する、という点から、二酸化炭素の発生や、原発の問題にもつながっていきます。こういった家電製品の問題を、たのしくクリアしよう！　と提案しているひとがいます。

『愉しい非電化』（洋泉社／刊）の著者、藤村靖之さんは、そもそも、電気設備が不充分なモンゴルで、快適な生活を送るための「非電化製品」を考えていました。非電化冷蔵庫、非電化冷暖房などが、モンゴルで実際に稼働しているといいます。その延長線上で、電気を使い過ぎているこの国で使うための非電化製品を、続々考案。昔からあった製品にも、光をあてています。

たとえば、掃除機の代わりにほうき、電灯の代わりにろうそく、電気ケトルの代わりに魔法瓶、電動ミシンの代わりに足踏みミシン……。なあんだ、と言うなかれ。これらを全部電気の力に頼った場合と、非電化にした場合、ぐんと電気代が変わります！　ちょっと不便だけど、「電気を使わなくてもホドホドなら快適・便利」というのが、藤村さんの提案する非電化製品。何より発想の転換ぶりに、クスリと笑えます。

「便利をたくさん得ると、なにかがたくさん失われる。便利をすこし捨てると、なにかをたくさん得られる」（藤村さんのHPより）（＊2）

子どもたちに電気の問題を伝えるためにも、非電化のほうへ、暮らしをシフトしてみませんか？

[月刊クーヨン] 2008年1月号掲載
＊1ガウスは磁束密度の計量単位。現在では国際単位のテスラの使用が推奨されている（10ガウス＝1ミリテスラ）。
＊2藤村さんの「非電化工房」URL　http://www.hidenka.net/

掃除・洗濯から子育てまで

「ゆとり」が生まれる重曹生活

環境にも家計にもやさしい、重曹を使ったお掃除やお洗濯術。
とくに子どものいる家庭では活躍の幅も広いようです。
そこで、重曹のある生活を実践されている
山縣茜さんの暮らしぶりをうかがってみました。

お話・指導 山縣茜さん

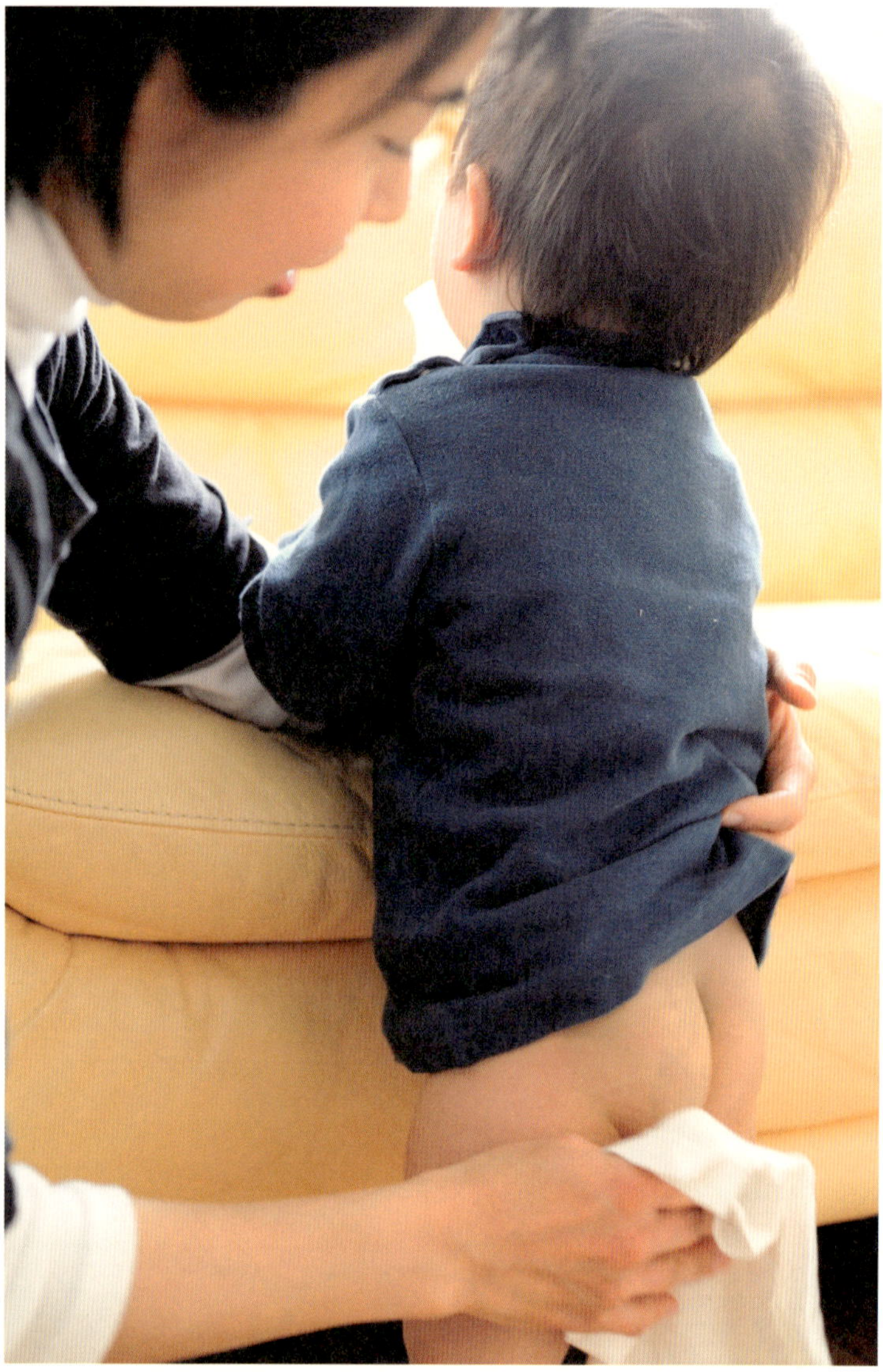

やまがた・あかね　3歳と1歳のお子さんのおかあさん。3年前に[クーヨン]の特集をきっかけに、地球環境にやさしい「重曹」を活用した暮らしを推進している「クリーン・プラネット・プロジェクト」スタッフに。
http://www.cleanplanet.info/

重曹を使って、子どもとの時間が変わった

3歳の彩加《あやか》さんと1歳の樹洋《みきひろ》さん、ふたりのお子さんがいる山縣さんは、暮らしに幅広く重曹を活用しています。きっかけは彩加さんが7ヶ月の頃に出合った本誌の記事でした。

「家中のいろいろなものに興味をもちはじめた娘が、何かを口に入れようとするたびに、『ダメ』と言うのがいやだったんです。

ちょどその頃、[クーヨン]で、重曹生活を推進しているクリーン・プラネット・プロジェクトを知り、掃除や洗濯をナチュラルな方法に変えました」

それまで使っていた合成洗剤は石油からつくられたもの。環境にも人体にもいいものではありませんでした。

「重曹やお酢なら、子どもが触ったり、なめたりしても安心。子育てにもゆとりが生まれました」(山縣さん)。

これを知っておけば大丈夫！

重曹の基礎知識

重曹がもつ「5つの作用」

下記の「5つの作用」をおさえれば、掃除、洗濯以外にも暮らし全般に重曹をフル活用できます。

重曹は鉱床[*1]や海水にも多く含まれ、日本ではそのほとんどが海水からつくられています。いずれも素材は天然のものですが、薬用・食用・工業用などがあります。お子さんのいる家庭では、食用以上のものを選びたいものです。

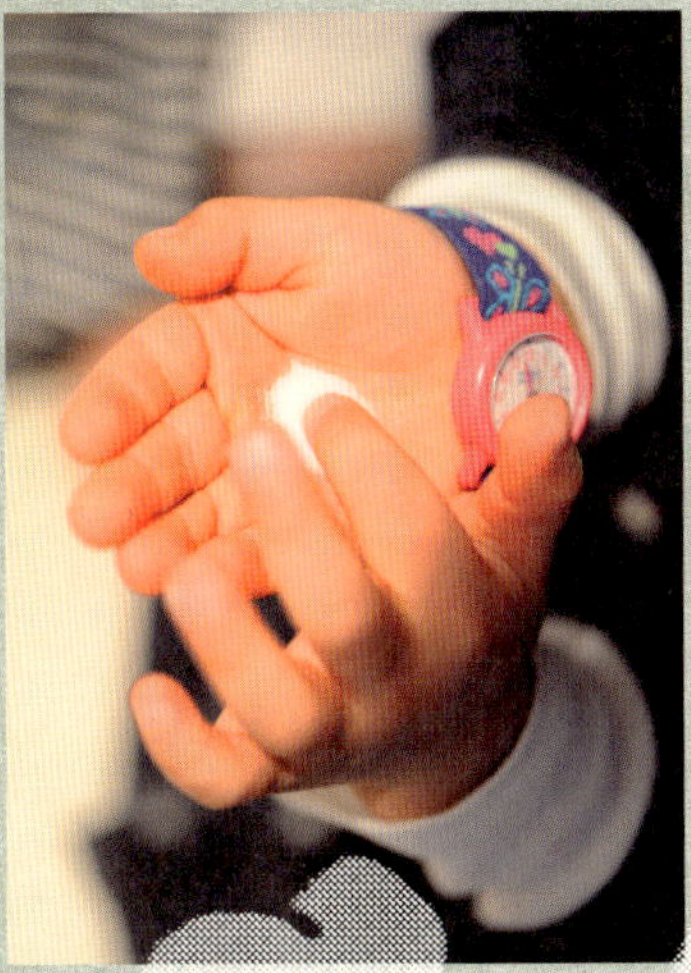

その1 中和作用

弱アルカリ性の重曹は、皮脂汚れなどを中和して、水溶性にする働きがあります。そのため汚れ落ちがよりスムーズに。

その2 消臭・吸湿作用

キッチンの排水口などの酸性の悪臭や、おしっこの臭いにも、消臭効果を発揮。水分も吸収するので、押し入れなどのカビ防止にも。

その3 発泡・膨張作用

ベストパートナーである酸（お酢など）と反応してシュワシュワと泡立ちます。この振動で落ちにくい汚れを浮き上がらせます。

その4 研磨作用

細かな粒子はひとの爪ほどの硬さ。水を含むことでたやすく結晶の角がとれてしまうために、キズをつけず汚れだけを落とせます。

その5 軟水化作用

油脂汚れに対しても、水と油を乳化させ、高い洗浄効果を発揮。重曹を水に溶かすと、油汚れが落ちやすくなります。

※重曹が使用できないもの…真珠製品、アルミ製品、クリスタル、漆器など

重曹を使う前に知っておきたい

3つのスタイル

重曹は粉、液体、ペーストの3タイプを使い分けることで、その活用の場所や汚れへの対応の幅がぐっと広がります。

スタイル その1

スキンケア・風呂タイル掃除に

粉末

粉末のまま使うスタイル。さっと使いたいときに便利です。

右・パウダー状のものは、水に溶けやすく、スキンケアにも使えます（＊敏感肌の方は合わない場合があります。ご注意ください）。左・より大きな、塩のような粒子のものは、研磨力があるので、お風呂のタイル掃除などに向いています。

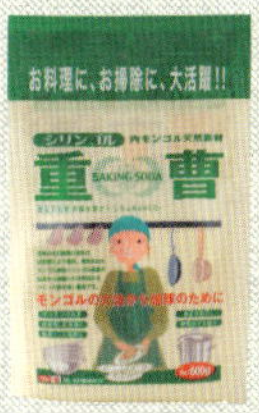

シリンゴル重曹（＊2）
内モンゴルで採掘されている、食用にもなる重曹です。

スタイル その2

食器洗いに

液体

重曹を水で希釈して使用する方法です。スプレー容器などに入れて用います。

重曹を溶かした液は、食器のつけ置きなどにも活躍。納豆のネバネバや、油汚れもスルッと落ちやすくしてくれます。

スタイル その3

布のシミに

ペースト

重曹をペースト状に練ったもの。しつこい汚れに対応できます。

食べこぼしによるシミなどを洗濯するときに、汚れに直接重曹ペーストをもみ込んでから、いつものように洗濯したり、使い方はさまざま。

ベストパートナーはこれ

酢（ビネガー）

強い酸性の酢は、汚れを落ちやすくしたり、抗菌効果にすぐれています。重曹の前後に使うことで、効果を発揮します。

ハーブティーやドライハーブなどをつけ込むと、香りのいいハーブビネガーになります。賞味期限切れのものを使えば、ムダもなし。

石けん

石けんと重曹を併用すると、洗浄効果は倍増します。さらに熱（お湯）を加えると、洗浄力もアップ。

汚れを吸着する効果の高い「麦飯石」の粉末に石けんとハーブを合わせて山縣さんがつくったオリジナル石けん。

撮影／宮津かなえ　文／藤原紀子　参考文献『やさしい重曹生活』（主婦と生活社／刊）
＊1鉱床…天然資源として有用な鉱物や流体などが地中にある場所。＊2「シリンゴル重曹」はクレヨンハウスにてお取り扱いしております（東京店TEL03-3406-6477　大阪店TEL06-6330-6507）。

食べこぼしから布おむつ、おねしょまで

あかちゃんがいる生活の重曹活用法

子どもがいる家で重曹が活躍するのはどんなときでしょう。山縣さんのお宅での実践例をもとに、掃除や洗濯、さらには育児にまで役立つ重曹活用法をご紹介します。

「つけ込み」と「粉ふり」、使い分けがポイント

子どもの食べこぼしは日常茶飯事。山縣さんのお宅にうかがったときも、お子さんがココアをこぼしてしまった直後でした。

「床一面にココアが広がって。でも、重曹を振りかければ大丈夫。あとは掃除機で重曹を吸い取って、最後に酢水を吹きつけてひとふきすれば終了、簡単です。

布おむつの洗濯もおねしょも、まず重曹を振りかけて応急処置。慌てることはないんです（笑）」。

朝起きてから夜寝るまで、生活のあらゆるシーンで重曹が活躍しています。

重曹は振りかけたり、つけ置きするだけで汚れを吸着し、浮かせてくれる働きがあります。だから慌てる必要がありません。自分のペースに合わせて、掃除や洗濯をすませることで、時間にもこころにもゆとりが生まれます。

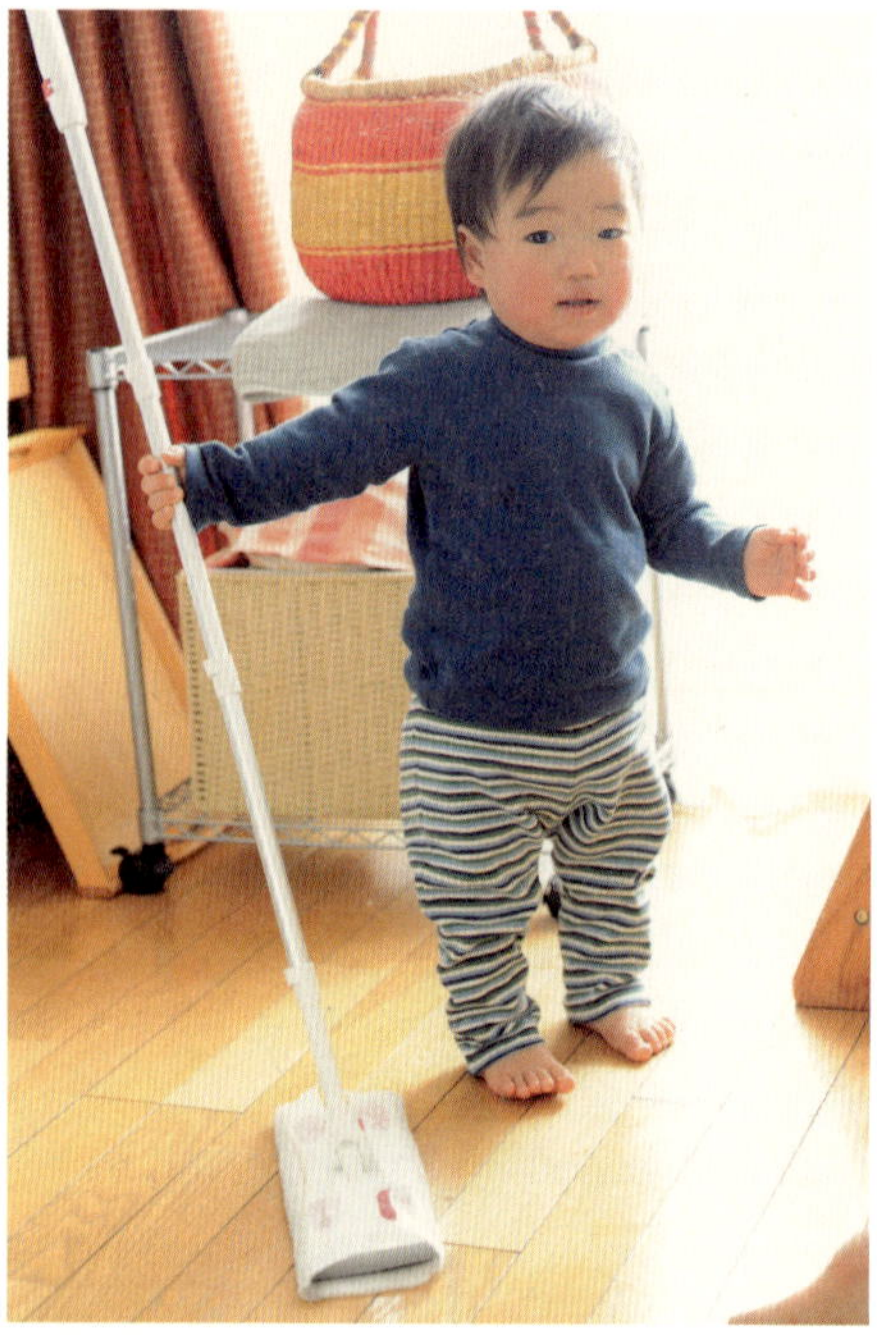

山縣さんは、朝、重曹で洗顔*1したら、自家製のハーブビネガーを垂らした水で顔をすすぎ、その水で鏡や蛇口などをささっとお掃除。彩加さんも重曹で歯磨きします。朝食の食器は重曹水につけおいて次の行動に。重曹が汚れを浮かしてくれるから、あとはすすぐだけでOKなのだそう。

重曹を育児に家事全般に活用している山縣さん。時間もお金も節約できる、重曹活用術はまさに子育ての大きな味方です。

常備しておきたい

重曹クリーナーのつくり方

重曹は、前ページで紹介した用途に合わせて、いつでも使えるように準備しておくと便利です。お気に入りの容器に入れて重曹生活をたのしみましょう！

重曹ペースト

重曹2～3：水1の割合で重曹に少しずつ水を加えながら、よく練る。目的に応じて水の量を調節して。

重曹水

水100：重曹8以下の割合（1リットルの水に重曹大さじ4）

重曹（粉）

塩などの振り出し式のシェーカーや広口の容器に入れて。

重曹と組み合わせて使う手づくりクリーナー

[ビネガー水] 穀物酢などの食酢を2～3倍に薄める。

[クエン酸水スプレー] 水1カップにクエン酸を小さじ1。

[殺菌・漂白ペースト] 重曹1：酸素系漂白剤（*2）に少量の水を振りかけながら混ぜ合わせ、ペースト状にする。乾燥すると固まるので、1回分ずつつくる。

*1　重曹洗顔…洗顔料(石けんなど)に少量の重曹を混ぜたもので洗う洗顔法。　*2　酸素系漂白剤は大手薬局、ホームセンターなどで手に入ります。

母乳ジミや布おむつの洗濯に

山縣さんは布おむつを使うとき、うんちの場合には、振り落として、おしっこの場合はそのまま重曹水につけ込みます。あとはまとめて洗濯機で洗うか、水洗いして酢でリンスして終わり。

外出先では、布おむつに重曹を振りかけて、袋に入れて持ち帰ると後始末もラクです。

また、きちんと洗ったつもりでも、時間がたつとシミになりがちな母乳の汚れ。こちらも重曹水にしっかりつけ込んでから洗えば、残りません。

「むしろ合成洗剤を使っていたときは、肌着やスタイに母乳ジミができてしまって。同じものを下の子に使っていますが、重曹で洗濯するうちに、シミが取れてきたんです」（山縣さん）

汚れたおむつはそのまま重曹水の入ったバケツへ

1日分をため込んでも、臭いは気になりません。

さくらの洗濯板

木肌がやさしく湿気に強いホンザクラの洗濯板です。（＊）

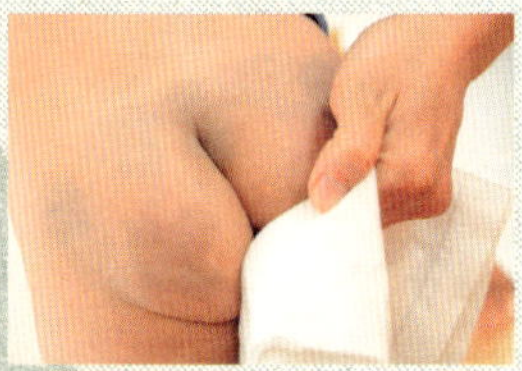

重曹水はおしりふきに最適

ハーブと麦飯石の効用で、より清潔に保ちます。

携帯用セット

左から石けん水（ティートリーの精油入り）、重曹水（麦飯石、ラベンダーの精油入り）、重曹パウダー。外出先のおむつ替えに活躍します。

おねしょや吐き戻し後の簡単フォロー

子どものおねしょと吐き戻し。どちらもすぐに何とかしたいもの。そんなとき、慌ててふき取らなくても、まずは重曹です。おしっこや吐き戻しの上に重曹パウダーをパラパラと振りかけて、重曹が臭いと汚れを吸収したら、そのまま掃除機で吸い取ります。その後のふき取りも、ぐっとラクになります。

また、夜中のおねしょも、すぐ対処するのは大変なこと。まず、布団のおねしょの部分にたっぷり重曹パウダーを振りかけ、その上に雑巾とタオルを重ねて朝までキープ。朝、臭いと水分を吸収した重曹の粉を布団の上から掃除機で吸い取り、ビネガースプレーをしてから、天日干しに。

エアウォッシュはカーテンやぬいぐるみなど、なかなか洗えないものにもひと吹きすれば、汚れを吸着し、臭いを抑えてくれる便利なアイテムです（つくり方は右記）。

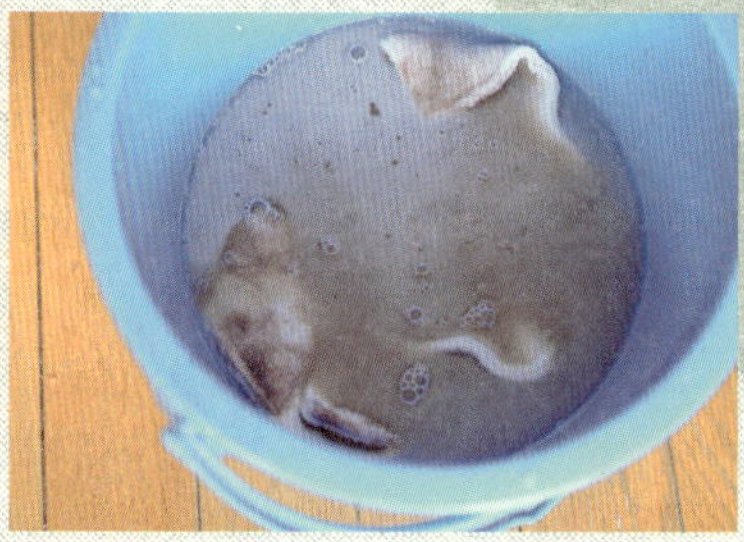

ココアをこぼしても、まずは重曹を。汚れを固めて、掃除機で吸い取った後に水ふき。こんなに汚れていても重曹が溶けた水なので、雑巾には汚れが残りません。

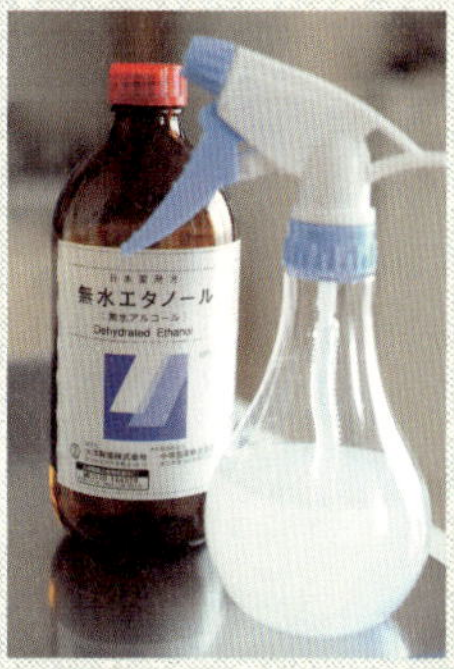

エアウォッシュのつくり方

用意するもの

- ●水…80ml、●重曹…小さじ1／2
- ●無水エタノール…120ml
- ●精油…80滴

スプレーボトルにエタノールと精油を入れて振り混ぜたら、水、重曹を加えよくシェイクする。

なかなか洗えないだっこひもは汚れやすいもののひとつ。エアウォッシュが活躍します。

　＊さくらの洗濯板はクレヨンハウスにてお取り扱いしております（東京店TEL03-3406-6465　大阪店TEL06-6330-6507）。

ほかにもまだある 重曹を使ったお掃除法

もっと重曹の活用法について知りたくなったあなたへ。生活研究家の岩尾明子さんがさらにお掃除方法を紹介します。

指導 岩尾明子さん（クリーン・プラネット・プロジェクト）

キッチン

まな板（プラスチック製）

【しみついた汚れをとる】

用意するもの…重曹（粉）、または殺菌・漂白ペースト、ビネガー水

▼まな板に重曹を振りかけ、ビネガー水をスプレーし、シュワシュワと発泡させる。気になるところはよくこすって磨き、熱湯で洗い流す。

▼ポイント…どうしてもとれないシミ、または完全に殺菌消毒をしたいときには「殺菌・漂白ペースト」を漂白したい部分に塗り、乾かないようラップで覆い、30分~2時間、できればひと晩置くと効果が高い。漂白ペーストを使用した後はビネガー水ですすぐか、水で洗い流す。

魚焼きグリル

【油・においをとる】

用意するもの…重曹（粉）、スポンジ

▼油汚れに重曹を振りかけ、水を含ませたスポンジでこすって落とす。

▼日々のケア…グリルの受け皿に底が隠れるほど重曹を敷きつめてから、その上で魚を焼けば、普段は焼き網を洗うだけでOK。調理時に滴り落ちた油は重曹が吸収し固まるので、臭いもなく、はしでつまんで取り除ける。重曹を少しずつ継ぎ足しながら何度も使う。重曹が黒くなったら、生ゴミにかけて消臭したり（雑菌の繁殖も抑える）、掃除にも使える。

排水溝

【ぬめりをとる】

用意するもの…重曹（粉）カップ2、酢カップ1

▼排水口に重曹を振りかけ、温めた酢（電子レンジで2分間）をかけて発泡させ、数分間置き、ぬめりを分解する。その後、熱湯をかけて洗い流す。これを数回くり返す。

▼日々のケア…気づいたときに、排水口に重曹の粉を振りかける。重曹は、汚れ、においを分解し、雑菌を抑える作用がある。

シンク

【くもりをとる】

用意するもの…重曹（粉）、スポンジ、ビネガー水

▼重曹の粉をシンクに振りかけ、湿らせたやわらかい布、または、スポンジなどで磨く。水で洗い流し、最後にビネガー水をスプレーし、ふき取る。

▼日々のケア…普段は食器を洗った後の洗いおけの中の重曹水を流すとき、ついでに磨くだけで充分。

リビング

壁・スイッチ・家電

【こびりつき汚れをとる】

用意するもの…重曹水または重曹ペースト、ビネガー水、布

▼壁、壁紙…材質が木ならフローリングの床と同じ手入れを。重曹水をスプレーし、その後ビネガー水で中和させ、水気をふき取る。

▼スイッチ・家電…とくに汚れている部分には重曹水、重曹ペースト、または重曹と泡立てた石けんをさっくり混ぜたスクラブのいずれかでポイントクリーニング。ビネガー水で仕上げ、水気をふき取る。

▼日々のケア…家電やスイッチは、ビネガー水をスプレーした布でふく。抗菌効果も。

床

【フローリングの汚れ】

用意するもの…重曹ペーストまたは重曹（粉）、ビネガー水、布、石けん

▼軽い汚れには、重曹ペーストを塗り、汚れがはがれ落ちたらビネガー水をスプレーして水気をふき取る。ひどい汚れは、重曹を石けん水で溶いたペーストを塗る。さらにガンコな汚れならパックする。ふき取った後、最後にビネガー水ですすぎ、水気をふき取る。

▼日々のケア…ぞうきんに香りがいいハーブビネガー水を含ませ、サッとひとふき。ジュースなどをこぼしたときは、重曹を振りかけ吸収させる。重曹が乾いたら手でつまんで片付け、ビネガー水で中和させ、水気をふき取る。

おふろ

タイル

【黒カビを取る】

用意するもの…重曹（粉）または重曹ペースト、ビネガー水、スポンジ、布、エタノール*

▼カビの根が浅いものは、重曹の粉やペーストで磨く。それでも落ちないカビには、エタノールを塗りつけて、殺菌。エタノールは酢より強力な作用がある。

パテの部分の落ちにくいカビには「殺菌・漂白ペースト」を漂白したい部分に塗り、乾かないようラップで覆い、30分~2時間、できればひと晩置く。漂白ペーストを使用した後は水で洗い流す。一度で全部取れなければ、何度かくり返す。

▼日々のケア…基本的な方法は浴槽、バスルームの壁、床ともに同じ。そうじする面にビネガー水をたっぷりスプレーし、重曹の粉を振りかける。発泡中になでるように壁や床を大きめの布でふく。細かな汚れは重曹で磨く。お風呂上がりにビネガー水をスプレーすると、カビを抑える効果も。

トイレ

便器

【黄ばみ・輪ジミをとる】

用意するもの…重曹（粉）、クエン酸水スプレー、ブラシ、トイレットペーパー

▼便器の水ためにブラシを入れ、勢いよく上下させ、できるだけ水位を下げる。黄ばみや輪ジミに、2、3枚重ねたトイレットペーパーを敷き、クエン酸水スプレーを吹き付ける。30分~2時間、できるだけ汚れをゆるませてからトイレットペーパーを流し、その後重曹を振りかけて磨く。一度で落ちなければ、何回かくり返す。

▼日々のケア…クエン酸水をトイレのたびにスプレーすれば、汚れも付きにくい。

いわお・あきこ　「地球にやさしいお掃除」を提唱するボランティア組織、クリーン・プラネット・プロジェクト代表。未来派ナチュラル生活研究家として、ラクで自然な衣食住情報を発信し、多方面で活躍中。http://www.cleanplanet.info/

[月刊クーヨン]2007年12月号掲載　イラストレーション／林ユミ　※重曹水や重曹ペースト、ビネガー水などのつくり方はP62参照。＊エタノールは薬局で手に入ります。無水エタノール、または消毒用のものを。

子どもは あそんで 育つ

子どもにとってあそびはお仕事。
からだもこころも、あそんで育ちます。
あかちゃんの最初のおもちゃは
自分の手や足だったり、おかあさんや
おとうさんのからだだったり、ことばだったり。
わらべ唄や砂あそびも、
シンプルでいて、あかちゃんの好奇心を
満たす、すばらしいあそびです。
あそびの世界を
子どもと一緒に、どんどん広げていって！

 撮影／矢部ひとみ（office北北西）　撮影協力／三木朱美さん、三木壮一朗さん

賢く、ひととの関わりを恐れない子に育てる

あかちゃんからの「わらべ唄」あそび

あかちゃんが持って生まれた力を引き出し、ひととしてのもとを築くためにあるのが、わらべ唄です。古くからの子育ての知恵や願いが詰まったわらべ唄を神谷ひろ子さんに教わります。

お話・指導　**神谷ひろ子**さん（伝承のままのわらべ唄紹介者）

かみや・ひろこ　長年保育者として現場に関わるなか、わらべ唄の研究に従事。岩手県・遠野の阿部ヤヱさんとの出会い以降、生き方を伝える日本のわらべ唄の紹介に奔走中。

わらべ唄には目的があります

古くから伝え続けられてきたわらべ唄は、唄あそびを通して、子どもを人間らしく生きていけるようにと導く「ひと育て」の技でした。

わたしは、岩手県遠野に伝わるわらべ唄を伝承する阿部ヤヱさんと出会い、わらべ唄に込められた思いを知るにつれ、そのすぐれた人間観に驚かされてきました。

ひとは生涯、社会において、他者との関わりのなかで生きていく必要があります。だから、他者との関わりを恐れず、また他者から愛されるひとに育つようにという願いが、わらべ唄を通して子どもに伝えられたのです。

現代のように、他者と関わらずとも生きていける時代には、昔からの教えを奇異に感じる方もあるかもしれません。

ですが、わらべ唄が連綿と、一字違わず伝え続けられてきたのは、昔だって、ひとに教え諭されなければ、ひとがひとらしく生きることがむずかしかったからなのだと思います。

それゆえ、わらべ唄には、子どもの育ちに応じてうたう時期があり、身につけてやる時期があるのです。

昔から各家のおばあさんが孫の気質をみて育ててきました。いまはおばあさんの分もおかあさんが担っています。

「ちゃんとしなさい」と叱るより、わらべ唄で教えていくほうが、おかあさんもきっと、子育てがたのしいですよ。

わらべ唄の基本は、目を見合うこと。ひとを知り気持ちを交わして、自ら「何だろう？」と動けるようになること。少しでもまねしたり、しっかり見ていたらたっぷりほめて。

参考文献／『人を育てる唄　遠野のわらべ唄の語り伝え』『呼びかけの唄　遠野のわらべ唄の語り伝え2』、『知恵を育てる唄　遠野のわらべ唄の語り伝え3』（以上すべて阿部ヤヱ／著　エイデル研究所／刊）

礼儀、行儀を身につけさせるには

わらべ唄だから自然と身について、あかちゃんも生きやすくなります！

「こんにちは」のときに…
あいさつするくせを身につけさせます

まだおしゃべりできないあかちゃんは、大人が抱いて、一緒に相手の方に「こんにちは」。礼儀の基本を教えます。この習慣でひとを怖がらず、ことばを交わせるようになれば、生涯前向きに生きていけます。「あそび」とはいえませんが、身につけさせてやる大切なことです。

おむつ替えのときに…
おしりを出すのは恥ずかしいことだと教えます

うんちやおしっこが出たら、「くせえ、くせえ、くせえ」と鼻をつまんではやします。羞恥心を教えるとともに、おむつ替えするよ、というサインにも。替えている間は、じっとしていることも教えます。言うことを聞くべきときには聞ける子に。親子の関わりの原点となります。

おむつをあてるときは「ちょつ、ちょつ、ちょつ」と声をかけ、おしりを出したままでは恥ずかしいよ、と教えます。おしりを隠すことは身をさらさないこと、つまりからだを守ることです。

目でひとを追うようになったらまねっこあそびを

生まれてほどなくして、目でひとを追うようになったらまず「てんこ、てんこ、てんこ」を、それに飽きたら「にぎ、にぎ、にぎ」をあそびます。「にぎ、にぎ、にぎ」は顔の横で手を結んだり開いたり、手の動きと顔の表情と声とが、すべてあかちゃんに届くように、目を合わせてやります。

まねる力は一生もの

ひとが育つのに欠かせないのは「まねる」力です。「にぎ、にぎ、にぎ」は、「まねる」力を引き出します。また、大人の呼びかけに応答し、しぐさをまねることで「会話」するあそびでもあります。

あかちゃんは、まねして返すと相手がよろこぶことを知り、自分から何かをしてあげることを覚え、自分も満足します。こうして、ひとと関わり、気持ちをやりとりすることをよろこぶように育ちます。

 撮影／泉山美代子　撮影協力／柏木優梨子さん　イラスト／宮澤ナツ

イヤイヤができたら意志疎通もスムーズに

イヤな気持ちを大切に

しっかり首が振れるようになったら、何かイヤそうなときに首を振って見せ、「イヤなの？　そうか、イヤなのね。イヤイヤイヤ」と首を振ってみせます。これをくり返していると、イヤなときは、首を振ればいいとわかります。これで、わかってくれない！　と、いらだったり泣かずにすみます。

ほかの子とのいざこざで、親はがまんをさせがちですが、「イヤだよね」と子どもの気持ちを受け止めてあげることも必要です。がまんばかりのおりこうさんは、本当にイヤなときにイヤと言えないことも。ことばには出さずとも、動作でイヤという意思が表現できることは重要です。

首がすわったら、イヤイヤするように首を振り「かんぶ、かんぶ、かんぶ」。首の筋肉を強くするとともに、「イヤ」という気持ちの表現につなげていきます。あかちゃんの正面を向いて、目を見てやってみせます。

ほめられじょうずが、ほめじょうずを育てます

ほめるためにあそぶ

向き合ってあそべば、ほめることがたくさんあります。あそびを通して、ほめることをどんどん見つけてください。ほめられてうれしいという体験は、やがてひとを素直にほめることができるようになり、よい人間関係を築いていくことにつながります。

ほめすぎるとつけ上がる、というひともいますが、ほめるというのは、その子を肯定し、進むべき道を示すことです。安心し、自信をもって、意欲満々に育てます。

おすわりができるようになったら、「手打ち、手打ち、手打ち」と拍手してあそびます。上体を伸ばすことで背骨を強くします。「じょうず、じょうず、じょうず」とほめられ、ひとをほめる気持ちの表現になっていきます。

あかちゃんだって おいしい! が言える

おすわりができたら、頭をなでながら「頭、なり、なり、なり」。これは「最高においしくて頭が鳴るよう」という動作です。ごはんを食べるようになったら、「おいしいね」という表現につなげていきます。

感謝して食事を

あかちゃんの時期は、味覚を育てる大切なときです。「おいしい」という表現を知ることで、味覚もまた、育っていきます。

また、一生感謝して食べるひとになるようにという願いも、このわらべ唄には込められています。だから、食卓に着くようになったら、「おいしいね」「おなかいっぱいね」と声をかけましょう。

何でも食べられる子に、という願いが「残さないで!」という強制につながりがちですが、普通食がはじまって間もないあかちゃんが相手です。味覚は変わりますし、大人になって食べられるものだってありますから、まずは「おいしい」を食卓の中心に。

できた! ばんざーい! の気持ちは、一生の生きがいのもと

1歳のお誕生日前の頃、両手をまっすぐ上げる動作ができるようになります。「ばんざーい」といううたいかけに合わせて、やってみます。やがて「できたよ!」と自分をほめる表現につなげていきます。

自分をほめるのも大切

ちいさな子どもの毎日は、「できた!」の連続。ただ、大人は意外とそれを見ていません。だから大人は、ちいさなことでも「できたね! ばんざーい!」とほめましょう。子ども自身に「できたんだ!」という自己肯定感をもたらし、「もっと認めてほしい」という意欲をかきたてます。

ひとは、自分の課題を見つけたら、それに向けて努力、がまん、勇気という3つの力で達成していきます。できたら「ばんざい!」とよろこぶ。そういう気持ちは、一生を通じて大切なものです。のびのび生きる力につながります。

あなどれない、その育児力！

砂場あそびのススメ

汚れるからと、敬遠されがちな砂場。
でも、砂場を前にした子どもたちの目の輝きを知っていますか？
そんな砂場の「育児力」について、笠間浩幸さんにうかがいました。

お話　**笠間浩幸**さん（同志社女子大学教授）

感触がおもしろい

砂の感触は、触覚を開きます。足に砂をかけてもらい、重さ、冷たさ、ザラザラを感じます。

道具を扱って

ちいさな子は、砂そのものより道具の視覚的魅力から砂あそびに入っていくようです。

転んでも平気

ひっくり返ってもケガしない砂場は、あかちゃんのあそびの環境としても抜群。すわり心地も最高です。

ダイナミックさ

砂場の定番、砂と水のコラボレーション。変化する砂の状態を、からだいっぱいに受けとめて。

0～2歳頃まで

冷たさやザラザラ感。全身であそべて、形を壊すおもしろさも

ここがたのしい！砂場あそびのポイント

あそび盛りの子どもにとって砂場のよさって？夢中になるポイントは何でしょうか。

登ったり降りたり

山があったら登りたい。登り切れば、大満足。砂は、能力に応じた課題を与えてくれます。

壊すたのしさ

つくっては壊す、のくり返しがたのしい。壊しても怒られないなんて、たのしくて。

砂場あそびは親離れの第一歩

子どものあそびの神髄は、自由な発想で活動することです。

砂は、子どもの自由なあそびを引き出す素材であり、砂場は自由なあそびの環境を提供する場です。あかちゃんをやわらかく包み込み、大きな子どもには、山にもトンネルにも変化してあそびを盛り立てる。壊しても、またつくり直せるところも、子どもには魅力です。

現代の、大人主導の「教育」では、砂あそびに意味を見いだすことはむずかしいかもしれません。でも、砂場の魅力のひとつは、親子で距離をとれるという点で、子どもがあそびに没頭するのを、傍らで安心して見ていられる空間だ、

かさま・ひろゆき　同志社女子大学現代社会学部現代こども学科教授。幼児教育学、子ども学が専門。著書に『〈砂場〉と子ども』（東洋館出版社／刊）、共著に『保育社論』（北大路書房／刊）ほか。

砂あそびの際に伝えておきたいこと

- ひとに砂をかけない
- あそび終わったら服やからだの砂を払う
- 部屋に入る前に手洗い、うがいを

近所の砂場を盛り上げていこう！

もし近所の砂場の砂が「汚れている」「固くなっている」「砂が少ない」などの状況だったら、ぜひ行政にかけ合ってみて。日頃使うひとが増えれば、声もあげやすくなります。まずは誘い合って砂場へGO！

砂団子は、大人も熱中するたのしさ。

砂山は、崩れるのも、またたのしい。
（撮影／宇井 眞紀子）

2歳頃～

友だちとつくるよろこび。
道具を使えば
さらに自由自在

自由な造形

想像したパノラマを、砂で創造する。砂は創造の素材であり、舞台でもあります。

見立てあそびに

1歳半頃から、型に砂を出し入れする「表出」から、「表現」へとあそびが変化。作品に。

あそびが発展できる

ポリバケツを使った巨大砂の城づくり。コツをつかめば、こんな作品にも発展していける。

人間関係のはじまり

ごはんを「はい、どーじょ」。ことばの獲得とともに、コミュニケーションも芽ばえてきます。

ということを思い起こしてほしいのです。同じ道具でも、1週間後、1ヶ月後と、どんどん使い方が変化し、うまくなっていくのを観察できるのが、砂場です。

子どもは、大人が考える道具の「正しい使い方」などおかまいなしです。それを大人が、「なるほど、そう使うか！」とじっくり見届け、次に新たな使い方を編み出すのを「おもしろいね！」と共感する。そんな関わりが、子どもの想像力や意欲を育てます。「そうじゃないでしょ」と手取り足取り教えてしまうと、やがて子どもは、指示を仰がないと動けなくなってしまいます。それより、きょうは何を見せてくれるかな、とたのしむ気持ちで、砂あそびに興じる子どもの育ちを見守ってみてください。

［月刊クーヨン］2009年6月号掲載　写真提供／笠間浩幸　撮影協力／木更津社会館保育園、中立保育園

たのしい！が脳を育てる

「あそぶ子は育つ」と聞くことがあるけれど、それって本当？
科学的な根拠があるのでしょうか？
子どもの「あそび」と「育ち」の関係について、
脳科学の視点から、研究者の甘利俊一さんにお話をうかがいました。

お話 甘利俊一さん（理化学研究所脳科学総合研究センター特別顧問）

脳はどうやってできるの？

人間のもつ遺伝子には、あらかじめ脳のつくり方が書いてありますが、自動車ができるように、人間の脳もポンとできあがるのかというと、そうではありません。人間はみんなすばらしい脳に発達する可能性を秘めており、遺伝子のなかには、その可能性の仕組みが書いてあるのです。

昆虫などの遺伝子にも脳のつくり方は書いてありますが、設計図がしっかり固定されているので、そのとおりに脳がつくられ、生まれてきます。ところが、人間のような動物の場合、生後どんな環境で生活することになるかわからないので、設計図をかっちりつくってしまうと、環境の変化に耐えられなくなってしまいます。ですから、人間の場合は、生まれた後でさまざまな経験をするなかで、自分の生活環境に合わせた脳の仕組みをつくっていきます。これが脳の発達です。

それを考えると、脳はずいぶん時間をかけて発達していくことになります。まず、視覚系でものを見るにしても、さまざまなものを見て比較検討をしないと、脳は分析をすることができません。さらに、さまざまなものを見ると、その内容に応じて、その情報をどう処理するかという脳の仕組みができてくる。音を聞く場合もそうです。あかちゃんは、生後1年もたたないうちに、親が話している日本語の音の特徴に自分の聴覚系を合わせていき、徐々に日本語を話すようになります。その頃には、すでに外国語の音は正確に聞き取るのがむずかしくなっています。

子どもはあそんで社会を知る

だいたい15万年前に、現代人がアフリカに誕生し、そこから世界へ出ていくわけですが、文明を築きはじめたのは1万年ほど前。その頃には気候も温暖化し、生産も安定して、その日暮らしをせずにすむようになってきた。そうすると、人間はぼけっとしているのはどうもつまらないと感じるようにできていて、いろんなことを考えはじめるんです。考えるということもひとつのあそびですよね。音

あまり・しゅんいち
工学博士。東京大学教授等を経て独立行政法人理化学研究所脳科学総合研究センター長、現在同センター特別顧問。専門は情報幾何、神経情報処理。

楽や絵画も、そうやっていつの間にか人間がつくり出したもの。それを考えると、あそびの大切さがわかります。

もちろん、あそびが大事だといっても、無理にあそばせるのではなく、まずは自然にあそべるような環境をつくることが大切です。また、話しかけや、相手の表情を読みとる術を学ぶのも、同じくらい重要です。人間は大昔から、身を守るために集団で社会生活を送る動物でした。子どももそうした社会集団のなかで育ちながら、さまざまな世代と交流し、ひとの表情を読みとったりしてきました。

3歳頃からはじまる「こころの理論」って？

「こころの理論」をご存じでしょうか？　これはどういうことかというと、「わたしは、相手がこころをもった人間であることを知っている」ということは、「相手のこころのなかは、そのひとの立場に立って考えればわかるし、そのひとも同様にわたしのこころを読んでいる」という理論です。この「こころの理論」は、3歳頃から適用されるようになります。人間が社会で生きていくために大切なのは、素直に相手の立場になって考えることができるということです。そして、相手もまたそうであってはじめて、コミュニケーションが生まれます。

このことから考えても、わらべ唄あそびなどの仲間あそびは、ちいさい頃から積極的に取り入れていいあそびではないでしょうか。異年齢の集団であればなおいいのですが、いまの日本ではそれがむずかしくなってしまいました。昔は路地にいろいろな年代の子がたくさんいたので、あそぶときも、ちいさい子をみそっかすにして入れてあげたり、ちいさい子が年長の子を見てああなりたいと憧れたり……そうしながら、ひとつの社会をつくっていたんですよね。

「経験」が必要なのには理由があります

ほかにも手先を使うあそびや、トランプなどの思考のあそびなどもありますが、人間はさまざまな経験をすることが必要です。

たとえば、からだを使ったあそびに関して。大脳に運動野という部分がありますが、ひとが運動をするとき、この運動野だけが専門に働いているのかというと、そうではありません。やはりまず視覚系で外界を見て、飛ぶならどのくらいの距離がいいか、足場はしっかりしているのかなどを判断します。次に、何をやりたいのか自分の意図を決めたうえで、そのためにどの筋肉をどの程度動かすかのを計算し、実現する。実現するとフィードバックがありますから、失敗したらやり直したり。

あそびに限らず、運動は運動、感情は感情、というふうに、脳の使う部分をそれぞれ分けているのではなく、全体が協調して動かなければ、脳の活動全体がなされません。

もちろん、運動しているときと、文字や算数を勉強しているとき、音楽をしているときとでは、脳の働き方はそれぞれ違うのだけれど、とはいえ脳は何をしていても総合的に働いているということは事実。だから、人間にはさまざまな経験が必要なんです。

自発的にあそばせると脳は気持ちよく育ちます

原始時代は、身を守るための運動能力や、食べられる木の実を判別したり、仲間の共同体意識を育てることが生きていくうえで大事なことだったので、文化もへちまもなかった。ある意味でそれが文化だった。それが、いまでは文字や数学、科学の知識も蓄えられ、文化も発達しているのだから、現代人としてはそれをたのしんで取り入れていかねばならないと思うんですね。でも、それらが苦痛になるように教え込まれるのは困りものです。人間がたのしいと感じると、脳は活性化します。たのしさから生じるワクワク感や達成感などが、いわゆるわたしたちのモチベーションになるわけです。

だからといって、早期に文字や数学を勉強させればいいかというと、それには科学的根拠はまったくありません。そんなに詰め込まないでゆったり育てるのがいいと、わたしは思います。やはり気持ちよく脳が働きますし、それが脳にとっていちばんいいことだからです。

何ごとも好奇心を大切にして、自発的にたのしんでやること。あそびはいわば人生のシミュレーション。自発的に行うたのしいあそびは、脳の活性化を促すいちばんの要素だと思います。

0～1歳

読むひともたのしんでいるかどうか、あかちゃんにはちゃんと伝わっているみたい。

心地いいことばとリズムのくり返し

あかちゃんと読みたい絵本

絵本なんてまだ早い？　いえいえ、そんなことはありません。シンプルな絵に、ことばに、あかちゃんの表情が輝きます。お気に入りの一冊、見つけてください。

「もこもこもこ」

たにかわしゅんたろう／作　もとながさだまさ／絵　文研出版／刊

しーんとした世界に、何かが「もこ」「にょき」。やがて「ぱく」……「ぱちん」!?　シンプルな形が変化していく色彩豊かな絵、リズミカルなひとことが、あかちゃんを笑顔に。

「じゃあじゃあびりびり」

まついのりこ／作・絵　偕成社／刊

「びりびりびりびり……」「ぶいーんぶいーん……」身近なものと、その音の組み合わせがシンプルに描かれています。あかちゃんのからだの大きさに合わせた、ちいさめサイズの絵本。

「がたんごとんがたんごとん」

安西水丸／作　福音館書店／刊

走ってきた汽車に向かって、ほ乳瓶やりんごやねこが「のせてくださーい」。あかちゃんの身近なものがたくさん登場します。いつの間にか、一緒に電車に乗っている気分になれそう。

「わんわんわんわん」

高畠純／作　理論社／刊

「わんわんわんわん」に「ニャーゴニャーゴ」が加わって、そのうち「ぶひっ　ぶひっ」やら「ンモー」やら、もう大変！　文字はどうぶつたちの鳴き声だけ。読み方を変えてたのしんで。

「いないいないばあ」

松谷みよ子／文　瀬川康男／絵　童心社／刊

あかちゃんとのコミュニケーションに欠かせないのが「いないいないばあ」。どうぶつたちが顔を隠したページをめくると……「ばあ」の顔が出てくるくり返し。お次はだあれ？

「まり」

谷川俊太郎／文　広瀬弦／絵　クレヨンハウス／刊

黄色いまりが転がります。「ころころころころ」。そのうち、「ぱしっ！」や「かきーん」で形が変化して、あらら、ついに四角になっちゃった。スピード感のある展開にワクワクします。

0～1歳

み～んな にっこり

「おやすみなさい おつきさま」

マーガレット・ワイズ・ブラウン／作　クレメント・ハード／絵　せたていじ／訳　評論社／刊

夜、ベッドに入ったうさぎの子は、部屋を見回して、見えるものの一つひとつに「おやすみ」を言います。だんだん部屋も暗くなり……。ゆっくり、おやすみモードに切り替わっていきます。

「だっこだっこ ねえだっこ」

長新太／作　ポプラ社／刊

いろんな子どもたちが「ねえだっこ」と、せがみます。海の中のたこも、パンも、くつも!? いったい、どんなだっこになるのでしょう。そして、最後はやっぱり、おかあさんの腕の中。

「ぎゅっ」

ジェズ・オールバラ／作・絵　徳間書店／刊

チンパンジーのジョジョがひとりでおさんぽ。どうぶつの親子がみんなしあわせそうに「ぎゅっ」としているのを見たら、ママが恋しくなって……。「ぎゅっ」は大人だって大好きですよね！

「おひさまあはは」

前川かずお／作・絵　こぐま社／刊

おひさまが笑ったら、大きな木も「あはは」。ことりも、おはなも、み～んな「あはは」。大きな口をあけて笑う絵に、思わずつられて、あかちゃんもにっこり。

「おやすみ、ぼく」

アンドリュー・ダッド／文　エマ・クエイ／絵　落合恵子／訳　クレヨンハウス／刊

自分のからだに「おやすみ」を言っているのは、ベッドの中のオランウータンの子。きょう一日、一緒にあそんだ「あしさん」「ひざさん」「ゆびさん」……に。あしたも、よろしくね。

「おててがでたよ」

林明子／作　福音館書店／刊

あかちゃんが布をかぶっています。まずは片方のおててが出てきます。次はあたま。それから……？　絵本と一緒に、おてて、あんよ、と自分のからだも確認。全部出てきて、よかったね。

「こりゃまてまて」

中脇初枝／文　酒井駒子／絵　福音館書店／刊

歩きはじめのあかちゃんが、外で生きものを追いかけます。「こりゃまてまて」。ああ、逃げられた。子どもの仕草や表情から、歩くことで広がった新しい世界への好奇心が伝わってきます。

「くっついた」

三浦太郎／作・絵　こぐま社／刊

２匹のきんぎょさんが、２羽のあひるさんが、お互いにくっついた。わたしは……？　肌が触れ合うと、くすぐったいけど、うれしいね。そんなほのぼのとしたしあわせに包まれます。

 撮影／宮津かなえ

1～2歳

行動範囲が広がってくる頃、絵の中のこまかい違いもよ～く見るように……。

絵本の世界がひろがりだす

「んぐまーま」

大竹伸朗／絵　谷川俊太郎／文
クレヨンハウス／刊

ピンク色をした生きもの（？）が、鮮やかな色の世界を力強く旅します。摩訶不思議なことばのリズムにのって。子どもと一緒に、声に出して、たのしんで！

「きんぎょがにげた」

五味太郎／作　福音館書店／刊

1匹のきんぎょが、部屋の中をにげる、にげる。そして隠れます。鉢植えの中に、キャンディー瓶の中に……。「こんどは どこ。」くり返しのリズムと、探すたのしみに、みんなが夢中！

「あおくんと
きいろちゃん」

レオ・レオーニ／作　藤田圭雄／訳
至光社／刊

なかよしのあおくんときいろちゃんは、会えたうれしさで、みどりに変身。でも、家族にうちの子じゃないと言われて……。究極のシンプルな絵に、イマジネーションが広がります。

「おいしいおと
なあに？」

さいとうしのぶ／作
あかね書房／刊

おいしそうに、どうぶつたちが食べています。「つる つる つるるるるる～」「ぐつ ぐつ と ろーり」。食卓上の調味料やスプーンの活躍も見逃せない。絵を見てワクワク、おなかはぐー。

「だるまさんが」

かがくいひろし／作
ブロンズ新社／刊

だるまさんがころぶのは当たり前。この脱力系（？）のだるまさんは、いったいどうする？　次は何？　と期待が高まります。シリーズで『だるまさんの』と『だるまさんと』もあります。

「ぴょーん」

まつおかたつひで／作・絵
ポプラ社／刊

縦に開くのが、この絵本のミソ。かえるが、ねこが、いぬが……次々と豪快にジャンプ！ え？　かたつむりも!?　個性あふれる〈飛びっぷり〉をまねて、子どもたちもジャンプ、ジャンプ！

「ねんね」

さえぐさひろこ／文
アリス館／刊

いろんな「ねんね」があります。一緒に、ひとりで、水の中で、木の上で。気持ちよさそうなどうぶつたちの寝姿を集めた写真絵本。思わず眠くなりそうな、安らぎにあふれています。

「じぶんでひらく絵本」

H・A・レイ／作　石竹光江／訳
文化出版局／刊

「さあ、なにが　はじまるのかな。」「だれに　あげるのかな。」そんな問いを合図に、右ページを開いてみると……。自分でやりたがる時期の子どもたちに人気の仕掛け絵本4冊セット。

絵本の時間があれば子育てはたのし

親子で一緒に絵本を読む時間は、子どものこころを豊かに育てます。それは少し種まきに似て……。絵本の種は、すぐには大きくならないけれど、ゆっくりとこころに根を下ろし、大きく枝を伸ばします。3人のお子さんとの豊かな絵本の時間を過ごされた松井るり子さんに、絵本と子どもと子育てのこと、文章を寄せていただきました。

文 松井るり子

子どもに必要なのは愛されている実感です

子どもの時間を、未来に向けて「有効活用しよう」と思うと、自分が教育の素人であることが不安になります。そこにタイミングよく、プロによる教育時間を買いそろえて、子どもに与えるほうが「将来に向けての投資になりますよ」といったお誘いがやってきます。

ほんとにそうでしょうか。売り手は「そうですよ、そうですよ」と、さかんに言いますね。それがお仕事ですもの。ここはがんばって、自分で考えたいです。

情報とか、方法論とか、コツを得ることで、ものごとを合理的に学べるのは、大きくなってからでしょう。小学校に上がる前の子どもに大切なのは、来るべき長い学校生活と、その先の社会人としての生活を、前向きにたのしんで営めるような、タフな心身を育てておくことではないでしょうか。

具体的には、両親その他の養育者にとって、自分はかけがえのないだいじな子で、無条件で愛してもらっているから、「何が起こってもだいじょうぶ」という自信をつけることだと思います。

おかあさんの声がもたらす至福のとき

それはたとえば絵本読みで言うと、うちのハナタレをお膝にのせて、絵本と自分の腕でぐるっと子どもを囲んで、「あーあ」という選書で、下手くそに読む、生身の人間によって育ちます。学者によって選ばれたすぐれた絵本を、きれいな女優さんが、正しく美しい日本語で、テレビやDVDで与えてくれても、育ちません。

子どもは「おかあさん椅子」にゆったりもたれて、おかあさんの口からたどたどしく、きれいなことばや「詩」が出てくることが至福です。普段のおかあさんとのギャップを味わいながらも、「自分はこんなにだいじな子なんだ」ということを、身体で知って、自信をつけます。絵本の内容など、実は二の次ではないかと思います。

けれどもせっかくのチャンスですから、読んでいる大人も、絵やことばの美しさを、妥協なくたのしめる本がいいですね。おうちの本棚は、子どもにどれを持ってこられても喜んで読める、大好きな本で固めておくのがいいですね。

わたしは好きな絵本を見つけるために図書館に通って、これなら百回読みたいなと思える絵本を買いそろえて、わが家の本棚をつくりました。特に何とも思っていなかった絵本の魅力に、子どもが気付かせてくれたこともありました。

ひと任せにできない絵本は宝ものの時間

一方、お稽古ごとやテレビやDVDなどで、わたし自身がよく知りもしない大人を、わたしの子育てに介入させることは、しませんでした。それはとても怖いことだと思ったからです。

ことに携帯ゲームを子どもに毎日何時間もさせるのは、秋葉原の人込みに、子どもをひとりでぽんと置き去りにしてくるような「怖いことだよ」と、夫が申しました。彼はコンピュータの研究者で、いつもはそちらの味方です。

子どもに絵本を読んで、それが彼らのためになったかどうかはわかりません。ただ、大きくなって手放してしまった子どもたちを、前にも増していとおしく思うとき、昔絵本の読み手だった夫とわたしにとって、あの時間が何物にも替え難い、宝ものだったと思えます。あの時間が、今を支えてくれていると思うほどです。

子どもと一緒にいられて、子どもがこちらを一生懸命見てくれる、短い期間に教えたいことは、「この世はこんなにすてきで、生きる価値がある」ということではないでしょうか。それをひと任せにせず、自分でつたなく、泥くさく、誠実に伝えたいです。でもわたしたちは詩人ではないので、さてどうしたらいいのかと、困ってしまいます。そんなときに、自分のメッセージと同じ、温かい絵本を選んで子どもに伝えるのはたのしく、また実りの多いことと思います。

まつい・るりこ　岐阜県生まれ。児童文化専攻。著書に『絵本をとおって子どものなかへ』（童話館出版／刊）、ほか。翻訳絵本『うさぎのおうち』（ほるぷ出版／刊）など。現在、大妻女子短期大学部非常勤講師。
http://ruriko.jpn.ph/

お風呂は
パパにおまかせ！

仕事が忙しいおとうさんにとって、子どもと一緒に
あそぶ時間がないのはちょっとツライ。
でも、毎日入るお風呂をおとうさんと子どもの時間にできたら、
子どもとの距離もぐっと近くなるはず！

撮影／矢部ひとみ（office北北西）
撮影協力／三木佑二さん、三木壮一朗さん

沐浴で気持ちよく「おはよう！」

あかちゃんの肌や発育に朝の沐浴がとてもいいって知っていました？仕事で帰りが遅いおとうさんも、ちょっと早起きすればきっとできるはず。助産師の大坪三保子さんにうかがいました。

お話・指導　大坪三保子さん（たらちね助産院院長）

おとうさんの朝の沐浴であかちゃんのからだが目覚めます

朝、おとうさんがあかちゃんと関わりをもつことは、あかちゃんの生活リズムをつくるうえでもおすすめです。おとうさんはあかちゃんにとって交感神経のスイッチを入れてくれる存在。交感神経が刺激されると、からだは目覚めます。逆におかあさんは、ほっとする副交感神経に働きかける存在。この役割は絶対ではありませんが、生後2〜3ヶ月のあかちゃんは、母乳のにおいに敏感なので、おとうさんがおかあさんの役割を果たすのは少々むずかしいのです。でも、6〜8ヶ月頃になると、あかちゃんは自分を保育してくれるひとの役割を認識しはじめるので、おとうさんが産休を取っておかあさんが外で働くといった役割分担も充分可能です。

さて、朝の沐浴で体温が上がって目覚めたあかちゃんは行動的になり、代謝が上がります。すると、食欲がわいて昼食をちゃんと食べられます。生活のリズムはもちろん、体調も整います。ですから、おとうさんが子どもと関わる理想的な時間帯は朝なのです。

あかちゃんの肌は、汚れやすく、敏感

あかちゃんの未発達の肌には、3つの特徴があります。

ひとつは角質が非常に薄くて剥がれやすいこと。角質が剥がれるとかゆくなって掻いてしまい、肌はダメージを受けます。

次に皮脂の分泌が不安定なこと。あかちゃんはドライスキンですが、部分的に皮脂が分泌され、眉や髪の生え際などがベタベタしたり、湿疹になったりします。

3番目に汗腺の数が大人と同じ、つまり汗腺が非常に密集していること。細菌やウイルスは水分を好みます。さらに体温の高いあかちゃんの肌は、細菌の培地になってしまいます。

つまり、あかちゃんの肌は汚れやすく敏感なのです。

ケアの方法は、朝から皮膚の表面の汚れを角質を剥がさないように石けんをよく泡立ててやさしく洗い流します。

その後、必要な場所には、病院から処方される保湿剤や、市販のあかちゃん用の保湿剤で乾燥しないように、すぐに保湿します。

また、5、6ヶ月したら母乳のほかに離乳食を加え、母乳は2歳以降まで続けて、あかちゃんの成長に見合う栄養を与えるようにしていきましょう。そうすることが皮膚の成長を促すことにもつながります。そのためにもお風呂上がりの水分補給には、できるだけ母乳をあげてください。

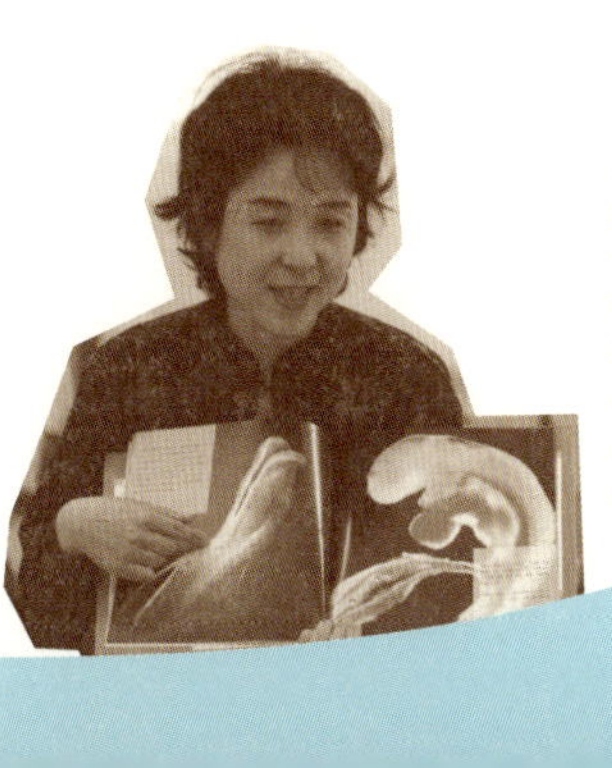

おおつぼ・みほこ　助産師、看護師、たらちね助産院院長、子育て支援グループamigo顧問。著書に『Happyマタニティ・ヨガ』『Happy産後ヨガ』（いずれも高橋書店／刊）、監修本に『はじめてのベビーマッサージ』（保健同人社／刊）など。

　イラストレーション／林ユミ

石けんでやさしく洗って乾く前に保湿するのが大切

一日のうちであかちゃんの肌がいちばん汚れて敏感になっているのは「朝」。人間は夜寝ている間に新陳代謝をします。あかちゃんも夜の間に老廃物を出しますから、朝のお風呂はあかちゃんの肌にとてもいいこと。おかあさんは夜中の授乳で疲れているので、ここは、おとうさんの出番です。

汚れを落とすには、石けんを使います。たっぷりと泡立てて、やさしくクレンジング。そしてタオルでこすらないように水分をふき取り、乾かないうちにすぐに保湿することが大切です。保湿剤に適しているのは伝統的に使用されてきた保湿剤としては、シアバターやホホバ油、ラノリンなどがあります。保湿剤とマッサージオイルを混同している方もいますが、役割はまったく異なります。保湿剤はあくまで保湿が目的で、マッサージオイルは新陳代謝を促すためのものです。

肌にトラブルがあるあかちゃんは朝の沐浴だけでなく、夕方早めの沐浴など、一日に2回でも3回でも入ることをおすすめします。また、薬を使用している場合は、必ず専門医に「どのくらいの量を」「いつ」「どこに塗る」といった3点を具体的に確認してから、使用してください。

沐浴が無理でも肌タッチでからだの時計をスイッチオン！

人間には3つの生体の時計があります。「おなか（胃）の時計」「肌の時計」そして、臓器の働きなどを調整する「脳の時計」です。本来、「おなかの時計」「肌の時計」に「脳の時計」を合わせるのが自然ですが、現代人はそれが逆になっているので、自律神経のバランスが崩れてしまうのです。

「肌の時計」は、肌にある「メラニン」という色素が光にあたることによってスイッチが入ります。肌にスイッチが入ると、代謝が活発になります。つまり朝、光の刺激を受けることは重要なのです。

人間の肌には五感がそろっているといわれます。朝、生活のいろいろな音が聞こえたり、においがしたりすると、子どもの代謝は上がります。ですから、あかちゃんが眠っているからといって、そっと出勤するのではなく、沐浴で気持ちよく目覚めさせてあげましょう。沐浴が無理でも、おとうさんが「おはよう」と子どものからだにタッチしたり、着替えを手伝ったりするだけでも、肌のスイッチは入るのです。

パパの沐浴！スタート

さあ、早速、朝の沐浴をはじめてみましょう！
引き続き助産師の大坪三保子さんに沐浴の仕方を教えてもらいました。

沐浴の手順

1

石けん、スキンケアセット（保湿剤など）、バスタオルを2枚、ガーゼ、ベビーバス、手桶、あかちゃんの着替えを準備します。お湯の温度は夏場は38度、冬場は41度以上にならないように。

2

バスタオルを1枚敷いた上に着替えを広げておき、さらにからだをふくためのバスタオルを敷く。あかちゃんを裸にして、おしりからゆっくりとお湯に入れる。沐浴布をかけてあげるとあかちゃんは安心する。利き手ではないほうの親指と、中指または薬指が、あかちゃんの耳の後ろの硬い部分に当たるように支える。あかちゃんの頭を押さえたり、強く握り込まないよう、注意して（82ページ「お湯につけるときの抱き上げ方」参照）。

おしりから
チャポン♫

3

お湯で顔を洗う。目頭から目尻にかけてガーゼでふく。手で石けんをよく泡立てて、眉毛や小鼻のまわり、髪の生え際などをよく洗ったら、お湯ですすいだガーゼで何度かやさしくふく。

目頭から
目尻へ

4

頭にお湯をかけて、石けんをよく泡立てたら、指の腹を立てるようにして髪を洗う。ガーゼで少しずつお湯をかけながらすすぐ。よくすすいだら、ガーゼをしぼって頭をふく。

指の腹で
アワアワ♫
SOAP

5

よく石けんを泡立ててからだを洗う。首、脇の下、股など丁寧に。からだを洗い終わったら、おしりのほうからやさしくお湯をかける。

6

お湯から上がったら、すぐにバスタオルで包み、押さえるようにして水分をふく。からだが乾かないうちに保湿をする。耳はタオルで水分をふき取り、鼻の穴はめん棒にベビーオイルをつけてふく。

気持ちいい沐浴のポイント

顔を先に洗うとラク

あかちゃんを片手に抱いたまま、うまく石けんの泡が立てられないときは、あかちゃんをベビーバスに入れる前に、バスタオルを敷いた上などで、顔と髪を洗ってしまうとラクです。81ページの3、4と同様にして、洗ってあげます。

沐浴布で包んであげて

あかちゃんをお湯に入れるときに、あかちゃんが動いてしまうようだったら、全身を沐浴布で包んであげると、落ち着いて入れます。

湯船に入れるときは手を握ってあげて

湯船に入れるときには、あかちゃんの両手を胸の前で合わせて握ってあげると落ち着きます。手を握るのはママにお願いしても。

お湯につけるときの抱き上げ方

首のすわらないあかちゃんの場合、利き手で後頭部を支えて、もう片方の手を背中に回し、耳の後ろの硬い骨に親指と、中指または薬指が軽くあたるようにしてそっと押さえます。そのまま手の平にあかちゃんの背中全体がすっぽり入るようにします。利き手の4本の指をおしりのほうに置き、親指を股にあてて抱き上げたら、あかちゃんのおしりからそっと湯船につけます。

洋服を着せるときは腕の通り道をつくって

洋服を着せてあげるときは、まず袖におとうさんの指を通して、腕の通り道をつくります。あかちゃんの腕を引っぱるのではなく、洋服を引っぱって、腕を通すとスムーズ。

入浴後も母乳で

6ヶ月未満の場合、湯上がりの水分補給も、あかちゃんにもっとも安全である母乳を飲ませてあげてください。また、もしおかあさんが直接飲ませられない場合は、あらかじめ母乳をしぼって保存しておき、カップやスプーンであげます。

お風呂で一緒にあそんじゃおう！

パパ号に乗ってどこまで行く？

毎日が無理なら、休日だけでも子どもと一緒にお風呂タイム！保育ユニット「ミツル&りょうた」の佐藤ミツルさんが、子どもが歩けるようになった頃からたのしめるとっておきのお風呂あそびを伝授します。

お話・指導　佐藤ミツルさん（ミツル&りょうた）

あそび方

1

お風呂の湯船の中で、おとうさんは子どもを脚の上にすわらせます。親指を立てて腕を前に出します。

2

子どもがおとうさんの親指を握ったら、おとうさんは子どもに「何に乗る？」と聞きます。

子どもがふたりの場合は、片手ずつ握る。

まだしゃべれない子には、「50回揺れるね」など、からだを揺らしてあげても。

3

次に「どこへ行く？」と聞きます。

4

さあ、出発！　おとうさんは上下左右にからだを揺らします。

大きな子なら、足首を持って上に持ち上げて、お湯に落としてしまってもたのしい。

※子どもがおぼれないように注意して！

あそびのポイント

お風呂ってまわりの誘惑がないから、親子でコミュニケーションをするのにとてもいい場所。お湯の中だと、子どもが軽くなるのも利点。このあそびはわが家で何年も続きました。子どもがちいさい頃は、「何に乗る？」と聞くと、車とかバスとか身近な乗りものを言いました。少し大きくなると「ロボットに乗る」と言い、行き先も遠くの街に変わっていきました。

息子がこのあそびに慣れてきたら、ときには足首を持って持ち上げて、ザブンとお湯に落としてしまったりもしました。最初からこれをやってしまうのはおすすめしませんが、小学生くらいの子だったら、あそびがダイナミックになって、たのしめると思います。

そして、このあそびをするときは、ぜひ子どもに乗りものや行き先を決めさせてあげましょう。乗りものが出てくる絵本のストーリーをなぞってみてもいいですね。

さとう・みつる　1996年に体操のお兄さんとしてデビュー。現在、「ミツル&りょうた」として全国の幼稚園、保育園でコンサート、保育者向けセミナーを行う。著書に『まいにち手あそび・体操あそび歌』（学習研究社／刊）など。
http://www.mitsuru-and-ryota.com/

[月刊クーヨン] 2009年6月号掲載

トコトコ日記「オトウサンのはなし」

すずきあさこ

トコちゃん
父親とは
産まれる前はなかなか実感がわかなかったトウサンでしたが
産まれてからはそんなことを考えている時間もなくただただがんばってます。
おむつがえだよー
トコちゃーん
あぶぶ

トウサンのおフロ奮闘記
おフロは父親の仕事だよ
ギャー
あらら
泣きやむことなく
15
11
8
6
2
しばらくがんばるが
おフロあがり係をするよ
そうだね…

うちのオトウサンは自宅で仕事することもあるせいか、トコさんの面倒をよくみてくれます。あそびの引き出しはわたしよりも多いくらい。おっぱいをあげられないぶん、いろいろあやす工夫をしているんでしょうね。

そんなにがんばっても人見知りの最初はオトウサン。ちょっとかわいそうでした。

もちろんいまではオトウサン大好き。名前を呼ぶだけで大興奮しています。

子育てはどうですか
カワイイ
タノシイ

からだのこと もっと知ろう

子どもの健康管理はひとまかせにせず、
日々、親がよく見て、
「いつもとちょっと違うな」と
気づくことが大切です。
そして、子どものようすを観察するうえで
役立つのが医療知識。
ここでは、専門家の方々による、
基本的な医療知識をご紹介します。

 撮影／矢部ひとみ（office北北西）　撮影協力／三木佑二さん、三木壮一朗さん

成長はマイペースで

お話 梅村浄さん

うめむら・きよら　小児科医。梅村こども診療所を閉じ、2010年より1年間、「障害」をもつ子どもに出会うためモンゴル国立大学留学。

身長・体重

「母子健康手帳」に掲載されている下のような「身体発育曲線」は、医師にとって、健診時の体重、身長をみる目安として一定の役に立つものです。体重が増えない、身長が伸びないことが、何らかの病気のあらわれとして出てくることもあるので、そのようなとき、一度は「病気のせい？」と疑ってみます。もし極端にこの曲線からずれていく場合には、専門機関に精密検査をお願いすることもあります。

一般的に、この目安の帯幅に入らないと健診で指摘されますから、とくにちいさいほうの場合には悩んでしまうかもしれませんね。母乳で育てたいと思っているのに、「体重が増えないからミルクを足しなさい」と保健師や医師から指導されることも多いと思います。どこまで母乳でがんばっていくか、のノウハウが充分に普及していませんから、どうしても母乳で、と考えるひとは、自分で母乳育児の会などに相談する必要がありそうです。

たとえ発育曲線を下回っていても、子どもが元気なら、毎日体重計で測ったりして気にするのは、かえってよくありません。元気なのに体重が増えないという子は、家族が小柄であるなど、体質的なことが原因の場合もあります。

あかちゃんの食欲が変化するのは、自然なことです。ある時期、ミルクを飲む量が減ったとしても、機嫌よく過ごせていれば、無理に飲ませる必要はありません。離乳食の時期についても、「5ヶ月」を目安にするのはわかりやすいのですが、数字があるためにかえって、「5ヶ月で離乳食をはじめたのに受けつけない」とか「果汁もいやがるけれど、どうしたらいいのか」と悩むひとが出てきます。月齢にこだわるのではなく、子ども自身の行動で判断したらよいと思います。おすわりができる頃になると、食べているひとを見て興奮し、自分も食べたそうにするようになります。そんな子ども自身の行動を目安にしたら、育児はもっとラクになると思います。他人に聞くのではなく、自分の子に聞く（行動を見る）ことです。

逆に、体重が多すぎる場合もあると思いますが、気になるようでしたら、身長と体重のバランスを示すカウプ指数を出してみてはどうでしょう。15～19が「普通」、22以上が「太り過ぎ」とされます。

ひと昔前までは、あかちゃんの肥満が成人の肥満や生活習慣病につながるといわれていましたが、現在は、乳児から幼児期初期に太っていても、学童期まではもち越さず、一時的な場合が多いことが明らかになっています。ですから、あかちゃんのとき太っていても、授乳を制限したり、食べ過ぎを抑えるというより、積極的に活動させることを考えたほうがいいでしょう。

ただし、幼児期に太っていると、その何割かは学童期までもち越し、成人の肥満につながるようです。その場合は、食事の問題が大きいと思います。意外と間食が多くて、きちんと食事から栄養を摂れなくなっている場合がありますから、注意しましょう。また、外あそびをさせてからだを動かしてください。

健診では、身長・体重のほかに、首のすわりや寝返りなど、発達のようすも聞かれます。

4ヶ月健診で引っかかるのは「首のすわり」が遅いことです。でも、たとえば、うつぶせが苦手で、しばらくすると泣き出し

カウプ指数

$$\frac{\text{体重}\,(g)}{\text{身長}\,(cm)^2} \times 10$$

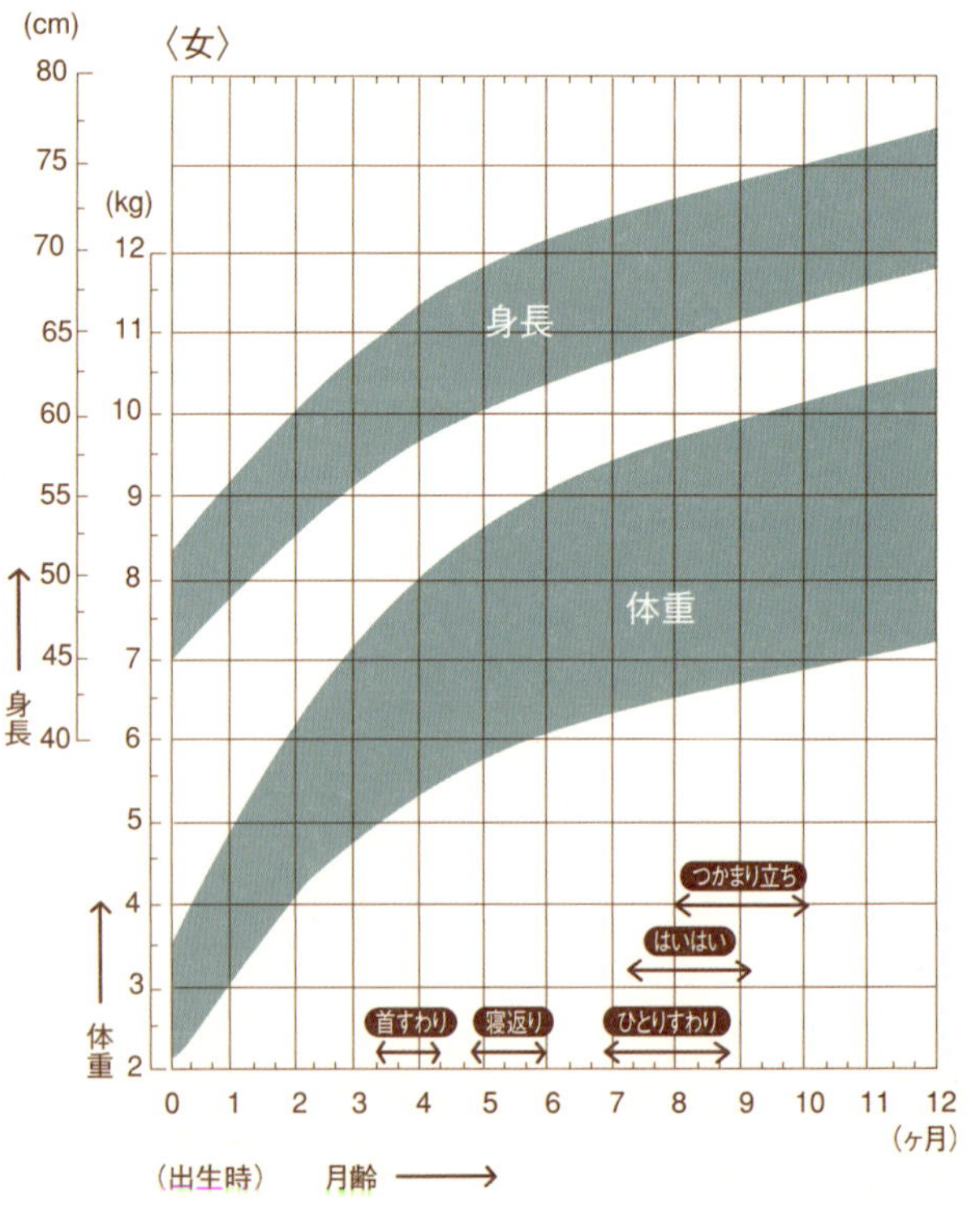

てしまうあかちゃんなら、1ヶ月も待てば首がすわってくることが多いので、たいていは、取り越し苦労になります。

　また、普通は、はいはいしてから立って歩くのですが、まったくはわずに、ずっと座ったまま器用に足を動かして移動しているあかちゃんを10ヶ月健診で見ることがあります。はいはいをしないのでまわりは心配するのですが、遅くとも1歳半過ぎから2歳までには歩くようになります。必ずしもはいはいをするのではなく、いろいろなルートをたどって歩くようになる子どもがいるのです。成長にはバリエーションがあり、発達の時期にも遅い、早いがあることを知っておいてください。

ことば

　1歳半健診では、ことばのチェックがあります。もし、「マンマ」などのことばが出ていないと、医療者は遅いことを心配し、まず聞こえているかどうか、自閉傾向などがあるか、など原因を考えます。ことばの出方にも個人差がありますから、もし、しゃべっていなくても、自分の名前を呼ばれてわかっていたり、「こっちにおいで」などと話しかけたことを理解しているようなら、あまり問題にしていません。身近なものの名前を理解しているようなら、だいたい2歳前後にはことばを話すようになります。あせらずに、くれぐれも「これは何?」と、子どもを問いつめるようなことはしないようにしてください。

　健診は、ひとつの目安にはなりますが、こまかく発達をチェックして早期に〈障害〉を発見し、ふるい分けする恐れもあり、そこは問題だと思います。平均と違っても、できなくっても平気。そんなふうに目の前の子どもと向き合っていきたいですね。

目の手当て

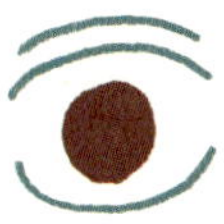

お話 山西詳子さん

やまにし・ようこ　自然育児相談所・山西助産所、所長。「自然育児法」を看護の立場から実践。母乳育児支援、アレルギーの生活指導と手当、女性の性と健康に関する相談などを行う。

朝起きたら目やにがべったり!

　前日の食事を振り返ってみてください。タンパク質や糖類の多い食事をとりませんでしたか?　おかずの食べ過ぎでも、目やにが出ることがあります。母乳を飲んでいるあかちゃんなら、おかあさんがそのような食事をとったときに、目やにが出ることがあります。

　また、室温が高い、厚着など、保温のし過ぎでも目やにが出ることがあります。

　うみや粘液がある場合は、結膜炎やアレルギー体質、ということも考えられます。

番茶で手当て

　食養生の考え方では、薬を使わず、食べもので症状をやわらげます。母乳を飲んでいるあかちゃんなら、腎と肝のあたり（右側の横腹）を温め、母乳を1滴点眼。その後、温かい番茶に浸したガーゼをよくしぼり、額と目をおおうように乗せてあげる。番茶を含ませたガーゼでふいてあげるだけでも、新陳代謝を促し、症状が治まってくる、といいます。

　結膜炎も、点眼薬を入れるより、番茶でふいてあげるほうが、無理がなく、おだやか。かゆみを伴うアレルギー性の結膜炎なら、原因を取り除いてあげます。草花や動物を触った手で目をこすらなかったか、よく見てみましょう。

逆さまつげの目やにには、しょうがシップ

　逆さまつげで目やにがひどくなった場合は、おろしたしょうがを木綿の袋に入れて70度くらいの湯につけてしょうが液をつくり、それにガーゼをつけ、しぼって両頬をシップしてあげるといいようです。腎・肝のあたりを温め、目には番茶シップ。痛みが軽くなり、目やにも消えるそうですよ。

中耳炎の手当て

お話 山西詳子さん

子どもの風邪は中耳炎に結びつきやすい

　耳と喉をつなぐ耳管は、耳から出る液体を排出する働きがあります。子どもはこの耳管が未発達なため、風邪などで咽頭炎を起こし、耳管と喉の境目にあるアデノイドが腫れて耳管をふさいでしまうと、中耳に液体がたまってしまいます。ここで細菌が繁殖すると、痛みや熱となるのです。鼓膜が破れ、耳だれが出ると痛みもやわらぐのですが、外耳道炎を併発しやすいのがつらいところです。また、たまった液体で鼓膜の振動が妨げられ、耳の聞こえが悪くなる場合は、滲出《しんしゅつ》性《せい》中耳炎といいます。

　自然療法による手当てでは、痛みをやわらげるために、（1）耳の中に馬油やごま油などのオイルを垂らしてあげる、（2）耳のまわりにしょうがシップをあててあげる、といった方法があります。アレルギー体質で起こっている場合があるので、動物性食品、甘い菓子類、ジュースを控え、大根と海藻を使った料理を増やす、食事の量を減らす、という工夫もよいようです。大根には抗炎症作用があります。（『自然派ママの食事と出産・育児』大森一慧／著より）

鼻水の出る仕組みって？

文 王瑞雲

おう・ずいうん 小児科、漢方医。東診療所所長。日本綜合医学会理事兼学術委員。西洋・東洋を問わず、幅広い知識と経験で治療にあたる。著書に『赤ちゃんからのあったかホームケア』（合同出版／刊）など。

鼻水とは何か？ 鼻水の出る原因は？

鼻の穴のトンネルは鼻腔と呼ばれ、その内壁を被う粘膜は、鼻腔粘膜と呼ばれます。ここには多くの腺があり、その分泌物によって、鼻腔粘膜は適度に潤いが保たれ、粘膜の働きがスムーズにいくようになっています。

分泌物は鼻腔の外に流れ出すほどの量でもなく、また、少な過ぎて、鼻腔が乾燥することもないのが調子のよい状態なのです。ところが、この分泌物が異常に多くなり、その性質も変わって、鼻腔の前方（外鼻孔）へ流れ出したり、または鼻の奥から口の中へ流れたり（後鼻漏《こうびろう》）することがあります。このような場合は、はじめのうちは、その鼻汁は水様性でサラサラしているのですが、そのうち粘った鼻水となり（粘液性鼻漏）、そして後のほうでは、どろどろの黄色みや緑色の膿性鼻漏になるのが普通の経過です。

鼻水が多くなる原因はたくさんあります。何か刺激物があって、アレルギー反応としてクシャミ、鼻水が出る場合、また、からだを冷やし過ぎると「水っぱな」と呼ばれる水様鼻漏が起こります。さらにそこへ、ウイルスや細菌感染で鼻腔内、副鼻腔内に炎症が起こったとき、いわゆる「風邪」になることも多いのです。そのほかの原因に、異物を鼻腔の中に詰めてしまったり、あるいはケガをしたり、ジフテリア菌や、雑菌としての黄色ブドウ球菌、溶連菌などの細菌感染症のとき、そしてめったにないことですが、結核や梅毒、悪性新生物（悪性腫瘍）ができていたりもします。

でも普段、子どもが鼻水を出す場合の多くは、「風邪をひいたとき」または、「アレルギー性鼻炎」と呼ばれる場合かのどちらかです。「風邪」の場合は、一般に症状の出る期間が短くおさまりやすいのです。

「アレルギー性鼻炎」と呼ばれる場合は期間が長く、子どもによっては、何年間も、なかなかすっきりしない場合も多いのです。

「アレルギー性鼻炎」は近年とても増えており、その原因も種々雑多です。ひとつだけが原因ではなく、むろんそのアレルゲンもたくさん種類があるのですが、それらが複合された原因もあります。ほかに体力、免疫力の低下、体温の低下なども一因といわれます。

クシャミ、鼻水、鼻詰まりには温かい水分を

あかちゃんのクシャミ、鼻水、鼻詰まり（鼻閉）が起こったら、原因がどうあれ、まず、温かい水分[*1]を飲ませます。わたしはよく、薄めの温かいしょうが湯[*2]を飲ませ、温かいタオルで顔をふいてあげ、鼻全体を温めます。それで症状はずっと軽くなります。

さて、逆に鼻腔内の分泌物が少なく、鼻腔粘膜が乾燥してしまう場合もあります。萎縮性鼻炎、臭鼻症がありますが、かさぶた（痂皮《かひ》）をつくりやすく、そんな場合は部屋の湿度を調整して乾燥を防ぎます。鼻くそ、かさぶたは温かいタオルで鼻を被い、鼻腔の中を湿っぽくします。また、ピンセットでかさぶたを取り除くこともありますが、危険そうなときはかかりつけの耳鼻科へ行くことです。

最後に鼻水のトラブルの対処法ですが、まず、普段の生活を正しくすることが大切です。睡眠を充分にとらせ、家の中は円満にして和やかであること。さらにきちんと日本の伝統食を食べること（母乳のうちは母親が）で、体力の低下が防げます。からだは食べものからできていることを理解し、人工的「食べものもどき」は中止します。夏冬関係なく、からだを冷やさないで新陳代謝を盛んにします。

*1 温かい水分には母乳も含まれます。真夏なら室温くらいが飲み頃。冷やすとしても水道水くらいの温度です。それより冷たいものは、ゆっくりと飲みます。昔から、暑いときほど熱めのお茶を飲む、といわれていたものです。

*2 しょうが湯は生後すぐから飲んでもかまいませんが、あかちゃんがちいさければちいさいほど濃度を薄くします。6ヶ月では、おかあさんがなめてみて辛く感じない程度に。1歳では大人にちょうどよいと思う濃度から、さらに少し薄めます。あかちゃんにしょうが湯をあげる場合は、少量、10ccくらい。哺乳瓶、またはスプーンなどで飲ませてあげます。

なぜ、むし歯になるの？

文　内野博行

うちの・ひろゆき　歯科医。長崎県佐世保で、ななえ歯科クリニックを開業。福岡市では、予防相談・検診・セカンドオピニオンを行うIDICLUBを設立運営中。

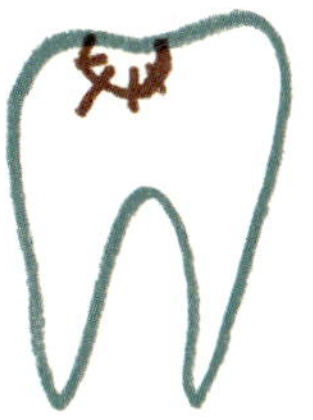

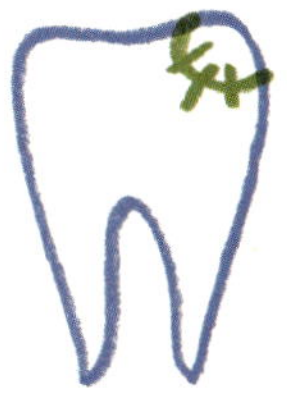

激減した子どものむし歯

1975年以前に生まれた子育て世代は、「むし歯の洪水」と表現された時代の真っただ中に子ども時代を過ごしてきた世代です。

自分の子どもには同じ苦労はさせたくないと、むし歯に対して過剰なほど気を使っている方が多いのは、やむをえないのかもしれません。しかし最近では、むし歯は激減と表現してもいいくらいの減り方で、とくに乳幼児で著しい減少をみせています。

1975年まで人工ミルクには砂糖が添加されていて、いわゆる「ほ乳瓶むし歯」が乳幼児に蔓延していましたが、それ以降、砂糖は乳糖に替えられ、人工ミルクを原因とするむし歯はなくなりました。また、断乳指導が母子保健の現場から順次なくなったおかげで、母親は安心して母乳育児を続けることができるようになりました。その結果、イオン飲料や果汁飲料などの加糖飲料を子どもに飲ませる機会が少なくなったのも、乳幼児のむし歯を大きく減少させた要因です。

むし歯の予防に関する情報は、テレビ広告や健康番組をはじめ世に溢れていますが、残念ながらそれらがすべて正しい情報とは限りません。歴史的に口腔衛生の啓蒙には歯磨き業界が深く関わってきた関係上、歯磨きやフッ素による予防法が多く語られることになりがちです。むし歯と食生活の関係については、せいぜい「甘いものは控えましょう」「だらだら食べてはいけません」という程度で、むし歯を確実に予防するには抜け穴だらけの指導と言わざるをえません。1歳半健診の現場では、むし歯が見つかって落ち込んでいる母親に、「母乳をやめろ」「歯が弱い」等の見当はずれの指導で追い討ちをかけているシーンが時折みられます。現実には、子どものむし歯の責任は母親ではなく、正しい保健指導をしてこなかった歯科行政の側にあるのです。

日本特有のむし歯の原因

むし歯の発生には、糖分の摂取状況が深く関わっていますが、重要なのは摂取頻度と摂取形態です。ショ糖を代表に果糖、ブドウ糖果糖液糖などの単糖類や二糖類を、「口の中で溶かしながら食べる」、あるいは飲みもののように「溶けた状態で口にする」頻度が一日1回以上あれば、むし歯は進行します。

アメ・ガム・チョコ・アイスなどのいわゆる「甘いもの」がむし歯の原因になるのは、一般的には3歳以降の幼児期からで、乳児期のむし歯には日本特有の問題が絡んでいます。それは和食と呼ばれるものの多くが、みりんや砂糖を使っていることです。たとえば桶谷式母乳育児では、取り分けの離乳食を推奨していますが、みりんや砂糖を使わない調味方法まで言及しないと、和食には当然みりんや砂糖を使うものと思い込んでいる親がなかにはいて、うっかり離乳食に加糖してしまうことがあります。

また最近では「見えない砂糖」の問題もあります。調理のなかで自らみりんや砂糖を加えたつもりがなくても、市販の「めんつゆ」や「すき焼きのたれ」などの半調理調味料には、すでに加糖された製品もたくさん売り場に並んでいて、これらの調味料の恒常的な使用は、むし歯発生の原因になることもあり、注意が必要です。

昨今の和食ブームや母乳育児回帰の流れのなかで、離乳食の味付けにうっかり糖分を使ったために、乳児期にむし歯をつくってしまうようなケースは、どちらかというと育児に気を使っている家庭に多い傾向があります。育児にこだわっていた分、むし歯を指摘されたときの母親の落ち込みも大きくなりがちですが、もし1歳半健診などでむし歯を指摘されても、慌てて歯科医に駆け込み治療を急がないことです。こうした離乳期にできたむし歯は、幼児期になると進行が止まり、そのまま生え変わりを迎えることが可能です。できてしまったむし歯の進行をおおらかに見守りつつ、今後の食生活を見直すよい機会と考えましょう。

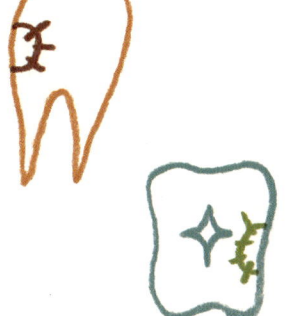

[月刊クーヨン] 2009年4月号掲載　参考資料／[月刊クーヨン] 2005年8月号特集「これからはやたらと削らない歯医者さん」、[ちいさい・おおきい　よわい・つよい]（ジャパンマシニスト社／刊）68号特集「小児歯科に行く前に」

予防接種受けさせないとダメですか？

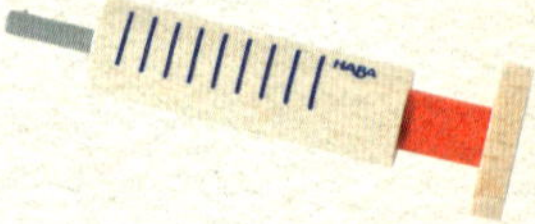

不自然な対症療法に疑問をもち、息子さんには予防接種を受けさせてこなかったという田辺あゆみさん。感染症やワクチンに詳しい母里啓子さんのもとを訪ね、予防接種のウソ・ホント、聞いてきました。

受けないとヘンなひと？

田辺さん（以下敬称略）　わたしは、自分の妊娠・出産を通して、会陰切開や陣痛促進剤を使うことなど、不自然なことに対して疑問を抱いていて。予防接種についてもずっと疑問に感じていました。母里さんが編まれた本*にも書かれていましたが、予防接種に関する情報がほとんどないので、実際に選択のしようがない。きっと、困っているおかあさんがいるのでは？　と思うんです。

母里さん（以下敬称略）　でも、全然困らないひとが大半ね。

田辺　そうそう、何の疑問ももたないから！

母里　国やお医者さんがすすめているこことは全部いいことだと思い込まされている。その社会構造こそが、本当はいちばん問題なんだと思うんです。

田辺　わたしのまわりでも、何の疑問もなく子どもに予防接種を受けさせている方が多くて、わたしが受けていないと言うと、「なぜそんなことができるの？」と驚かれます。やはり受けて当たり前だと思っている。

以前、小児科で受診したときも、やっぱり予防接種は受けたほうがいいと言われましたね。

母里　そうでしょう。医師たちも、医学教育のなかで疑問をもたないように教育されていますからね。

田辺　医師に予防接種を受けさせていないと話したら「よくそんなことができますね」くらいのことを言われて。ちゃんと考えがあってしていることなのに、逆にこちらが「何も考えていないひと」みたいな扱いで。

母里　自然育児を実践しているある方は、子どもに何の予防接種も受けさせていなかったら、保健所からネグレクト（育児放棄）を疑われ、調べに来られたって。

田辺　わたしもたぶん保健所からマークされていると思います。定期健診で保健師と面談をして、予防接種をいつ受けたかというのもチェックされるのですが、受けていないと言うと、「なぜですか？」と、ものすごい疑いの目線が……。

母里　現在、予防接種は「親の任意」で受けることになっているはず。それなのに、社会の風潮は、

モデルの田辺あゆみさんが

＊『予防接種へ行く前に』毛利子来、母里啓子／編集代表（ジャパンマシニスト社／刊）。田辺あゆみさんの愛読書。

受けさせないと「ヘンな親」扱い。それこそヘンよね？
　ことに、あの鳥インフルエンザに至っては……。

田辺　いまマスコミで騒がれていますよね。国民全員分のワクチンの蓄えが必要だ、なんて言っていますが、実際はどうなんですか？

母里　インフルエンザは常に形を変え続ける未知のウイルス。それだけに、鳥インフルエンザも実際どれくらいの広がりを見せるのかはわかりません。

　長い人類の歴史をたどっていくと、インフルエンザの流行で史上最悪といわれたのが第一次大戦下に広まったスペイン風邪。でも、それだって人類が滅亡したわけではないでしょう？　何万人も亡くなったというけれど、地域によっても大きな差があるわけです。

田辺　でも、何も知らないひとはそんなマスコミの情報を聞いたら怯えてしまいますよね。

母里　本当にそう。マスコミのあの脅かし方はどうにもならない。

園や保健所で……

田辺　一部の園では予防接種を受けていないと入園させないところもあると聞きます。息子が通っている園は幸いそういうことに理解のある園で。実際わたし以外にも受けさせていないおかあさんが何人かいます。

母里　じゃあ、結構話もできるわけね？　私立の園にはいまだに杓子定規なところもありますからね。その場合、まずはこちらの考えを伝えるしかないわけですが、保健所のひとなんかは記録だけを見てやって来ますからね。個別通知を発行するなど、最近は親切になったなんていうけれど、本当におせっかい（笑）。

田辺　そうなんですよ！　授乳のことも「母乳だけで足りていますか？」とか。そんなことばかり言われるんですよね。

母里　これからは予防接種の種類がもっと増えてくるでしょう？　Ｈｉｂ（ヒブ）ワクチンとか。

田辺　Ｈｉｂワクチンとは？

母里　「ヘモフィルスインフルエンザｂ」という菌に対抗するワクチンで、細菌性の髄膜炎を防ぐとして２００８年12月から任意接種がはじまりました。なぜインフルエンザという名がついているかというと、昔インフルエンザがはやったときに、喉から大量にとれた菌だったから。当時はこれがインフルエンザの原因菌だろうと推定されていました。でも、この菌は誰の喉にもいる常在菌です。医師の間でも意見は分かれますが、わたしは、常在菌に対してワクチンは必要ないと思っています。

　髄膜炎は、傷口などから菌が入って起こるものですが、それが多発する地域というのは、アフリカなどのまだ衛生環境の整っていない場所が多い。これだけ衛生環境のいい現在の日本で、いまさらＨｉｂワクチンが必要でしょうか？

予防接種にメリットは？

田辺　予防接種を受けることで何かメリットはあるんでしょうか？
　わたしは予防接種を受けることに利点を感じないので、これからも打たせないつもりです。予防接種を打つことで、それに伴う副作用や、添加物が体内に入ったりする事例があることなどを差し引いて考えると、自分としては、ワクチンを打たないほうがよっぽどいいなと思ったんですね。

医学博士の母里啓子さんを訪ねました

 撮影／木原光代

母里　昔は感染症というものが猛威を振るっていた。でも、それが少なくなったのは、すべてが予防接種のおかげというわけではありません。ポリオだけは、予防接種が成功した例かもしれないけれど、ほかのものは、とくに予防接種が防いだのではありません。

確かに天然痘のワクチンはよく効いたけれど、悪いこともたくさんあった。日本の天然痘は、1951年の患者さんが最後。それなのに、1970年代にWHO（世界保健機関）が天然痘の根絶宣言を出すまでの間、ずっと日本ではワクチンを打ち続けた。その結果、副作用であかちゃんを百何十人も殺してしまった。そういう状態を見てきていると、やはり「いらないものはいらない」と、はっきり言わなくちゃ、と思うわけです。

田辺　予防接種を受けたことが原因で病気になるのと、受けずに自然に感染した場合とでどっちが後悔するだろう？　と考えると、わたしはやっぱり受けずに感染したほうがよっぽどいいと思う。受けたことが原因で病気になってしまった日にはたまらないですよね。

母里　最初は全部いらないものとして出発しなさい、ということです。ただ、はしかに関しては、かかった場合に親が1週間も仕事を休めないなどの都合があれば、子どもの体調がいいときに（はしか単独で）予防接種を受けておくのもひとつの方法でしょう。

田辺　確かに、はしかの予防接種は、受けさせるべきか唯一わたしが迷ったものだったんですよね。

母里　むかしは、母親からはしかに対する免疫をもらうので、1歳半までは、はしかにかからなかった。ところがいま、0歳の子がはしかになるケースが非常に増えています。母親世代がずっと予防接種を受けてきたため、はしかの抗体をあかちゃんにあげることができなくなってしまったんです。

田辺　本当に怖いことだと思います。いずれかかる病気なら、症状が軽くてすむ子どものうちにかかってしまったほうが、免疫もついて、後々はるかにラクなんじゃないかと思うのですが。

母里　統計を見ると、一度はしかの予防接種を受けたひとで、再度かかっているひとが大勢いる。「ワクチンは効きません」と言っているようなものです。にもかかわらず、予防接種を二度やれと騒がれた。それは先進国で二度やっていないのは日本だけだと批判されたから。「二度やってます」ということを世界に示せば、日本人がはしかを輸出した、などという批判は受けなくてすむだろうという、責任逃れの考えです。

先の鳥インフルエンザの話にしても、マスコミなどに流されないためにも、賢いおかあさんたちがサークルなどでみんなに話してくれればいいのでしょうけれどね。

田辺　情報に頼り過ぎなのかもしれませんね。本来は自分で子どもをよく見ていたらわかることのはず……。おかあさんだけじゃなく、周囲にいるひとたちみんなで子どもをよく見ていてほしいですね。そうすれば、責任逃れの世の中にはならないはずですよね。

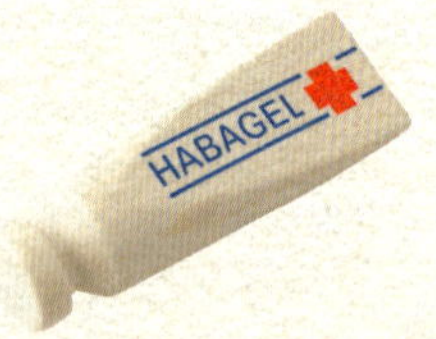

たなべ・あゆみ　モデル。雑誌などで活躍中。自然に囲まれた神奈川県・葉山で、息子（取材時3歳）、夫、犬2匹、猫1匹とともに暮らす。エッセイ集に『ナマケモノのひるね』（KKベストセラーズ／刊）がある。

もり・ひろこ　医学博士。元国立公衆衛生院疫学部感染症室長。市民団体「ワクチントーク全国」呼びかけ人。著書に『インフルエンザワクチンは打たないで!』（双葉社／刊）ほか。

[月刊クーヨン] 2009年3月号掲載

予防接種の選び方

予防接種、受けるか受けないか……判断するときのアドバイスを、小児科医の林敬次さんにお聞きしました。

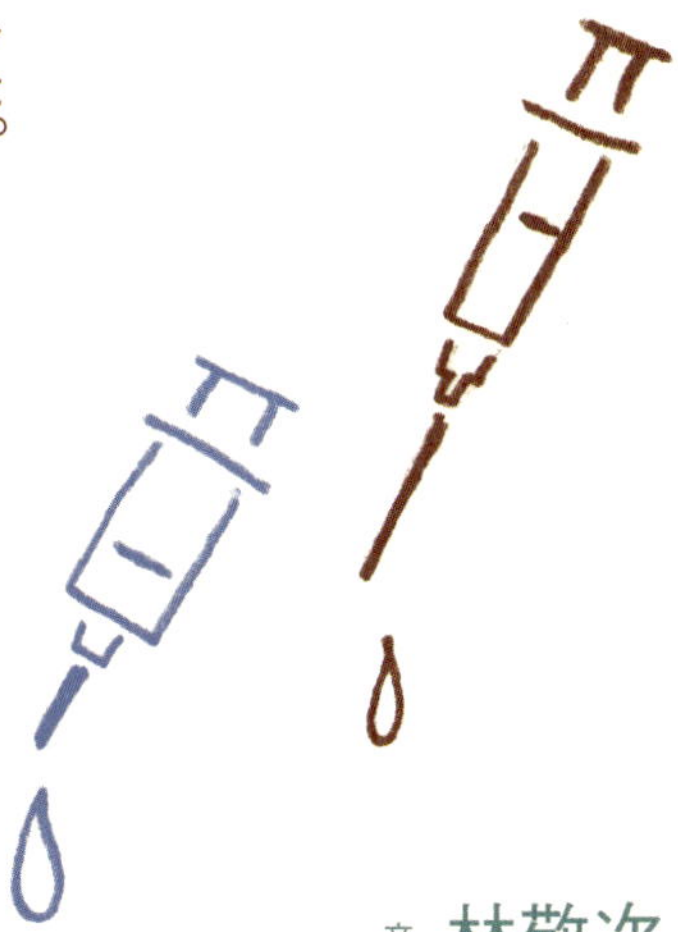

文　林敬次

はやし・けいじ　科学的根拠に基づく医療（EBM）の国際的な組織、コクラン共同計画に参加。医療問題研究会代表。はやし小児科（大阪市城東区）院長。薬の使い方、予防接種などを研究テーマとしている。

ワクチンのことは、本来は厚生労働省が科学的判断とその根拠を明示すればよいのですが、そうなっていません。

不要で危険な日本脳炎ワクチンが続けられています。圧倒的に性能がよいおたふく風邪ワクチンは輸入されません。他方、欧米で大きな成果を上げたヒブ（Hib）ワクチンは導入が遅れたうえ、数万円ほどの個人負担が必要で、社会的不平等が広がっています。ご自身が一定の判断を迫られる問題です。

個人として接種するかどうかの判断は、（1）予防する病気の強さと頻度、（2）ワクチンの効果（麻疹*のように95％程度防げるものから、インフルエンザのようにほとんど防げないものまであります）、（3）副作用の強さと頻度、を比較検討しなければなりません。たとえば日本脳炎は、10年間で子どもの発生は数人ですが、その予防接種では毎年10名以上が死亡、また強い〈障害〉を残していました。

集団としてワクチンを考える場合は、麻疹などのように流行を防ぐ意味が加わります。逆に、ひとからひとに移らない日本脳炎や破傷風は、流行は無視できます。

また、厚労省が発表している一般向けの説明は、とくに副作用については信用できません。厚労省やマスコミの大多数の意見ばかりでなく、ぜひ本書でのわたしの意見やほかの批判的な意見も参考にし、判断していただければと思います。

また、同じデータを見ても、ワクチンの対象になる病気になったお子さんのご家族と、予防接種の副作用が出たお子さんのご家族では、判断が異なることもあるかと思います。なお一度受けて強い副反応が出たことのあるワクチンは、2度目はしないほうが無難です。注射の局所の多少の腫れなどは問題ありませんが、高い熱や強いアレルギー反応などが出たものの追加の接種は危険です。そのリスクを押してでもすべきワクチンは、ほぼないと思いますが、最終判断は主治医とご相談ください。

子どもが受ける予防接種の種類

予防接種名		受ける時期の目安	林さんの見解
MR二種混合（風疹・麻疹）または、それぞれ単独で	1期	12〜24ヶ月の間に1回	麻疹（はしか）も風疹も大変少なくなったとはいえ、麻疹は重症になることが多いので、したほうがよいです。風疹も妊娠中にかかるとあかちゃんに問題が生じることがあるのでしたほうがよいです。
	2期	5歳以上7歳未満に1回（1期MRを受けた子が対象）	
DPT三種混合（ジフテリア・百日咳・破傷風）	1期	3〜90ヶ月の間に3回（3〜8週間隔）	ジフテリアは突然、呼吸困難になることがある病気で、日本ではほぼなくなりましたが、社会混乱のあるロシアで大流行した（1992〜96）ので、まだ必要なようです。百日咳は減ったとはいえ、わたしの診療所でも年間何人かの乳児が入院していますが、1975年頃に予防接種を中止した後、激増したのでいまでも必要と思います。破傷風は年間100人近く発病。土壌などに棲む菌が深い傷から侵入するので、交通事故などに備えてしておいたほうがよいでしょう。DTは弱まった免疫の強化ですので、DPTと同様に必要です。
	2期追加	初回終了後、1〜1.5年後に1回（2歳半までに）	
DT二種混合（ジフテリア・破傷風）	2期	11〜13歳未満の間に1回（DPT1期を受けた子が対象）	
ポリオ（経口）		3〜90ヶ月の間に2回	ポリオは日本では30年間発生していません。極めて安全ですが必要性も少なくなっているワクチン。将来、アフリカなどに行く可能性があれば受けてください。
BCG		0〜6ヶ月（ツベルクリン反応廃止）	結核予防のBCGも、必要性について議論のあるワクチンです。欧米と比べ日本でははるかに患者が多く、とくに西日本ではまだ受ける利益があるようです。生後3ヶ月まではしないほうが安全です。

任意接種	林さんの見解
インフルエンザ	世界中でワクチンの効果を証明しようと試験をくり返しているのに、発熱などの症状や流行阻止の効果はほとんど証明されていません。2009年の「新型」インフルエンザに対するワクチンを誰も受けていないのに重症化しませんでした。必要ありません。
おたふく風邪	おたふく風邪はほとんどが軽症ですが、突発性難聴が何千人に1人起こるとされていて、しておいたほうがよいのかもしれません。日本のワクチンは欧米のそれと比べて、桁違いの多さで髄膜炎という副作用が出るのが難点です。中学生になってからだと症状がひどくなるので、それまでにはしておいたほうが無難でしょう。
水疱瘡	水疱瘡自体は大変軽い病気です。このワクチンは、抵抗が弱いひとには必須ですが、一般の乳幼児には不要かと思います。しかし、重症化しやすい中学生や、かかっても保育所を休ませにくい親御さんの場合は使ってもよい選択肢とは思います。
ヒブ（細菌性髄膜炎）小児用肺炎球菌	欧米での乳児からの一斉の接種は大きな効果を上げています。いまの日本のやり方でも効果はあると思われます。しかし、早期からはじめれば数万円ほどかかります。希望する全員に公費ですべきワクチンです。

＊麻疹…はしかのこと　※日本で任意で接種を受けられるワクチンは、ほかに黄熱、B型肝炎、狂犬病、コレラ、肺炎球菌などがあります。

あかちゃんの成長って、おもしろい!

やってみよう「赤ちゃん学」実験

実験協力
佐々友和さん
佐々柑汰《かんた》さん(10ヶ月)
(応援/佐々有希子さん)

この本を見て実験しました!

岩波科学ライブラリー 119
SCIENCE
日曜ピアジェ
赤ちゃん学のすすめ
開 一夫

『日曜ピアジェ
赤ちゃん学のすすめ』
開一夫/著
岩波書店/刊
※開一夫さんのインタビューは、123ページにあります。

あかちゃんの「こころのメカニズム」を発見できる、「赤ちゃん学」の実験をご紹介します。大人にできて、あかちゃんにできないこと。また、できないと思っていたのに、できちゃうこと。それを対比していくと、発達の道筋や、こころのメカニズムが見えてきます。お休みの日、おとうさんもぜひ、チャレンジ!

この実験では、あかちゃんに物理的知識があるかどうかを調べます。生後9~12ヶ月のあかちゃんを対象に行います。

よいしょっと

1 まずは、あかちゃんがお気に入りのおもちゃを前に置き、手を伸ばして取れることを確認。

隠しまーす

2 取れることを確認したら、ハンカチかタオルを用意し、あかちゃんがおもちゃに手を伸ばそうとしたら、それをタオルで隠します。

どこかなー
ここだよー

3 あかちゃんがハンカチを取り除き、隠されたおもちゃを取れることが確認できたら、本実験に移ります。

今度はこっちに
隠しまーす

4 今度は、同じ柄のハンカチかタオルを2枚用意し、あかちゃんの前に、並べておきます。真ん中をこんもりさせておきます。

※開研究室では，あかちゃん実験の協力者を随時募集中です。詳しくは、開研究室ホームページ http://ardbeg.c.u-tokyo.ac.jp/ にアクセスしてください。

大人には常識、あかちゃんには非常識？

この実験は、ピアジェという研究者が、最初に行ったものです。「置かれたモノは、誰かが動かさない限り、ずっとそこにある」というのは、大人には常識ですが、物理学ではこれを「慣性の法則」、心理学では「対象の永続性」概念と呼びます。大人は普段、この知識を疑問に思うことはありませんが、あかちゃんにとってもこの知識は常識なのか？　それを調べるための実験です。ピアジェは、この概念が1歳半から2歳になってやっと獲得されるといいます。

　写真「8」の段階で、柑汰さんは、じっと見ていたにもかかわらず、おもちゃを最初に隠したほうのタオルをめくって探しました。この間違いは、8ヶ月前後のあかちゃんでは、かなりの確率で起こるエラーであることが、多くの追実験でわかっています。でも、その理由は解明できていないのだとか。

　一方、同じことを、もう少し月齢の早い6ヶ月くらいのあかちゃんに試すと、「3」の段階で、おもちゃを探すのをやめてしまうといいます。それは、「対象が見えなくなってしまうと、もうそこにはないとあかちゃんがとらえている」からだというのが、ピアジェの説明です。

「対象の永続性」概念のようなものは、わざわざ教えることがありません。しかし、あかちゃんはあかちゃんなりの経験から、自分の力で間違いを訂正し、正しい行動に結びつけていくことができるのです。

　もうひとつ、「新生児模倣」の実験を紹介します。生後21日までの新生児に、囲みイラストのように、普通の顔30秒→舌を出したり引っ込めたりを約15秒の間に4回→また普通の顔を15秒見せる。この動作を3セットくり返しながら、あかちゃんの反応を見ます。生まれたばかりのあかちゃんは、どこをどう動かすと自分の顔がどうなるのかを知らないのに、まねできる、というのです。

　実験とはいえ、これらはあかちゃんと触れ合うつもりで試してみて。感動が味わえるかも⁉

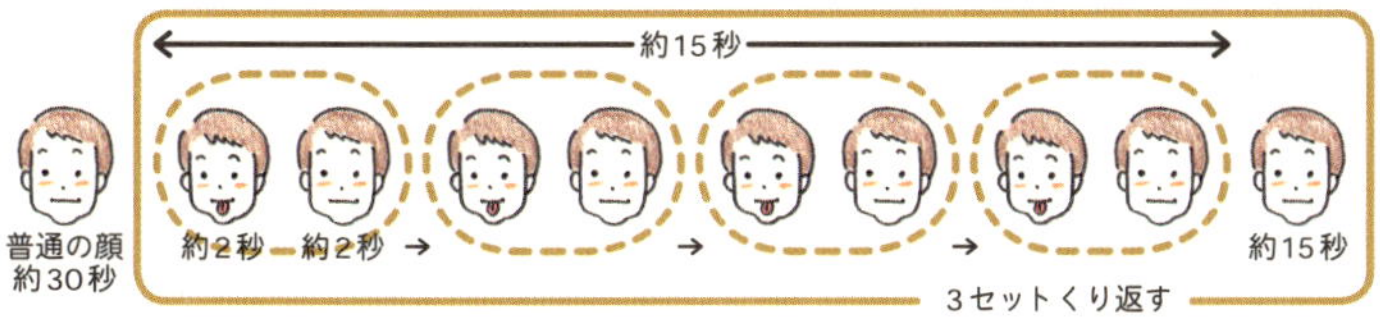
約15秒
普通の顔
約30秒
約2秒
約2秒
約15秒
3セットくり返す

どーっちだ
えーっと

5 あかちゃんが見ている前で、2枚のうちの1枚でおもちゃを隠します。

おっ、
できた
こっち

6 あかちゃんがタオルを取り除き、おもちゃを取れたら、次のステップに進みます。

こんどは反対に
入れたけど、
どーっちだ

7 あかちゃんからおもちゃを受け取り、今度は別のタオルの下におもちゃを隠します。これもあかちゃんが見ている前でやります。

はずれー
こっち
じゃないの？

8 さて、あかちゃんはどっちを探しましたか？

同じことをロボットにさせようとしても、できません。
あかちゃんのもって生まれた力って、まだまだナゾが多いのです！

トコトコ日記

「すくすくのはなし」

すずきあさこ

トコちゃん
助産師さんもおどろくほどのソプラノで産まれたトコさん。
ピェー
すくすく成長しております。
産まれてしばらくはおふろあがりはテーブルの上で体をふいていました。
ある日、いつものようにテーブルの上に寝かせておいたら目を離したすきに
コロンと落下
カアサンすかさずキャッチ。
いつのまにか寝がえりができるようになっていたのです。
ひやっとしながらも
成長を感じた瞬間。
27
23
18
11
7
3
イヤがることもありましたが
だっこひも
ギャー
おふろイス
今ではなんでもないことです。
唇をふるわす音
ぶるるるるるるるる…
みるみるあおざめのち大泣き

あかちゃんの成長は本当にあっという間。

大変だなあと思うことがあっても、次の週には解決していたり。そのかわり別の大変が待っていて……。

大変、大変、でもそれが、成長。そのたびにうれしさを味わえるのだからたのしいものです。

気がつけばあかちゃんの成長に追いついていないわたし。ぼんやりしているひまはありません。

あぶないよ
つかまり立ちができるようになりました。

もっと詳しく知りたいひとへ

このページからは、「食」「だっこ（スキンシップ）」「住まい」「からだ」について、さらに詳しく解説します。

いい食材を、シンプルに食べるのが、からだにも、こころにもいちばん！

お話 岡本正子さん（管理栄養士・国際薬膳師）（プロフィールは23ページ参照）

子どもに、何をどう食べさせたらよいか……完璧を求めると参ってしまいます。「子どもが育つ食べ方」のポイントはふたつ。これだけ覚えておけば、まずは大丈夫！

1. 旬の食材を、なるべく素朴な調理方法で食べる

いくらオーガニックの野菜でも、旬を無視した食べ方では、かえってマイナスになることがあります。

旬の食材は、もっとも栄養価が高い状態。しかも、味が濃く、おいしい時期でもあるのです。だから、まずは素朴な調理法で、素材そのものの味を、味わってほしいですね。

おすすめなのは、「蒸す」方法。根菜類はとくに、蒸すことでラクにおいしく、やさしい味を引き出せます。

調味料は、引き算で考え、塩だけにするとか、砂糖はやめてみるなど、素材の味を生かすようにします。

手の込んだ料理でなくていいのです。シンプルに考えましょう。

おすすめの調理法は「蒸す」。
まずは塩だけで素材を味わって！

2. おやつも食事も、暮らしのリズムに沿って食べる

子どもにとって「おやつ」は生活のたのしみですが、いい素材のおやつでも、食べる時間によってはマイナスになってしまいます。「おやつ」は「補食」と考え、甘いものだけでなく、食事で不足したものを補うつもりで選びます。

また、食事前にはあげない、など、生活リズムを考えたタイミングが重要です。

食事やおやつは、規則正しく食べることが大事です。生活リズムができていてこそ、成長の糧となるからです。食べることだけでなく、食事・睡眠・運動の3つの柱のどれが欠けても、子どもの育ちを阻害します。

あとは、みんなでたのしく食卓を囲むこと。それこそが、最高の栄養かもしれません。

おやつは「補食」。
おにぎりなどおすすめです

調理の工夫でさらに安全を高める方法

電子レンジや電磁調理器を使わない

●電子レンジの調理は、おいしくないし、電磁波の問題があります。電磁調理器も同様です。きちんと料理した味を、ぜひ知ってほしいですね。

青菜などはたっぷりの湯でふたをせずにゆでる

●ふたをしないことで、不要な有機酸が揮発します。無農薬の野菜が手に入らなかったときなどは、この方法で調理するとよいでしょう。

ひじきは熱湯に5分間つけておくとヒ素が90％以上除去

●ひじきの栄養素はすばらしく、ぜひ食事に取り入れたいところ。ヒ素が心配ですが、調理法の工夫で、安心なレベルにもっていくことができます。

食物繊維は排毒作用があるのでたっぷり摂る

●よい食材でも、便秘などでからだの中に滞ると毒に。そうさせないためには、食物繊維の多い野菜や穀類をしっかり摂ります。

食の安全は待ったなし状態！

子どもに何を食べさせる!?

食べものは、いのちに直接関わるものだから、食の安全性については、真剣に対策を考えたいところ。まずは問題点を整理して、みんなで声をあげていきませんか？

お話 丸田晴江さん（「食品と暮らしの安全」）

なぜこんな食品が売られているの!?

輸入食品の残留農薬。実はポストハーベスト農薬が危険です！

２００８年に大問題となった中国製の農薬入りギョーザ事件をきっかけに、残留農薬への関心が高まりました。

農薬には、大きく分けてふたつの使われ方があります。ひとつは農作物を栽培する際、病虫害対策に使う農薬。これは雨に流されたりして使用時より大幅に減っています。ところが収穫後、保管中に使われる農薬（ポストハーベスト農薬）は、そのまま残留します。ですから「毒ギョーザ事件」のような場合は別にして、農薬の残留でいちばん気をつけたいのは、輸入農産物のポストハーベスト農薬なのです。

残留農薬をすべて規制する、「ポジティブリスト制度」が２００６年から発足していますが、ポストハーベストに使用する農薬の基準値は甘いまま。「食品添加物」として扱われる農薬（ＯＰＰやイマザリルなど）がオレンジなど輸入柑橘類に使われています。

まるた・はるえ　「食品と暮らしの安全基金」スタッフ。月刊誌『食品と暮らしの安全』副編集長。著書に『遺伝子操作食品の避け方』（共著：コモンズ／刊）、『新・食べるな、危険!』（共著：講談社／刊）など。

「煮干しのだし」を使うと、穏やかな子が育つ

調理に欠かせない「だし」には、うま味を補うほかに、もうひとつ、大事な役割があります。それはミネラル（必須微量元素）補給です。

顆粒だしは便利でも、ミネラルの補給はできません。

煮干し、こんぶ、かつお節など天然のだしを使うことで、わたしたちのこころやからだを健康に、そして機能的に働かせる役割を担うミネラルが補給できます。

とくに、海の中ですばしっこく泳ぐ魚をまるごと利用できる煮干しはとても大事なミネラル補給源です。頭も腹もまるごと入れてだしをとり、そのまま煮干しも食べてしまいましょう。

煮干しのだしをたくさん使っていたら、長年の体調不良が治ったとか、子どもの成績が上がったなどと驚くような報告が『食品と暮らしの安全』に寄せられています。それだけ、現代人にはミネラルが不足していた証しなのです。

サラダに砂糖？ 市販のドレッシングには入っています！

サラダに砂糖をかけて食べるひとはいないでしょう。でも、市販のドレッシングの原材料名を見てください。いちばん目に「果糖ぶどう糖液糖」などの糖分が記されている商品まであります。原材料名の表示は、重量割合の多い順に並んでいますから、糖分がたっぷり含まれている、ということがわかります。

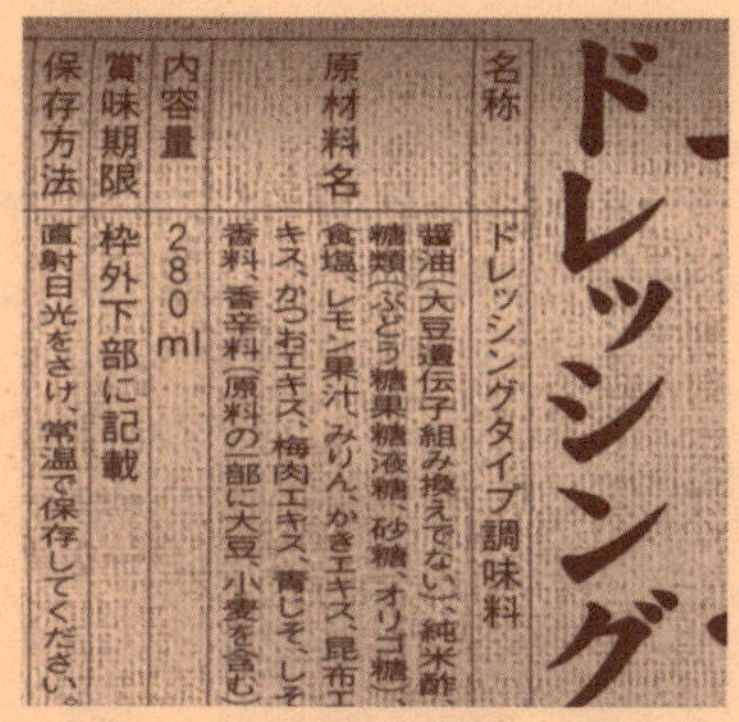

同様のことは、焼き肉のたれなどの加工品にもいえます。

糖分の摂り過ぎは、肥満や糖尿病の原因になります。子どもにも、生活習慣病の症状が増えているいま、糖分の摂取には、気を配りたいところ。甘いお菓子を避けていても、ドレッシングなどでうっかり糖分を摂っていては、元も子もありません。

加工品の買いものは、糖類の表示が後ろのほうにあるものを選びましょう。

「何かヘン！」と思ったら、食べない勇気も必要です（丸田さん）。

子どもが口にするものは、必ず大人も味見を

お菓子の原材料名を見て、ギョッとすることがあります。これまでに、さんざん発ガン性などの危険を指摘されてきた合成の着色料（100ページ参照）が、堂々と使われていたりするからです。

お隣の国、韓国では、消費者の働きかけにより、メーカーは合成着色料、合成保存料、トランス脂肪酸、化学調味料を使わなくなってきています。使われているお菓子を見つけたら、日本製だった、ということも……。

食品の安全性は、つくり手の意識はもちろんのこと、食べる側の意識も重要です。

食の安全性を高めるために、子どもが口にするものは、食品の原材料表示を確認するとともに、ぜひ大人も味をみてください。五感をフルに働かせれば、万が一、危険なものが混入されていても気がつくでしょう。

「何かヘン！」と思ったら、食べない勇気も必要です。

 ［月刊クーヨン］2008年5月号掲載記事に加筆し再構成しています。　イラストレーション／林ユミ

安全な食品の知識を！

ちいさな子どもが食べるものこそ、安全な食品を選びたいもの。食品を選ぶときに注意したいポイントをまとめました。

監修 丸田晴江さん（「食品と暮らしの安全」）

安全な食のために、大切にしたいポイント

1 信頼のおける生産者のものか、有機JASマークを手がかりに

有機JAS マークは、食品選びのひとつの目安です。化学肥料・農薬を使用していないことが、表示の前提になります。

〈オーガニック＝Organic〉とは、「有機の」「有機栽培の」という意味です。2006年に「有機農業推進法」が制定され、有機農業に対する国の支援もやっとはじまりました。

農林水産省が定める「有機農産物」は、次のようになっています。

1、種まき、または植え付け前2年以上、禁止された農薬や化学肥料を使用していない田畑で栽培する。

2、栽培期間中も、禁止された農薬、化学肥料は使用しない。

3、遺伝子組み換え技術を使用しない。

以上の規格に適合した生産が行われていることを、登録機関が検査し、認定されると、有機JAS マークを使うことができます。有機JAS マークは、買いものの際の重要な目安になります。ただ、検査のための費用が高額なため、小規模な農家などでは、認証を受けずに無農薬・無化学肥料で栽培しているところもたくさんあります。信頼のおける、小規模な農家を応援することも「オーガニック」のすそ野を広げることになります。

JAS

有機JASマーク

2 バランスよく食べる

「子どもが好きだから」という理由で、同じものばかりを食べさせてしまうと、栄養のバランスだけでなく、味覚の発達もバランスを崩してしまいます。

また、いくら有機の野菜でも、ほうれん草のシュウ酸のように、摂り過ぎれば害になる場合も。多種類の食品を、まんべんなく食べるのが、安全な食べ方です。

3 素材から調理しよう

外食やお弁当で、いろいろな食材の入った彩り豊かな食事をしても、その食材は水煮加工されたものがほとんどなので、微量に含まれる水溶性のミネラルは抜け出ています。

さらに、家庭で調理時間を短くするために便利な、水煮大豆やスイートコーン、ごはんの素などは、原料に国内産有機野菜を使っていても、水溶性栄養素が抜け出ています。できるだけ素材から調理しましょう。

これだけは避けたい！ 食品添加物一覧

食品添加物について

食品添加物を避けたいと考えていても、化学物質名が並んでいるとわかりにくいもの。添加物数の少ないものを選ぶのもひとつの方法ですが、避けたい添加物を覚えましょう。

ワースト3は、柑橘類に使われているOPP、TBZ、イマザリル。アメリカでポストハーベスト農薬（収穫後に使用される農薬）として認可され、防カビ剤に使われています。普通の添加物より桁違いに毒性が強く、残留性も高いので、国産の柑橘類を選びましょう。

食用赤色2号（赤2）など番号がついた合成着色料には、すべて突然変異性（遺伝子に傷をつける作用）があって、発ガン性の疑いが指摘されています。

毒性が強い「保存料」の安息香酸ナトリウム、ソルビン酸カリウムや、ハムやソーセージに使われる「発色剤」の亜硝酸ナトリウムなど、また合成の甘味料も避けたいものです。

■ とくに注意したい食品添加物

	添加物の名前	使用目的	主に含まれる食品	危険性
とくに毒性が強いので極力避けるもの＊	イマザリル	防カビ剤	ミカン以外の柑橘類、バナナ	発ガン性、遺伝毒性
	オルトフェニルフェノール(OPP)、オルトフェニルフェノールナトリウム	防カビ剤	柑橘類	発ガン性
	ジフェニル（ビフェニル）	防カビ剤	グレープフルーツ、レモン、オレンジ類	発ガン性
	チアベンダゾール（TBZ）	防カビ剤	柑橘類、バナナ	催奇形性
悪質な毒性があるので極力、またはできるだけ避けるもの	食用タール系色素（赤色2号、黄色4号、緑色3号など、番号のついた合成着色料）	着色料	福神漬け、紅ショウガ、ハム、たらこ、菓子、数の子、ウニ、漬け物など	アレルギーの原因となるものが多い、発ガン性が疑われている
	サッカリン、サッカリンナトリウム	甘味料	チューインガム、漬け物、魚介加工品、しょうゆ、煮豆、瓶詰、缶詰など	発ガン性が疑われている
	亜硝酸ナトリウム	発色剤	ハム、ソーセージ、いくら、すじこなど	発ガン性が疑われている
	安息香酸、安息香酸ナトリウム（安息香酸Na）	保存料	マーガリン、清涼飲料水、シロップなど	動物に大量投与したところ死亡
	ソルビン酸、ソルビン酸カリウム（ソルビン酸K）	保存料	チーズ、魚肉練り製品、食肉製品、佃煮、煮豆など	
できるだけ避けるもの	デヒドロ酢酸ナトリウム	保存料	チーズ、バターなど	毒性が強く、催奇形性の疑いあり
	パラオキシ安息香酸エステル類（通常「パラベン」と表示されるか、内容により「イソブチルパラベン」「イソプロピルパラベン」「エチルパラベン」「ブチルパラベン」「プロピルパラベン」と表示される）	保存料	しょうゆ、酢、清涼飲料水など	
	プロピオン酸、プロピオン酸カルシウム（プロピオン酸Ca）、プロピオン酸ナトリウム（プロピオン酸Na）	保存料	チーズ、パン、洋菓子など	

	添加物の名前	使用目的	主に含まれる食品	危険性
できるだけ避けるもの	アスパルテーム	甘味料	ダイエット食品、清涼飲料水、菓子など	脳腫瘍との関係が指摘されている
	二酸化チタン	着色料	ホワイトチョコレートなど	
	ジブチルヒドロキシトルエン（BHT）	酸化防止剤	油脂類、バター、魚介塩蔵品、魚介冷凍品など	発ガン性が疑われている
	ブチルヒドロキシアニソール（BHA）	酸化防止剤	パーム原料油、パーム核原料油など	発ガン性
	亜塩素酸ナトリウム	漂白剤	生食用野菜類、卵類、製菓用果皮など	
	亜硫酸水素ナトリウム液（亜硫酸塩）	漂白剤	かんぴょう、乾燥果実など	
	二酸化硫黄	漂白剤・酸化防止剤	アルコール飲料など	ワインによる頭痛の原因
	亜硫酸水素カリウム液	漂白剤・保存料	かんぴょう、煮豆など	
	亜硫酸ナトリウム（亜硫酸Na、亜硫酸塩、亜硫酸ソーダ）	漂白剤・保存料	かんぴょう、乾燥果実、水あめ、煮豆など	
	次亜硫酸ナトリウム（亜硫酸塩）	漂白剤・保存料	かんぴょう、乾燥果実、水あめ、煮豆など	
	サリチル酸メチル	着香料		胃・肝臓・精巣な[illegible]

＊使われているときは、必ず表示されています。

遺伝子組み換え食品の表示に強くなる

表示義務のある遺伝子組み換え加工食品

大豆　枝豆 大豆もやし 含む	豆腐・油揚げ類／凍り豆腐・おから・ゆば／納豆／豆乳類／味噌／大豆煮豆／大豆缶詰・瓶詰／黄粉／大豆炒り豆など。これらを主な原料とするもの。調理用の大豆・大豆粉・大豆タンパク、枝豆・大豆もやしを主な原料とするもの
とうもろこし	コーンスナック菓子／コーンスターチ／ポップコーン／冷凍とうもろこし／とうもろこし缶詰・瓶詰など。コーンフラワー・コーングリッツ（コーンフレークを除く）、調理用とうもろこしを主な原材料とするもの
じゃがいも	冷凍じゃがいも／乾燥じゃがいも／じゃがいも澱粉／ポテトスナック菓子など。調理用のじゃがいもを主な原料とするもの。

＊そのほか、アルファルファ、てん菜を主な原材料としたものも対象です。

ただし！

食品中の重量比5％以上のもので、上位３位までしか表示義務がありません。それ以下だと、表示されません。

表示義務のない遺伝子組み換え加工食品

大豆	しょうゆ／大豆油
とうもろこし	コーンフレーク／水あめ／異性化液糖／デキストリン／コーン油など
なたね	なたね油など
綿（わた）	綿実油など
そのほか	ビールなどの酒類

遺伝子組み換えについての表示の例

品　　名	有機豆腐
原 材 料	国産有機大豆、凝固剤（塩化マグネシウム）、植物油脂
内 容 量	135g　保存方法　要冷蔵6℃以下

国内では、まだ遺伝子組み換え作物は、商業用に栽培されていません。また、有機食品に遺伝子組み換えの原料は使えません。「国産」「有機」「遺伝子組み換えでない」の表示で選べば、避けることができます。

加工した後に組み換えられたDNAやたんぱく質が検出できないとして、しょうゆや油など表示義務のない食品があります。

しかし、任意表示として「遺伝子組み換えでない」と表示している商品も多く出回っているので、表示を見れば、選ぶことができます。

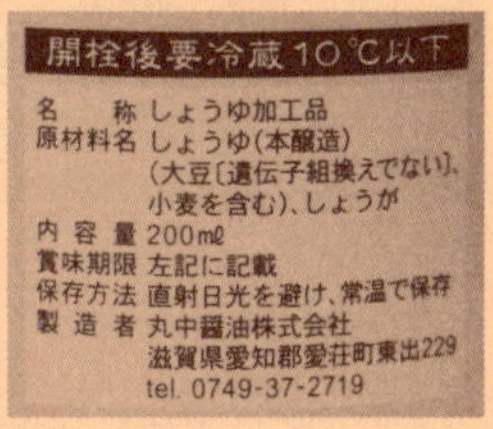
開栓後要冷蔵10℃以下

名　　称	しょうゆ加工品
原材料名	しょうゆ（本醸造）（大豆〔遺伝子組換えでない〕、小麦を含む）、しょうが
内 容 量	200mℓ
賞味期限	左記に記載
保存方法	直射日光を避け、常温で保存
製 造 者	丸中醤油株式会社 滋賀県愛知郡愛荘町東出229 tel. 0749-37-2719

食品だけでなく器や包装材にも注意！

環境ホルモン

環境ホルモンは、微量でも子どもの発達に影響を与えることがわかってきました。子どもが環境ホルモンを摂取する原因は、プラスチック製の包装容器や食器類にあるようです。

ポリカーボネート（PCとも表示）からはビスフェノールA、ポリスチレン（PS）からはスチレンモノマー、スチレンダイマー、スチレントリマーが溶出されています。食品を入れるのですから、これらの素材の、弁当の容器、カップ麺の容器、またプラスチック製の食器などは避けるようにしましょう。

ラップ

また、ポリ塩化ビニル製のラップからはノニルフェノールが溶出されています。ラップは無添加のポリエチレン製を使えば安全です。

肉は見えないところに要注意！

牛肉は

安く販売されているアメリカ産とオーストラリア産。買うなら、オーストラリア産にしましょう。アメリカ産には、効率よく太るとして、牛の肥育用に女性ホルモンが使われています。女性ホルモンには天然型と合成型があって、アメリカでは合成型も使用しているので、残留性が高いのです。

ホルモン剤を体外から摂取すると、たとえごく微量でも影響を受ける場合があります。胎児の体内ホルモンのバランスを崩す恐れがあるので、妊娠中のおかあさんは、気をつけましょう。

選ぶ基準は

霜降りの肉のほうが価格は高いのですが、赤身の肉のほうが、ミネラルを多く含み、ヘルシーです。

魚や肉を調理するときに注意

よく手を洗いましょう

家畜や養殖魚の飼育現場で、たくさんの抗生物質が使われています。抗生物質が残留することはなくても、耐性菌が生まれています。

耐性をもった食中毒菌に肉が汚染されることがあります。調理のとき、肉や魚を触った手や調理器具をよく洗い、肉はよく火を通して食べましょう。

また、残りものを温めるときも、中心温度が75℃以上になるよう、よく加熱することが食中毒の予防になります。

たくさん食べてほしい……

だからこそ、魚はここをチェック！

魚は

海が汚染され、魚の汚染が心配されます。それでも魚は、不飽和脂肪酸を多く含み、小魚をまるごと食べればミネラルを豊富に摂取できる、健康によい食品です。妊婦は食べる量を減らしたほうがいいのですが、普通のひとは、いろいろな種類の魚を食べるようにしましょう。

選ぶときに留意したいのは、近海魚の場合は、脂肪が少ない、年齢の若い魚を選ぶこと、遠海魚の場合は食物連鎖の上位にあるマグロやカジキなどを多食しないこと、の３点です。

サンマ、カツオは海の汚染物質であるダイオキシン、水銀などの蓄積が少ないのでとくに安全性が高い魚です。

◇ダイオキシン汚染が心配な主なもの
■メチル水銀汚染が心配な主なもの

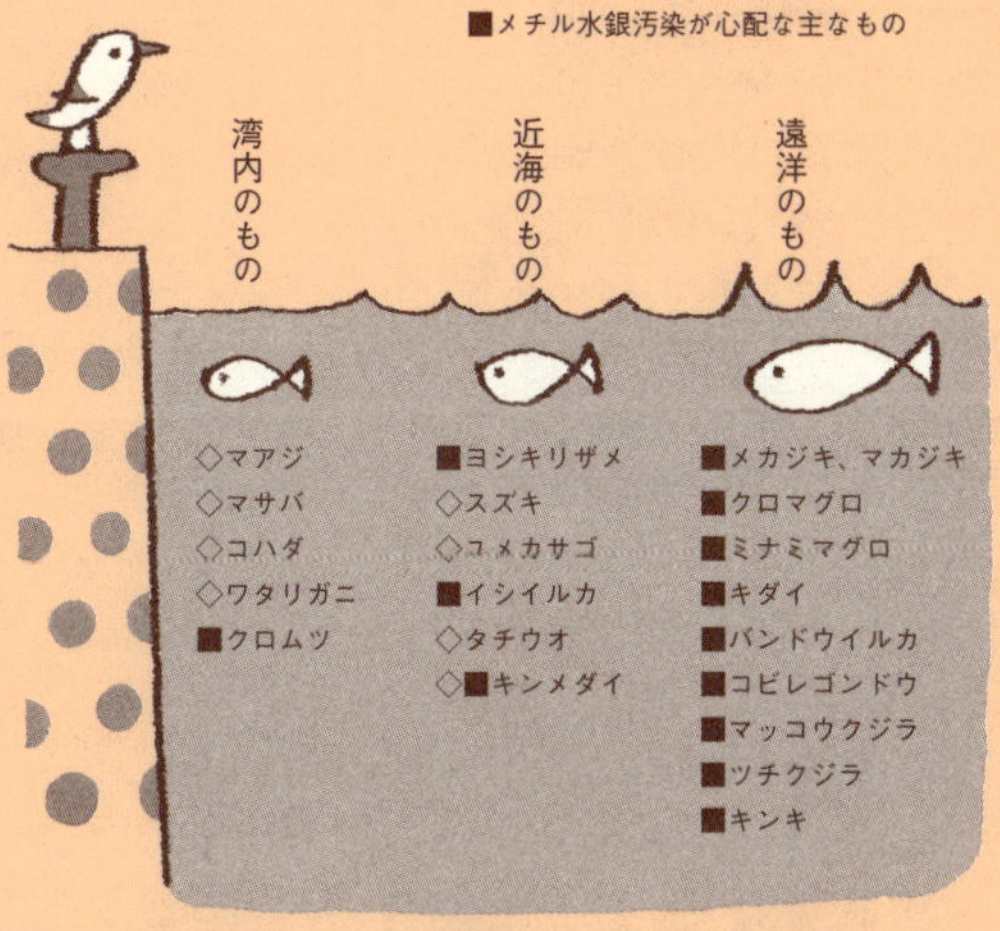
湾内のもの
近海のもの
遠洋のもの
◇マアジ
◇マサバ
◇コハダ
◇ワタリガニ
■クロムツ
■ヨシキリザメ
◇スズキ
◇コメカサゴ
■イシイルカ
◇タチウオ
◇■キンメダイ
■メカジキ、マカジキ
■クロマグロ
■ミナミマグロ
■キダイ
■バンドウイルカ
■コビレゴンドウ
■マッコウクジラ
■ツチクジラ
■キンキ

◇シジミ
◇ムラサキ貝
■エッチュウ、バイ貝

ヒジキに多いヒ素は、水に戻す過程で大半が水に溶け出すので、食べ過ぎなければ大丈夫

◇養殖魚は、天然魚より汚染物質の蓄積が多い。抗生物質耐性菌も心配

 [月刊クーヨン] 2008年5月号掲載記事に加筆し再構成しています。　イラストレーション／林ユミ

0～6歳までの食育

「食育」って、何をしたらいいのでしょう？
子どもの発達に応じた働きかけのヒントを、
小川雄二さんにうかがいました。
とにかく「たのしく」がモットーなので、
無理強いはナシ。年齢はあくまでもめやすです。
子どもの育ちを大事にしながら、タイミングを計りましょう。

0歳頃

人間は、ほかの動物にくらべ、すごく未熟な状態で生まれ、子育てに手がかかります。「食べる」という当たり前の力も、手助けしていかないと育ちません。そこで食育が必要になってくる、ということでしょう。

おっぱいを飲むことは、哺乳反射という生まれつき備わった力によって行いますから、つまずくことは、ありません。はじめて固形のものを食べるようになる、離乳＝食育のスタート地点になります。

離乳は、哺乳反射が少なくなって、舌でスプーンを押し出すことがなくなる5、6ヶ月頃に開始します。消化機能の発達を待って、ゆっくりめにはじめるのが、アレルギー対策にも有効です。

離乳にはいろいろな目的がありますが、いちばん大切なのは、固形のものを口の機能を使って取り込めるようになること。だいたい5ヶ月頃からはじめて1歳半くらいで完了するまでの間を、4つの時期に分け、それぞれに「なめらかにすりつぶした状態のものを飲み込めるようになる」「舌でつぶせるようになる」などの獲得目標があります。口の機能の発達に応じて、硬さや大きさを適切に変化させて、その時期の発達を獲得できるよう働きかけていきましょう。

1歳頃

離乳が完了する1～1歳半くらいで、固形食から栄養を取り込む口の機能の発達が、おおむね獲得されます。

その前段階、9ヶ月頃から、食べものに対する関心も芽ばえ、自分で手を伸ばして手づかみ食べをするようになります。やがてスプーンを持つなど、手の機能も発達していきます。

市販のベビーフードはとろみをつけたタイプが多いので、手づかみ食べには適しません。とろみがあるほうが子どもがよく食べるからよく売れる、という背景があるようですが、手づかみ食べを想定したら、手づくりの離乳食のほうが適していると思います。子どもはそうして、からだの機能を発達させているのですから。

離乳が完了して固形食が栄養の中心になっても、咀嚼能力が完成しているわけではありません。2歳を過ぎて乳歯が生え揃い、咀嚼の発達が完了する3歳頃までは、口の発達を見ながら、新しい食べものと出会わせ、それを快適に食べられるよう工夫しましょう。離乳が完了した段階で、「一日3食＋おやつ」のリズムに。

「たのしく食べる」ためにたくさんの体験を！

幼児の食育でいちばん大事なのは、「食べることがたのしいと思えるようになること」だと思います。言われてみればそうだよね、とみなさんおっしゃいますが、実際に子どもと接していると、つい「がんばって食べようね」などと強制したりしがちです。悪気はなくて、子どものことを考えて、なのですが。

子どもがたのしく食べるためには、以下の3つのことが必要だと考えます。

まずひとつ目は、口の機能がきちんと発達しているということ。ちゃんと咀嚼して食べることができれば、子どもは快適ですから、たのしく食べられます。

ふたつ目は、好ききらいをな

お話 小川雄二さん

おがわ・ゆうじ　名古屋短期大学保育科教授、農学博士。子ども時代の食の大切さを伝え続け、食育関係の講演も多い。著書に『保育園幼稚園ですすめる食育の理論と実践』（芽ばえ社／刊）など。

2歳頃

2歳半くらいからは、スプーンもしっかり持てるようになり、食べものの名前もわかってきます。「いただきます」や「ごちそうさま」といったあいさつや、食事前の手洗いなども、自分でできるようになってきます。そのためには、大人がちゃんとしているところを見せておきましょう。

体験的な活動もできるようになり、単純な料理のお手伝いもできるようになります。家庭では、毎日のなかで子どもたちに料理の過程を見せながら、まずは、ピーラーで皮をむく、ポリ袋の中で混ぜるなどの簡単な部分から関わってもらうとよいでしょう。ホットプレートに何かをのせただけでも、「わたしがのせた！」ということになり、おいしさが増しますから。

とにかく、食に関することを、大いに見せて、関心をもたせてあげたらいいと思います。一緒にお買いものに行って、「いろんな食べものがあるね」「これは〇〇だよ」と声をかけたり、「どれが食べたい？」と選ばせたり……。

そうした、実物を知る体験があったうえで、食べものの絵カルタをしたり、食に関する絵本などを一緒にたのしむのも、おすすめです。

3~4歳頃

3歳ぐらいになってくると、スプーンも上手になりますので、はしをプレゼントしてあげましょう。この頃には、食事の後に歯みがきをするといったこともできるようになります。

また、畑で野菜を観察したり、水をあげたりといったこともできるようになりますから、そんな体験の機会も用意してあげたいですね。みんなで食べるたのしさを感じる気持ちも育ってくるので、家族の団らんを大事にしてください。

4歳くらいになると、食べものの旬や栄養にも少しずつ関心をもちはじめて、わかるようになってきます。季節の行事食などを、一緒にたのしむといいですね。

かなり高度なクッキングもできるようになり、主菜、副菜などのお皿がそろっているかということも、わかるようになりますので、子どもの器も、大人と同じようにそろえてあげるとよいでしょう。決まった時間に正しい姿勢で食べる、そんな力も育ってきます。

こぼしたりすることもほとんどなくなり、自分自身で努力して、苦手なものを克服していこうという意欲も出てきますので、陰ながら応援を。

5~6歳頃

5~6歳になると、ほとんど「幼児の食の完成」。かなりのことができるようになります。

料理をつくったひとに感謝のことばを言えるようになったり、これまでは意味がわからなくやっていた手洗い、歯磨きをする理由、朝ごはんをなぜ食べなくてはならないか、などもわかってきます。それぞれの食べものがからだにどう働くかなども、だいぶわかってくるでしょう。

いろいろなものに興味関心が出てきて、包丁使いも上手になり、たいていの料理ができるようになります。ほとんど大人と同じくらいのことができる手先の器用さが育っていますから。

つまり、5~6歳までに、自分で料理をつくる力も育てていきたいし、育てることができるということです。大人が全部やってあげていたのでは、そういう力はつかなくなってしまいます。

幼児期までにちゃんとした働きかけをしてあげれば、子どもたちはすごい力を身につけます。ちゃんとおなかがすくリズムがつき、好ききらいもほとんどなく、調理もできるようになる。それを無理矢理ではなく、たのしみながらやれるようにしていきたいですね。

るべく少なくすること。目の前にならんでいるものをみんなおいしく食べられることは、食事をたのしむ要素ですよね。そのためには、いろいろな味の経験をしてもらうと同時に、食べものに「プラス情報」をくっつけて記憶させることが必要です。

脳の中で、食べものの好ききらいを判断するのは、扁桃体という部分です。扁桃体は、「苦痛を感じたものは食べないでおこう」と判断します。たとえば大人の怖い顔の記憶とセットになった食べものは、おいしいと思えません。また、はじめて食べるものの場合は、「安心かどうか」を判断基準にするので、子ども自身がつくったり買ったりと、何らかの関わりをもつと、安心して受け入れます。だからこそ、収穫、料理、買いもの……といった体験活動が、食育の取り組みでは重要なのです。

3つ目は、食欲があるリズムをつくること。早寝早起きをし、からだを動かしてエネルギーを消費する。食欲を決めるのは血糖値なので、血糖値が下がっている状態で食卓につくリズムを、まわりの大人がつくってあげる。そして、「食欲を満たした」という快感をくり返し味わうことで、食事がたのしみになってきます。

これらのことは子どもだけの力ではできないので、大人の気配りが必要です。大変に思うかもしれませんが、食育をしっかりしていれば、ほかに何もいらないくらい、子どもは相当な力をつけていくと思いますよ。

気づきをもたらす母乳育児

母乳を与えている期間は、「あかちゃんとおかあさんのこころやからだの声に気づく貴重な時間。その気づきは、おかあさんにとって一生の宝ものに」と助産師の阿部一子さん。気づきをもたらす母乳育児の考え方など、おうかがいしました。

お話 阿部一子さん

母乳育児は、自然なこと

母乳育児は本来、自然でラクなものです。はるか昔から、人類は母乳で子どもを育ててきました。母乳を子どもに与え、いのちをつないできた哺乳類としてのすばらしい遺伝子が、誰の中にも存在します。「自分はおっぱいが出ないのでは？」と思っていても大丈夫。自信をもってください。

まず母体を整えるには、伝統的な和食をよく噛んで摂り、からだを冷やさないよう気づかうことです。そして、あかちゃんが泣いたら、機会をとらえて、たびたび母乳を飲ませるようこころがけると、乳質や母乳量が整い、母乳育児をラクに続けていくことができます。

もしトラブルが起こったら、それは「もっと自分自身のからだやこころ、食事や暮らし方を見つめ直してほしい」というからだからの大切なメッセージです。そうしてからだやこころの声に耳を傾けてみると、トラブルやつらさの原因に対して、気づきがあるはずです。その気づきに一つひとつ向かい合い取り組んでいくと、トラブルが起こる前より、こころとからだにやさしい、自然でここちよい生活を実践していることに気づくでしょう。どうしてトラブルを起こすのかわからなかったり、つらくなったりしたときには、気ラクに相談でき、ケアを受けられる専門家の存在も想像以上に支えになるものです。

普段から自分自身と向き合う静かな時間を、少しでもいいからもつことも大切です。自分のことがわかるようになると、子どもの感じていることも自然とわかるようになります。

母乳育児のコツ

母乳育児は、授乳の基本さえしっかりおさえておけばスムーズに行うことができます。上手な授乳方法をマスターして、おっぱいトラブルを避けましょう。

あべ・かずこ　助産師・看護師。アントロポゾフィー看護を学ぶ看護師の会会員。埼玉県鶴ヶ島市で「あべ母乳育児相談室」を開業のかたわら、地域の保健センターで母乳相談、マタニティースクール、新生児訪問等の活動を行う。

どう飲ませればいい？

●母乳育児スタートの3つのポイント

（1）授乳間隔は、3時間以内であればあかちゃんのようすを見て、いつあげてもOK。

（2）左右は3～5分交替で15～20分以内に授乳を終える（目安として数字をあげていますが、あかちゃんの飲み方のリズムに合わせることが大切です）。

（3）正しい飲み方（下図）をあかちゃんにしてもらう。

●いろいろなポジションで飲ませて、トラブル予防

授乳時にあかちゃんのあごがあたっている方向が、おっぱいがよく吸われる部分です。できればいつも同じポジションではなく、意識的に授乳姿勢を変えると、まんべんなくおっぱいが飲まれてトラブル予防に。

正しい飲み方

朝顔の花が開いたようなくちびるの形で、乳輪が見えなくなるまで、大きくパクッと口に深くくわえさせます。

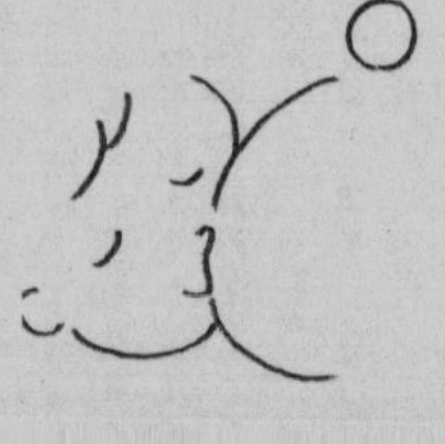

よくない飲み方

浅い飲み方は、くちびるを巻き込んだ状態で飲んでいます。乳首を傷つける原因となったり効果的に母乳を飲みとれなかったりします。

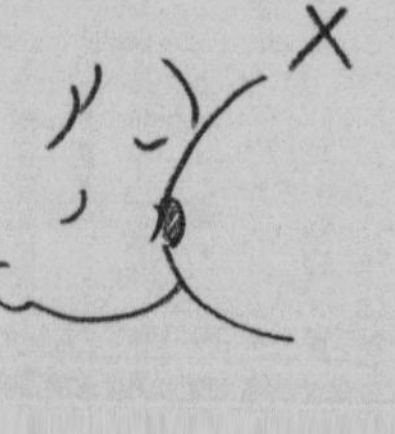

体重が増えなくて不安になったら

あかちゃんの体重増加が少なくて健診などでミルクを足すように言われるひとは少なくありません。体重があまり増えていないからといって母乳不足とは限りません。成長のパターンには個人差があり、まん母乳が充分出ていても、あかちゃんが乳首を浅くくわえていて、うまく母乳を飲めていない場合もあります。

母乳は栄養素がバランスよく含まれている完全栄養食。早産でちいさく生まれた場合には、そのあかちゃんに必要な成分の含まれた母乳が出てくるなど、それぞれの子どもに対してのオーダーメイドです。

母乳の育児は、一般的な数値にだけ縛られるのではなく、あかちゃんのようすなど、さまざまな視点から判断することが大切です。

インターネットや本の情報ばかりに頼らず、直接、専門家のアドバイスを受けてみましょう。実際に子どもを見て、ケアしてもらえる、体温の伝わる関係がとても大切です。

母乳育児Q&A

阿部さんにいくつかの質問にアドバイスをいただきました。

Q　ひどく疲れます。元気に母乳を続ける方法ありますか？

A　母乳の出過ぎ、または不必要な搾乳をしていると、疲れます

母乳は血液からできています。白い血液といわれるくらいなので、必要以上に母乳を出し続ければからだが消耗し、体力や気力がなくなるということもあります。授乳の前後に搾乳をしていないでしょうか？　不必要な搾乳は母乳分泌を過多にしてしまいます。

母乳が必要以上に出るようなら、水分の摂取をコントロールしたり、キャベツをおっぱいにあてて冷やしたり、里芋などを利用して湿布をしたりしてもよいでしょう。

また、母乳をあげるときの姿勢に、気づかいが必要です。子どもをずっと手でかかえていると疲れます。クッションなどを利用して、あかちゃんの体重を手だけで支えないこと。それでも必ず前かがみになってしまうので、ストレッチなどをして、からだをいたわりましょう。

疲れには人間関係など、こころのストレスもあります。普段から自分の気持ちを押し込めずに、周囲のひとにできるだけ思いを伝えるようにしましょう。育児サークルに参加するなど、気分転換の方法を見つけておくことも大切。からだやこころのちょっとしたサインを見のがさず、早めにケアできたらよいですね。

Q　これから仕事を再開する予定。母乳とミルクの併用のコツは？

A　夜の授乳が長続きのポイントです

搾乳して母乳を園に持っていくのもよいですが、体力を消耗するので、無理せず、ミルクとの併用がおすすめです。子どもを保育園に預ける場合のポイントは以下の通りです。

●まず朝に授乳。保育園に行く前に授乳。お迎えに行ったときに授乳。それから2時間あけずにどんどん授乳。おやすみ前に授乳。夜中の3時くらいに授乳。

母乳は乳腺がカラになるとつくられる仕組みで、日々夜間授乳をしていれば、その働きを活性化していれば、無理なく母乳育児を続けられます。

●仕事場では、3時間置きに圧抜きをします。まず左手の親指を左脇の下に置き、右手の親指を右脇の下に置き、手の平はおっぱいの外側に沿うようにあてます。中央に向かって押し、それを20～30秒キープ。次に乳輪部を親指とひとさし指でつまみ、圧抜きをします。

仕事に復帰して1週間～10日たつと母乳の分泌も落ち着き、圧抜きをしなくても大丈夫になります。

Q　好きなものだけを食べる暮らしでは、母乳育児はむずかしいのでしょうか？

A　食事は、おっぱいに相談しながら

ときには好きなものを食べることがあってもいいかもしれません。体質はひとそれぞれ。もし何かを食べてトラブルが起こったとしても、自分の体質や食事の傾向に気づくよい機会と考えてみましょう。

基本的には、油、砂糖、油脂類、乳製品の摂り過ぎは、乳質が悪化したり、乳管を詰まらせたりする原因になります。少し食べて、ようすをみて、おっぱいに相談しながら食べるとよいでしょう。

母親の食事の傾向は、子どもの将来の嗜好につながっていきます。日本の伝統食や、離乳食がはじまったら子どもに取り分けられるようなものが、母乳のためによい食事です。

そうした食生活なら、離乳食へもスムーズに移行できます。

[月刊クーヨン]2009年3月号掲載記事に加筆し再構成しています。　イラストレーション／松尾マユミ

たらちね助産院のタッチングケア

えっ？　おとうさんがベビーマッサージをするクラスがある？　そんな情報を入手し、東京都杉並区にある「たらちね助産院」のペアレンツクラスにおじゃましてみました。

お話・指導　大坪三保子さん

※プロフィールは79ページをご参照ください。

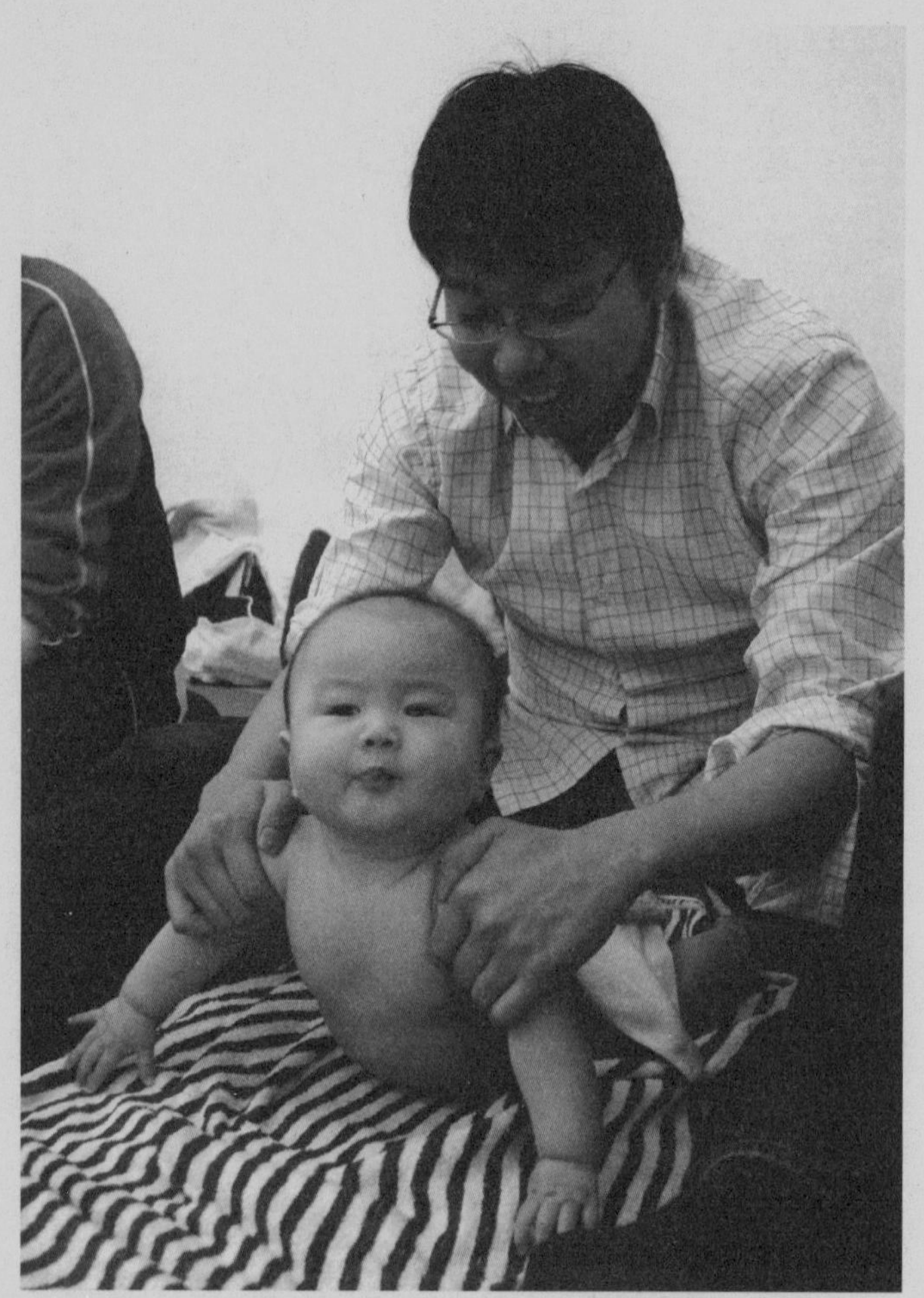

マッサージが気に入ったようすのあかちゃんたち。マッサージ中は、泣いている子はひとりもいませんでした。

女性の要望で生まれたペアレンツクラス

このペアレンツクラスは、もともとあった母親向けクラスの参加者からの要望で生まれました。夫にもベビーマッサージの機会を、ということで設けられたのだといいます。

今回の参加者は5組の親子。男性側は、全員ベビーマッサージ初体験とのこと。

「子どもの皮膚感覚は、おかあさんのおなかの中にいるときから発達していきます。妊娠中からパートナーにタッチングケアをやってもらうと、早産を未然に防ぐことができるというデータもあります」。マッサージをはじめる前に、まずは助産師の大坪三保子さんが、写真絵本やパネルを使って、人間の発達やリンパの流れなど、医学的な解説を交えながら説明します。「肌と肌との触れ合いは、人間として大切なことです。実際、スキンシップが脳や消化器系の発達を促すことが、研究からわかっています。

また、男性がタッチするのと女性がタッチするのとでは、少し効果が違うという報告もあります。おとうさんは、あかちゃんと冒険

大人にもいいんですね！

篠原加代子さん、幹明さん、來花（くらな）さん（0歳3ヶ月）

「毎日帰りが遅く子どもとは週末しか一緒にいられないのが気になっていました。ベビーマッサージは、あかちゃんだけのものかと思っていたら、結構大人も感じるものがあったのが発見でした」（幹明さん）

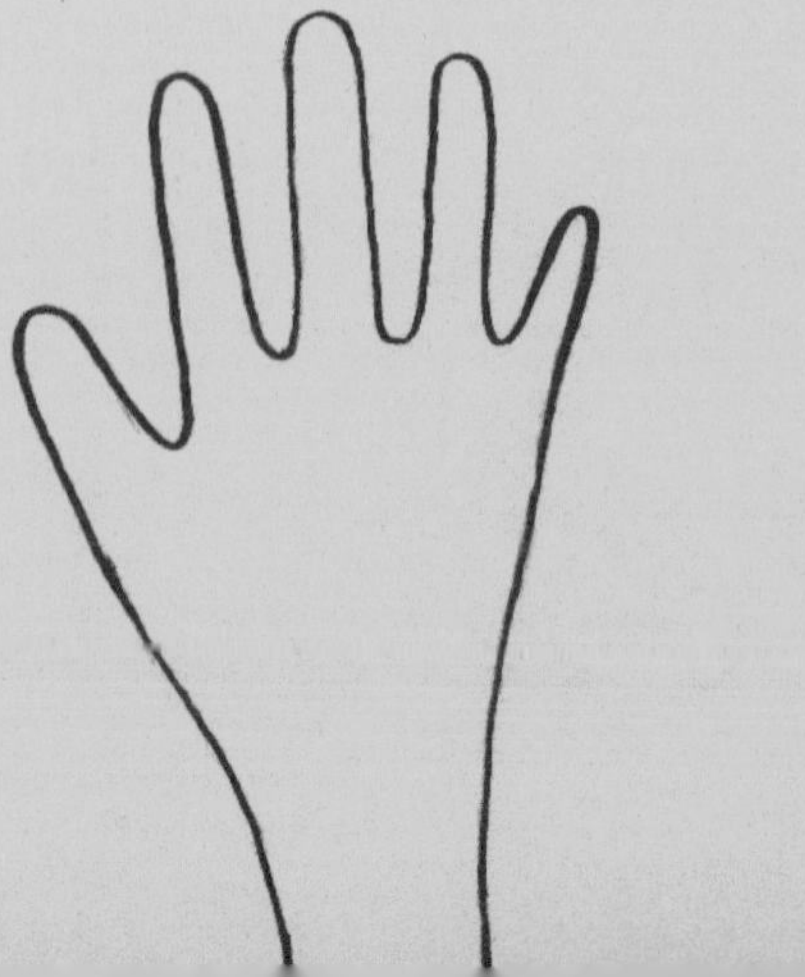

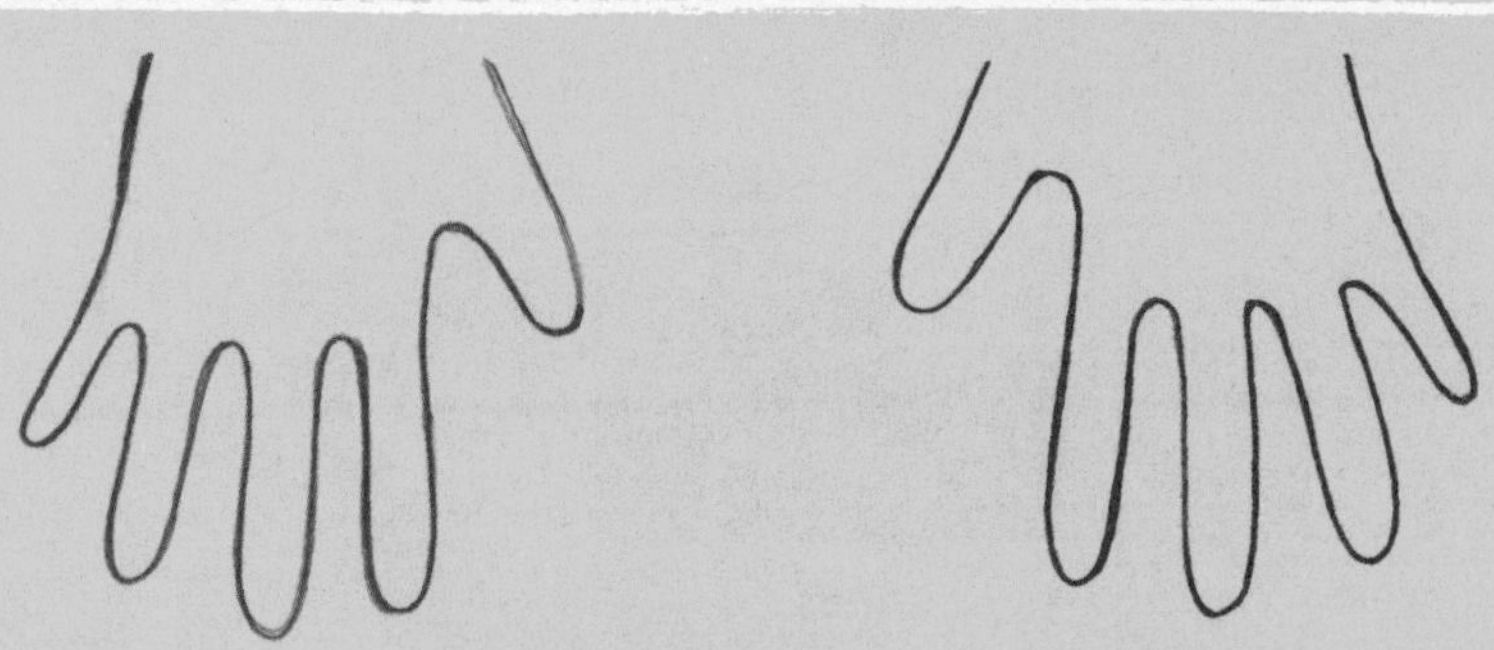

だっこ《スキンシップ》

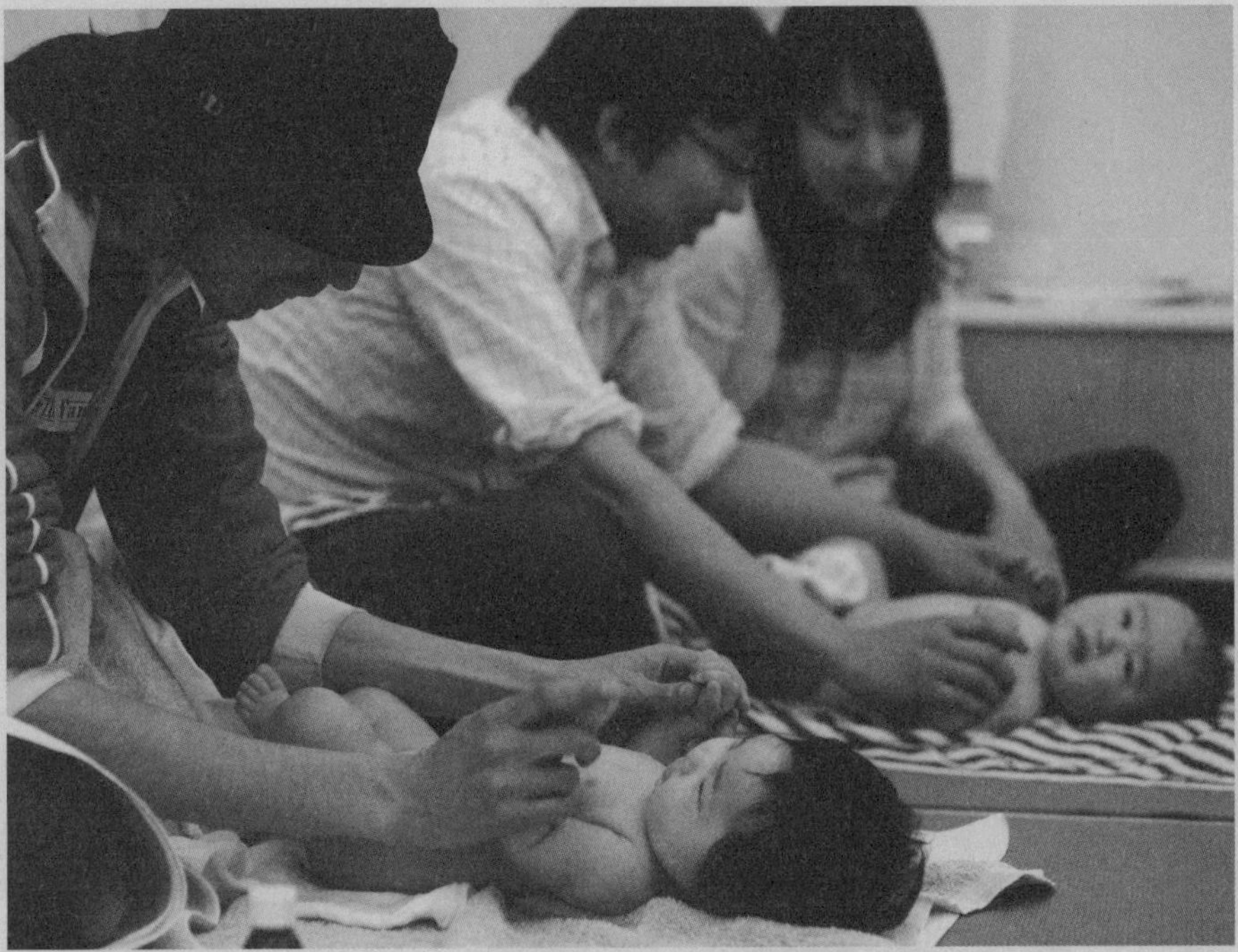

「癒しのタッチは誰にでもできるケア。ひとひととの絆を深める原点です」と大坪さん。
おとうさんとあかちゃん、ますますなかよしになったようす。

心や好奇心を共感するように、たのしくあそぶつもりでやってみてください」と、大坪さん。マッサージは、リラックス効果が高く、あかちゃんとおかあさんだけでなく、おとうさんがすることで、実はおとうさん自身のコミュニケーション能力をアップさせ、ストレス解消にもひと役かうといわれているそう。

「コミュニケーションを深める方法として、こうしたクラスはとても有効です。相手の表情を感じ、コミュニケーションの間合いを読むということも、タッチングケアのひとつなのです。そうすると、次第に子どものぐずりにも敏感になり、早め早めにケアすることが習慣づいていきます。また、そのことは、夫婦の絆を深めることにも役立つでしょう」（大坪さん）

男性は家庭に帰りたがっている！

「♪はじまるよ　はじまるよ　はじまるよったらはじまるよ」。手あそびをしながら、まずはあかちゃんにマッサージがはじまることを伝えます。軽くこすって温めた手にオイルをたっぷりと取り、マッサージ、スタート！「♪ぎっこんばっこん」「♪あぶくたったにえたった」途中でわらべ唄のフレーズをはさみながら、静かな時間が流れていきます。最初はこわごわ触れていたおとうさんたちの手も、マッサージが終わる頃にはすっかり慣れて、何よりおとうさん自身がとてもリラックスしているようす。

「ここ数年、親子のスキンシップを求めている男性が多いように思えます。いままでは、男性も育児を『しなさい』と言われてきましたが、いまは、自分から『したい』というひとが増え、男性側にも家庭へ戻りたい欲求があるようです。年々シビアになる社会の状況のせいもあるのでしょうが、これはもう理屈ではなく、いまの若いおとうさんたちが肌で感じていること

子どもが泣きやむなら何でもします！

村上有美子さん、浩也さん、颯（そう）さん（0歳7ヶ月）
「男には母乳というものがないので、子どもが泣きやむんだったら何でもします！　という感じです。家でもまたやりたいと思います」（浩也さん）

ベビーマッサージは見るのもはじめて！

山ノ内真衣さん、祥平さん、楓人（ふうと）さん（0歳6ヶ月）
「いつも帰宅が遅く、子どもとの時間が充分とれない状態。どんなふうに子どもをあやしたりすればいいのか知らなかったので、今回はとても勉強になりました」（祥平さん）

撮影／落合由利子

カップルでタッチングケア

その1　自然と胸が開いてリラックス。ストレスや不眠症にも。

1 男性（女性）はあぐら（正座）をする。パートナーは背中側にまわり、相手の手首を持ち、腕を真上に引っぱる。そのまま10秒保ちゆるめる。もう一方の腕も同様に。

2 男性（女性）は腕を頭の後ろに組む。パートナーは膝を軽く相手の背中にあてながら、相手のひじと脇の下の真ん中に手をあてて押し、胸を開く。10秒保ったらゆるめる。

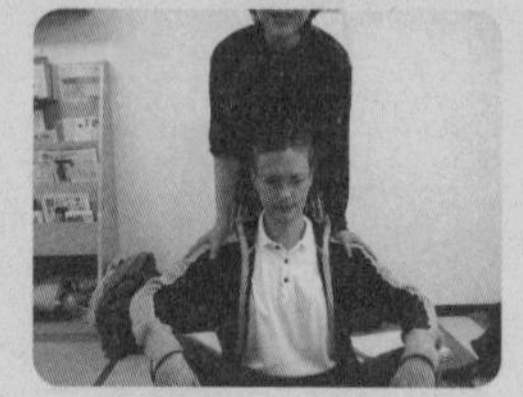

3 肩に手をあてて、真上からぐーっと体重をかける。

4 最後に背中をタッピング（109ページ、ベビーマッサージの手順17参照）し、肩からおしりまで3～4回なで下ろしたら終了。次は役割を交代してやってみましょう。

その2　自然と骨盤が正しい位置に戻り、膝や腰が痛いという方にもおすすめ。夕方や夜寝る前にするとよい。

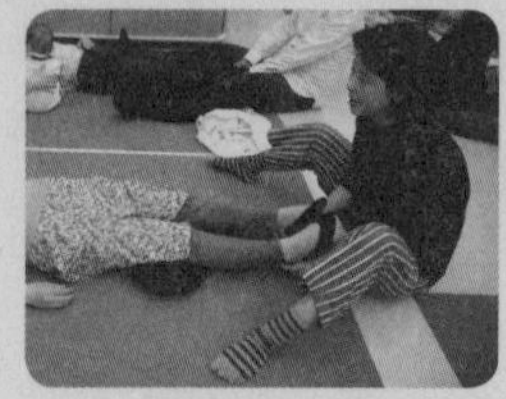

1 女性（男性）は仰向けに寝て、クッションなどを膝の裏にあてる。パートナーは、相手のアキレス腱をつかむか、かかとを手の平にのせ、そのまま2～3分保つ。このとき、脚を持ち上げないよう注意。

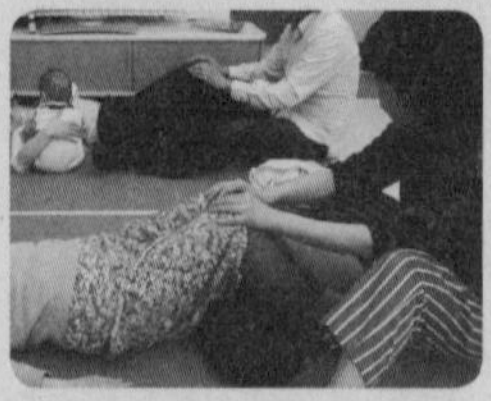

2 膝を立てて、パートナーは相手の膝のお皿の上に手をあてて2～3分温める。

3 女性（男性）は膝を伸ばし、パートナーは相手の頭の側に回る。頭をすくうように両手の平にのせ2～3分保つ。このとき、指先は首の付け根に軽くあてがうように。

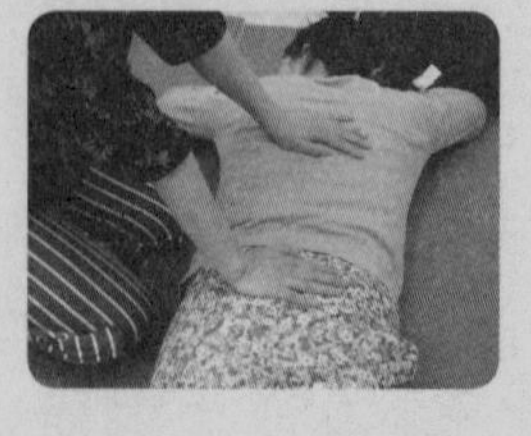

4 うつぶせになったパートナーの、肩胛骨の間と、おしりの上にある仙骨の部分に手の平をあてて、2～3分保つ。次は役割を交代してやってみましょう。

「マッサージする側は、『よくしてあげよう』などと思わず、ラクだと思う姿勢で、自分もリラックスしてやりましょう。そのほうが、やってもらう側もラクなんです」（大坪さん）

なのかもしれないですね」（大坪さん）

ことばによらないコミュニケーション

このクラスでは、ベビーマッサージのほかに、夫婦でのタッチングケアも行っています。頭の下に手を添えたり、仙骨の部分をさすったりと、どれもとても簡単なタッチですが、不思議とからだが整い、リラックスできるといいます。

「産後、女性のからだはダイナミックに変動します。やはりパートナーにも自分のからだに起きていることを理解してほしいし、パートナーも実は知りたがっているはず。タッチングケアをするなかで、お互いのサインを読みとり、共感し合いながら、子育てについても同じ方向を向いていけるようになるのではと思っています。

アーユルヴェーダのことわざで『いい森をつくるには、1本のいい木を育てること』といいますが、その1本の木とは、自分であり、夫婦であり、家族です。からだの調和をとることにタッチは大きな効果を発揮します」（大坪さん）

あかちゃんもおとうさんと一緒に、自然におかあさんに手を添える姿も！　ことばがなくても伝わること、本当にあるんですね。

最初はちょっと怖かった（笑）

喜多彩子さん、昭夫さん、梨紗子（りさこ）さん（0歳5ヶ月）
「ベビーマッサージは、はじめ力加減がわからず、ちょっと怖かったのですが、先生が絵や写真を使って説明してくれたのがわかりやすくてよかったです」（昭夫さん）

子どももよろこんでくれてよかった！

ゲルマン・弘美さん、マーセルさん、玲恩（レオン）さん（0歳6ヶ月）
「パパは普段あまりベビーマッサージはやらないのですが、夫婦間ではたまに足のマッサージをしてくれたりします」（弘美さん）

親子でベビーマッサージ

用意するもの

- ●オイル
- ●バスタオル
- ●防水シーツ・布おむつ（おしっこやうんちをしてもいいように）

オイルの選び方

●100％天然の植物油で、低温圧搾法で抽出したオイルが最適。おすすめは、スイートアーモンドオイル、グレープシードオイル、アプリコットオイルなど。アロマショップや自然食品店などで購入できる。

●オイルを使う前に、必ずパッチテストをしましょう。オイルを少量指先につけて、あかちゃんのひじと手首の関節の間や、内ももものしわのない部分などにそっと塗り、10〜15分置いてようすをみます。もし赤くなったり発疹が出たりしたときは使用をやめ、ぬるま湯で洗い流しましょう。

オイルをたっぷり手にとりスタート！

1 片方の太ももの付け根に両手をあて、左右の手を交互に使って、脚の内側から外側、外側から内側へと、つま先に向かってなで下ろす（ゆっくり10回）。次に、ももの付け根から膝まで4回、膝からかかとまで4回なで下ろす。

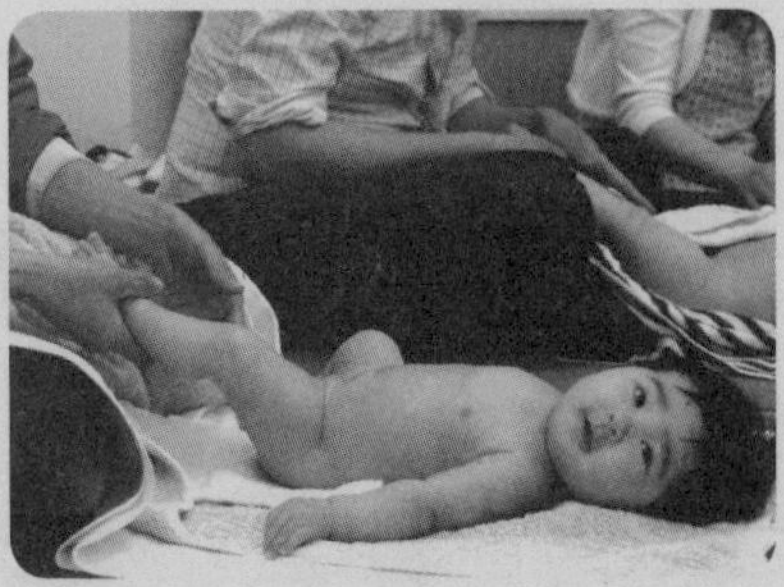

2 3本指であかちゃんの足の指を1本ずつ軽くつまみ上げるようにマッサージ。次に足の裏を指の腹で上下に5〜6回やさしくなでる。

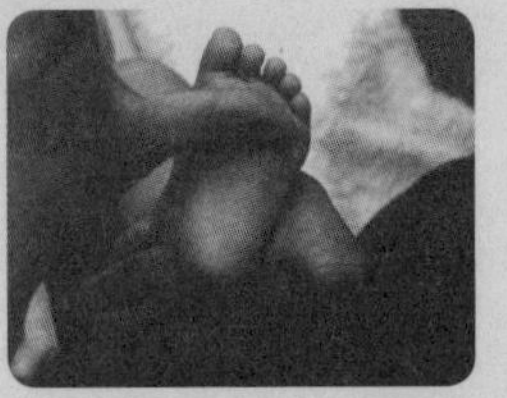

3 足首を手でサンドイッチ。そのまま脚全体が揺れるようにくるくるとさする。

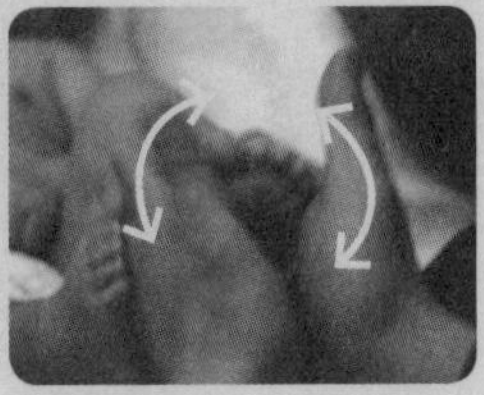

4 片脚を上げておしりをさする。

5 今度はもう片方の脚で1〜5までを行ったら、両手であかちゃんの両脚全体をなで下ろします。

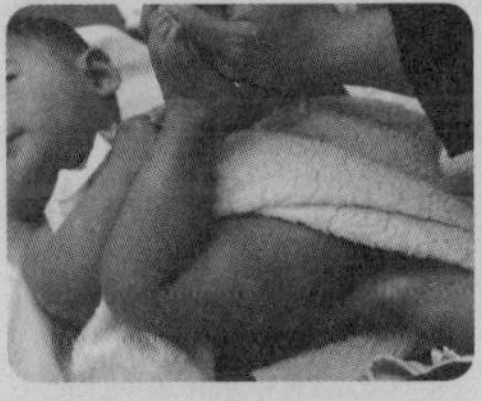

♪おしり　おしり

6 両脚を上げておしりをさする。

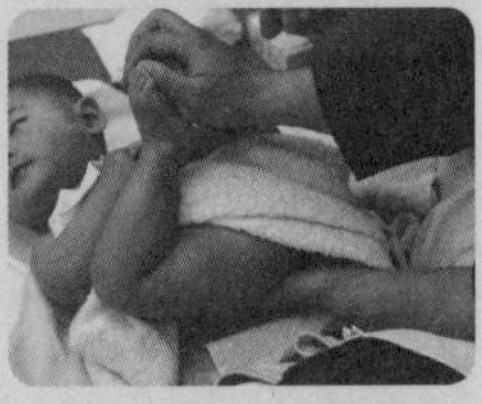

♪おしり　おしり

7 両足首を持って、左右交互に脚を屈伸させる。

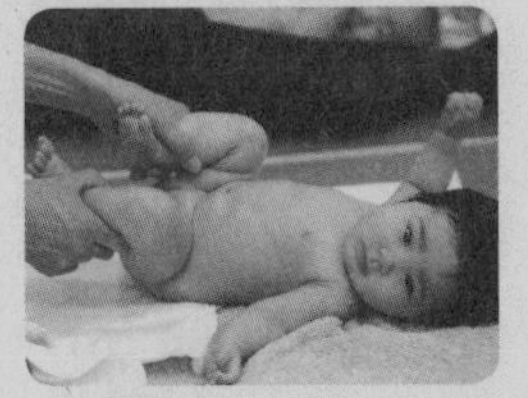

♪ぎっこん　ばっこん

8 そのまま両足首を持って、下半身をゆらゆら揺する。

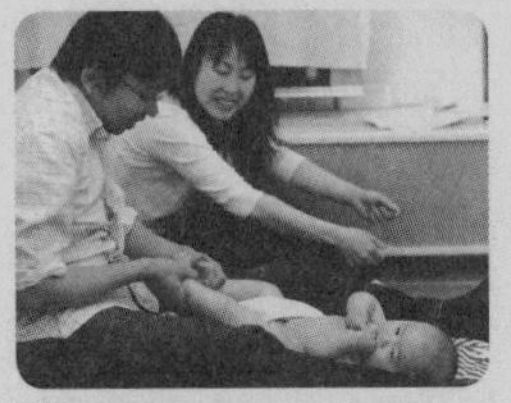

♪ふらふらふら〜

9 へそのまわりを時計まわりにマッサージ。

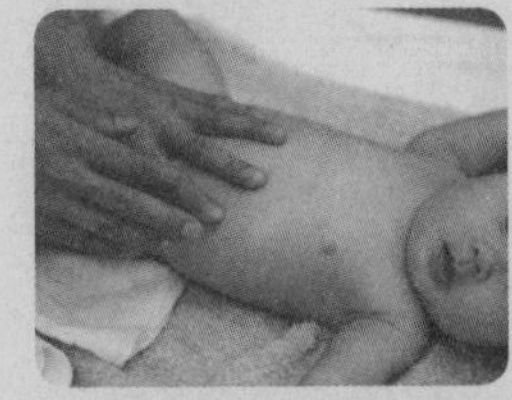

♪あぶくたった　にえたった

10 おなかの両サイドからへそに向かい左右交互になでる。終わったら、両手でおなかを温める。

11 両手で乳首のまわりを円を描くように大きくなでる。

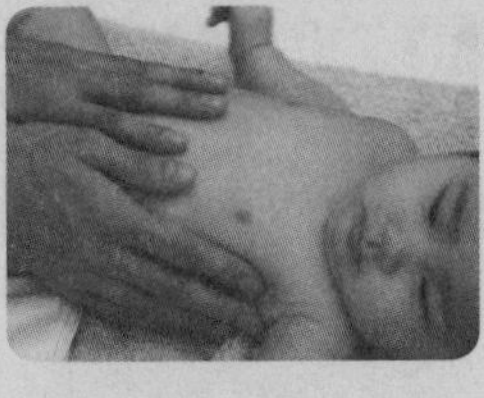

♪み〜ぎ　ひだ〜り

12 両親指にオイルをたっぷりつけ、腕の付け根から手首へ向かい、すーっとなでたら、あかちゃんの手の平全体を親指でもみもみ。

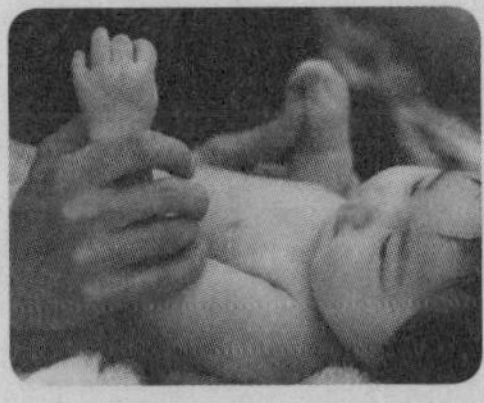

13 両手を持って、胸の上で両手を合わせたら（ちーちー）、次に腕を横に広げる（ぱー）。終わったら頭をなでて、一段落。

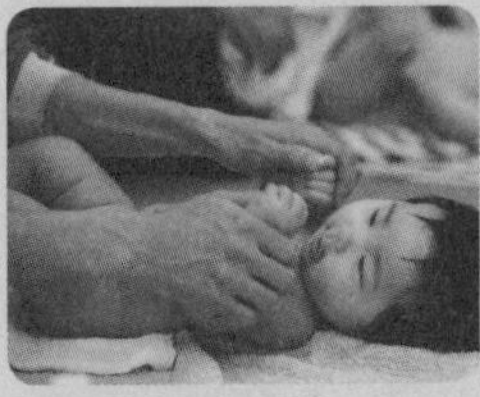

♪ちーちーぱー

14 うつぶせにして、首の付け根→背中→おしりに向かって左右の手で交互に10回すーっとなで下ろす。

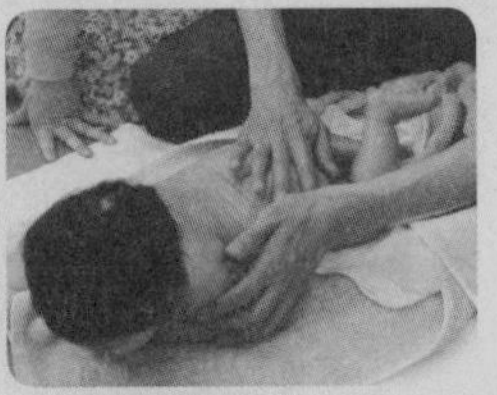

15 おしりの上にある仙骨の部分を円を描くようになでる。

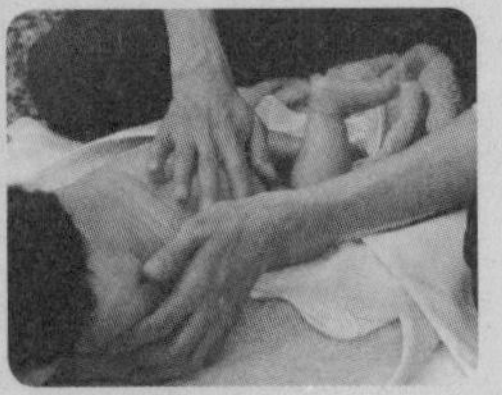

16 膝を曲げ、かかとをおしりに近づけた状態で、太ももから足首までなで下ろす。もう片脚も同様に。

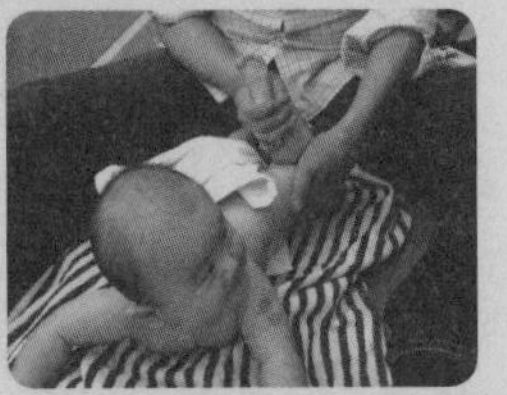

17 両手の平を中央でくぼませてカップの形をつくり、背中を上から下へとやさしくパコパコとたたく（タッピング）。

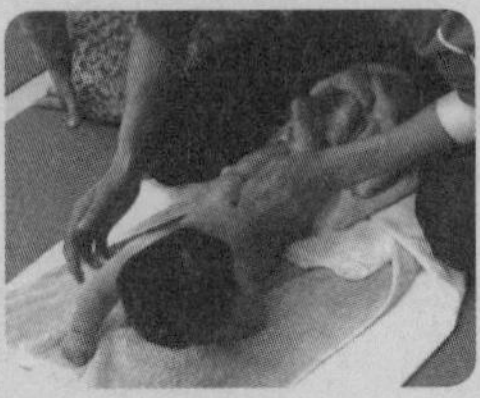

18 首の付け根→足先に向かって、背面全体を両手ですーっとなで下ろしたら、あかちゃんの両肩に手をかけて、手先に向かって両腕をすーっと流すようになでる。

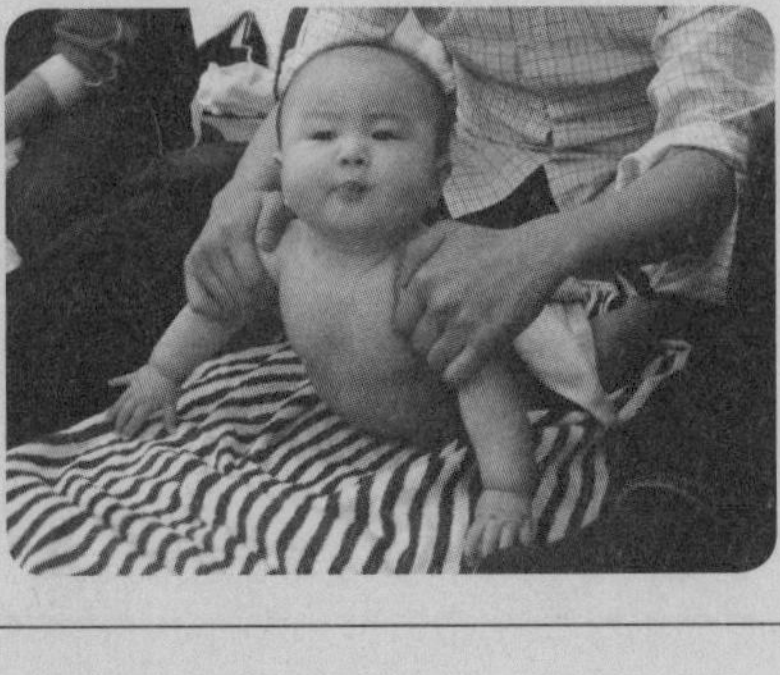

（スキンシップ）だっこ

 ※ベビーマッサージは、あかちゃんがいやがるときは無理に手順通りに行わなくても構いません。

Q

ベビーマッサージしようとすると、くすぐったがって逃げてしまうのですが……

A

いっそのこと、くすぐりあそびにしてみては？

これは月齢が大きなお子さんだと思うのですが、くすぐるということもあそびのなかですごく肌にいい刺激になります。ですから、よろこんでくれる程度でくすぐりあそびを続けられるといいと思います。

乾燥しているところや、少しなだめてあげたいところがあれば、そこに少しオイルを塗ってあげればいいでしょう。

必ずしもベビーマッサージを全部手順通りにやる必要はありません。この場合は、くすぐりあそびをしたあとに、おしりだけオイルマッサージをしてあげるとか、そういうことでいいと思いますよ。（大坪三保子さん）

スキンシップ上達への道案内

いくらスキンシップが大事、といっても、親子の数だけ、いろいろな事情も。そこで、からだとこころのつながりについて詳しい、松井洋子さんと、大坪三保子さんに、「スキンシップの意外な悩み」について聞いてみました。

お話　松井洋子さん　大坪美保子さん

※プロフィール79ページ参照

Q

両親とも働いていて、子どもと過ごす時間が少なく、スキンシップ不足になるのではと心配です

A

時間より密度を大切に

後ろめたく思うのがいちばんよくないのです。それで、子どもに対しておどおどしてしまうと、いい関係が育ちません。スキンシップは、時間の問題ではなく、密度のほうが大切だと思います。5分でも10分でも「この子のためだけの時間」をつくり、抱きしめる、本を読むなどしてみてください。

また、出がけには抱きしめてあげるとか、帰ってきたら「たのしいことがあったんだー、あなたはどうだった？」といった対話をすることをこころがけて。それで子どもが話してくれるなら、それを受け止めてあげてくださいね。

きょうだいがいると大変ですが、短くても「ふたりだけの時間」が大切なのです。これは、夫婦でも同じ！（松井洋子さん）

Q アトピーがひどくて、触るのをためらいます。どんなスキンシップができますか？

A アトピーがひどい子ほど、触れてあげて

アトピーで肌が荒れている子ほど、スキンシップが必要だと思います。スキンシップするほどに、肌がやわらかくなっていく子どもを、たくさん見てきました。

たとえば、直接触れられないなら、やわらかな布越しでもいいですから、手のたなごころ（手の平）を皮膚に当て、指先を皮膚に沿わせてあげます。お互いにしっとりしてなじんできたら、なでるように手を動かします。かゆいところは、そのままタッピング。できそうなところからはじめ、だんだん広げていきます。

かゆいところをかいてあげるのは、行きすぎたスキンシップです。かければその瞬間は気持ちよくても、必ず悪化するので、別のかたちで気持ちよさを与えてあげる必要があります。（松井洋子さん）

Q おとうさんがだっこすると激しく泣いてしまう一歳児。どうしたらいいでしょう？

A 人生最初のひとみしり、おどかさずにふれ合って

あかちゃんが最初にひとみしりをするのはおとうさんなのです。ひとみしりをすること自体は何も心配することはありません。ただ、おとうさんは、やはり泣かれるとさびしいですよね。

子どもとスキンシップをとろうと思ったときは、まず子どもがきげんのいいときを見て、いきなりがばっと近づくのではなく「いないいないばあ」をしたり、お手てを握ってあそんだりと、触れ合いあそびをしながら「抱き上げない」かたちでのタッチから慣れていくのもひとつの方法です。ひとみしりな子なら、正面から顔を向き合わせず、おとうさんが仰向けに寝て、自分のおなかの上に子どもを背中から乗せて、向き合うことがないようにしてあそんだり、おとうさんが寝ころんで目線を低くしてあげたりすることからはじめるといいですね。（大坪三保子さん）

どうスキンシップしたらいいかわからない。そんなときは、まず経験してみましょう

松井洋子さん

スキンシップの仕方がわからない、というのは、スキンシップが気持ちいい、と思える経験をしてこなかったためだと思います。

ひとは、やってもらっていないことは、してあげられないもの。だから、こういう場合は、まずスキンシップの気持ちよさを経験してみたらよいのです。同じ思いをもつ仲間を探してつながりながら、ひとのまねをしてみたり、ひとを見ておかしいな、と思うことを自分に当てはめて振り返ってみたり。そんなふうに、子どもの頃にできなかった経験を、取り戻していけばいいのです。

スキンシップに悩んでいるということは、裏を返せば必要だと考えている証拠です。だったら、まずはできることからはじめてみたらどうでしょう。ただ抱きしめるとか、笑い合うだけでもいいのです。くすぐりっこだっていい。まずは、そこからチャレンジすることが大切なのです。「わたしはスキンシップ一年生！」と思って、だんだんとできるようになればいいんです。

スキンシップというのは、お互いの関係をゆるめる、という力があります。ゆるめる、というのは、ゆるす（許す）、ということ。だから、まずはできない自分を許してあげてください。誰だって、子育てははじめての経験なのですから、最初から上手になんていかないんです。「下手でごめんね」と言ってあげれば、それでいいじゃないですか。

ひとは、問題を抱えるからこそ、深くなれるのです。ごまかしてしまえば、いろいろなことが悪い方向へ行ってしまいます。「だいじょうぶ！」と、自分を、子どもを、他人を信じて、正面から問題と向き合ってみませんか？

それには、まずは、仲間を見つけましょう。ひとりで抱えないで、育児仲間とおしゃべりしてみて。そうすれば、悩んでるのが自分だけじゃないとわかって、きっとホッとします。

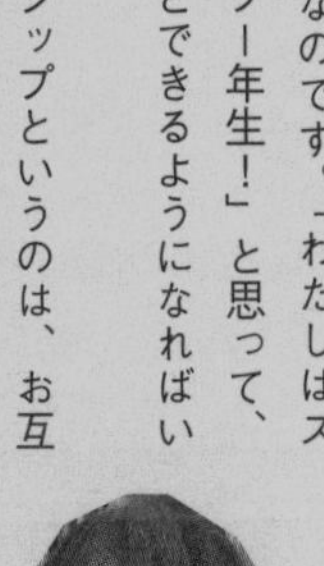

まつい・ようこ　「からだとこころの出会いの会」主宰。ボディーワークを基礎に、独自のレッスンでからだ・こころ・こえのつながりを取り戻す「癒しのワークショップ」を行う。著書に『からだでおはなし』（太郎次郎社／刊）など多数。

Revival おんぶひも

スリングのメーカー「北極しろくま堂」の店主・園田正世さんは、昔なつかしい「おんぶひも」を復活させました。なぜいま「おんぶひも」なのか。その特徴と魅力について、おうかがいしました。

お話　園田正世さん

1960年代に途絶えたおんぶひも

北極しろくま堂がおんぶひもの販売をはじめたのは、2002年です。お客様からご要望があって、いろいろ調べてみたところ、伝統的なおんぶひもの製造はストップしていました。メーカーは、「おんぶひもは売れない」というのです。1960年代に、おそらく核家族化の進行で、おんぶひもの使い方が伝えられなくなってしまったようで、「どうやって使うの?」という質問が寄せられるようになったのと同時に、急速に売れ行きが落ち、ついには製造をストップしたのだと。

でも、わたしは、おんぶひもの便利さを経験したら、たくさんのひとに支持されるはずだという確信がありました。だって、おかあさんの両手が自由になるし、あかちゃんはおかあさんのやっていることが見えてたのしいし、なんといっても、簡単につけることができるんですから。

おんぶひもは、アジア全域に、少しずつ姿を変えて存在しています。日本、韓国、中国、タイなど、調べるほどにいろいろな国で使われていることがわかってきました。ということは、おんぶひも、というかたちが、とても合理的なものだ、ということにほかならないと思うのです。

あかちゃんを肌で感じよう!

スリングは、ベビーウエアリング、つまり、子どもを身につける、という発想に立った道具のひとつのかたちです。おんぶひもも、同じカテゴリーに入ります。戦後、おんぶひもも、母乳育児も一時途絶えそうになったのが、現在は復活しつつあります。スリングは、母乳育児をするおかあさんたちが、とても重宝だと気づいて広めてきました。授乳に重宝なだけでなく、からだを密着させることで、あかちゃんの情緒が安定し、からだの発達も妨げない、ということがわかってきて、いまでは医師や助産師からの支持も広がりつつあります。スリングを支持するひとたちには、「あかちゃんはだっこして育てよう!」という気持ちがその根底にあります。ここが肝心な点です。これは、ただだっこすればいいということではありません。あかちゃんを身近に感じ、その訴えを肌で感じ、応答することで、コミュニケーションを深めていく。その、生きものとしての当たり前の感性を育む道具として、スリングがすぐれている、ということなのです。ベビーウエアリング、などというと、輸入品のにおいがしますが、この国の伝統でいえば、おんぶひもはまさしくベビーウエアリング。使い方さえわかれば、伝統的なモデルのおんぶひもも、充分いまの時代に受け入れられ、根付いていく気配です。

――自立を急ぐ育児から、たっぷりだっこする育児へ。その時代の変化が、スリングとおんぶひもへの熱い支持へとつながっているようです。

中国の砂漠地帯で使われている「おんぶひも」。砂よけの背あてに、精巧な刺しゅうがほどこされている。

「北極しろくま堂」で扱う、背あてつきのおんぶひも。もっともシンプルで、伝統的なかたち。1本ひもタイプもある。

そのだ・まさよ　スリングのショップ「北極しろくま堂」店主。日本スリング協会の設立メンバー。自身の子育て中に出会ったスリングの心地よさに感激し、

おんぶ大好き！サルのかあさんは背中で子育て

動物社会の子育ては厳しいに違いない、と思いきや、わたしたち人間に近いサルやゴリラの育児は、スキンシップ重視、でした。長年ニホンザルとゴリラの研究を続けている、中道正之さんに聞く、サルたちの育児です。

お話 中道正之さん（大阪大学大学院人間科学研究科教授）

生後1ヶ月のニホンザルのあかん坊が母の背中にしがみついているところ。おなかにしがみついていた子ザルは、成長とともに、背にしがみつくことが多くなる。生後1年経って、自分で充分に歩きまわれるようになっていても、まだまだ母の背中にしがみついて運んでもらうことが多い。2歳を越えても、母の背中にしがみつく子ザルも珍しくはない。

おかあさんの胸の中は「安全基地」

ヒト、ゴリラ、サルなどの霊長類は、未発達な状態で生まれるため、ひとり立ちまでの長い期間を、親子で過ごします。おっぱいとぬくもりが必要だからです。そして、動物のなかでは、母と子が胸と胸とをくっつけた「だっこ」は、霊長類だけができることです。

ニホンザルやゴリラの子にとって、だっこや、おんぶは、移動の手段であるとともに精神的な支えでもあります。母から離れてあそべるようになっても、怖くなるとまた母のもとに戻る。この行きつ戻りつができる関係が重要で、母の胸はいわば「安全基地」です。

ニホンザルの子は、6ヶ月過ぎれば栄養としてのおっぱいは必要なくなると考えられています。しかし、たいていは次の子が生まれる1歳または2歳頃まで、おっぱいを吸っています。これは甘えの表現で、わたしは「こころのおやつ」と呼んでいます。

ゴリラの子が、母を失って、抱いてもらえなくなったとき、自分の毛をむしりはじめてしまったことがありました。「触れ合う」ということは、子どもの成長にとって、それほど重要だということです。

スキンシップとともに見守ることも重要

ただ、スキンシップの時間の長短は、絆の深さとはあまり関係ありません。離れていても、おかあさんがしっかり子を見つめていることも重要です。子が危ないところに行けば連れ戻しに行くというように、ニホンザルの母はしっかり子を見守っています。だから、サルたちを見ていると、母子の目線のやりとりで、どのサルが母子なのか、よくわかるのです。

このことから、親子関係において、わたしは必ずしもスキンシップにこだわらなくてもいいように思うのです。忙しくて、なかなかスキンシップの時間が取れないとしても、見つめ合うとか、声をかけるとか、そうやって「ちゃんと見てるよ」というサインを送り合えれば、結びつきはちゃんと育っていくと思うのです。結びつきができていれば、子はたとえひどく叱られても、親をきらいになったりしません。ちゃんと仲直りできるのです。

サルもゴリラも好きなおんぶを見直す

あかちゃんは、おかあさんにくっついてあちこち行くことで、社会を知ります。そのとき、目線が同じ方向になるおんぶだと、おかあさんが何をやっているのか、目の前で何が起きているのかを親子で共有できるので、あかちゃんはより安心するように思います。

ニホンザルやゴリラは、しょっちゅう背中に子を乗せて移動します。サルの子が、不安になると顔を親の背中に埋めている姿を見かけることがありますが、おんぶは密着度が高いので、ぬくもりがよく伝わるのだと思います。

最近の日本では見かけなくなってきたおんぶですが、背中での子育てを、もう一度見直してみたらどうかと、わたしはサルを見ながら考えています。

なかみち・まさゆき　大阪大学大学院人間科学研究科・教授。ニホンザルやゴリラの研究を行う。著書に『ゴリラの子育て日記』（昭和堂／刊）など多数。

子どもが求める空間

子どもは何で狭い場所が好きなの？
子どものこころと空間の関係を、
児童精神科医の佐々木正美さんに
寄稿していただきました。

文 佐々木正美

生後6ヶ月頃から1歳半にかけて、はいはいやよちよち歩きがはじまります。するとまず子どものこころのなかに生じる感情は、旺盛な好奇心や探索心をもって、自分の意思であちこち自由に移動してまわりたいというものです。

しかし同時に、自分勝手に動きまわったのでは、母親や養育者からはぐれてしまうという恐れの気持ちも抱きます。自由に移動したい気持ちと、母親を見失ったら大変だという両面価値の感情です。

ですから、この時期の子どもは、あちこちを移動してまわりながら、くり返し動きを止めて振り返ります。自分を見守ってくれているはずの養育者の存在を確認するのです。

乳幼児精神医学や心理学の分野で、すぐれた臨床や実証的研究をしてきたひとびとは、子どもが振り返るときの母親や養育者のあり方の意味を、大変重要視しています。

振り返ればそこに、必ず自分を見守っている養育者がいたという経験を充分にした子どもと、誰もいなかったという経験をくり返してしまった子どもとでは、自分の価値への認識、すなわち自尊心や自己肯定感情の育てられ方に、大きな差異ができてしまうというのです。

自分は決して忘れられたり、見捨てられたりすることはないという経験に基づく基本的感情の豊かさや乏しさは、引き続いてその後の年齢になっても、子どもの人格形成上多様な意味や問題をもつことになるのです。

たとえば、非行や犯罪に走る少年や少女には、こういう経験の不足が確認されているのです。

子どもは長ずるにつれて、さらに自分だけの個人的で秘密の空間や場所を求めることになりますが、一方ではいつでも保護者や家族の存在が実感できていて、必要になったときには接触を求めて飛び出していける心理的距離にいることを、何歳になっても欲しているのです。

そういう空間で子どもが営む活動は、単に畳やカーペットの敷かれた平面だけでなく、押し入れや階段の下の窮屈な場に潜んだりして、空間のもつ凹凸など変化を活用しながら、本を読んだり、不要になった広告その他の紙切れや空き箱、そして玩具などのものを用いて、あれこれ自由な空想や想像をめぐらすことです。

人間が成長して大人になっていく過程で、それぞれが多様な想像力を発揮していくことになるのですが、そういう活動の源流になるものは、幼少期に与えられたこのような空間と時間の質や量を基盤にしているところが大きいと思います。

ささき・まさみ　児童精神科医。川崎医療福祉大学特任教授、ノースカロライナ大学医学部精神科臨床教授。専門は児童青年精神医学、医療福祉学、自閉症教育プログラム「TEACCH」研究。著書に『子どもへのまなざし』（福音館書店／刊）など。

子どもが安全に過ごすための家庭の工夫

編集部まとめ

家庭内でのケガは乳幼児が圧倒的多数！

子どもの事故は、まわりの大人が予防策をとる以外に、防ぎようがありません。そのためには、子どもの目線で、家の中の危険な場所を点検する必要があります。暮らしの安全情報は、インターネットなどを通じて調べることができます（http://www.anzen.metro.tokyo.jp/f_child.html）。

住宅内での事故を防ぐ方法として、

- ●コンセントの穴を市販のカバーでふさぐ（コンセントに金属を差し込み感電するのを防止）。
- ●階段はある程度大きくなるまで昇らせない。また、昇り口に柵をする（転落防止）。
- ●ドアちょうつがいの部分に市販のカバーを取り付け、ドアの開閉をロックする（ドアのすき間に手を挟むのを防ぐ）。
- ●親の目の届かないところには、水をためておかない（風呂や洗濯機で溺れるのを防ぐ。子どもは10cmの水かさでも溺れるといわれているので注意）。

などがあります。

また、危ないことをしたらつい叱ってしまいますが、子どもは次から大人が見ていないときにやるようになり、事故につながってしまうこともあります。「危険なこと」を子どもにも理解できるように説明し、自分からやらないようにする必要があります。

子どもの前では、まねされて困る危険なことをしないこと、足場になる部分をつくらないこと（子どもの頭は体重の3分の1を占めるので、窓から下を眺めていてうっかり手がからだを支え切れずに転落することも。洗濯機や浴槽をのぞき込むときも同様）、洗濯機のふたを閉めておくこと、浴室には鍵をかけておくことなども大切です。

乳幼児期の発達は、日進月歩。きょうできなかったことが、明日突然できるようになることもしばしばです。「これくらいなら大丈夫」と気をゆるめず常に安全に気を配ってあげることが最大の事故予防策です。

[月刊クーヨン] 2008年1月号掲載

石けんはお風呂の外で流すか、石けんの入ったお湯は取り替える。薬湯のお風呂は、上がり湯をかけず、タオルを冷たい水に浸してしぼり、水ぶきしてからバスタオルでふく。

●普通の大人の入る風呂サイズの薬湯のつくり方…日本手ぬぐいを袋にし、乾燥している薬草なら袋の1／3、生葉なら倍量を入れ、鍋にたっぷりの水に入れて20〜30分煮る。鍋の煮汁ごと風呂おけに入れる。ベビーバスなら、お湯の量に合わせて少なくする。

湿疹

文 王瑞雲
※プロフィールは88ページ参照。

脂漏性湿疹症状は病気ではありません

新生児、乳児期では髪の毛の部分、とくに前頭部の皮膚に黄白色の厚い痂皮《かひ》（かさぶた、乳痂《にゆうか》）ができ、おでこ、眉毛部に毛孔に紅色のプツプツ（丘疹）が固まってできます。たまに体幹部にも広がっていることがあります。そしてときにはかゆくなり、ひっかくため、そこから細菌感染を起こすことがあります。わたしたち小児湯液学《とうえきがく》[*1]を学ぶ者は脂漏性湿疹が出るあかちゃんは「丈夫な子」と考えています。治療は、表面にある症状を抑え込むことはせず、できるだけ出し切らせます。そして生後10ヶ月くらいにはきれいに治まるのが普通です。

●**手入れ方法**…昔からなされていた手入れ方法は、オリーブ油をカット綿につけ、入浴30分くらい前に、患部にペチャペチャとつけておきます。自然にふやけてきますので20分くらいしたら細い梳き櫛で皮膚に傷をつけないように梳き、かさぶたを取ります。そして合成界面活性剤でないシャンプーや石けんを泡立ててきれいに洗い落とします。毎日くり返せば生後10ヶ月頃には治まります。ほかに入浴時に「センブリ末」をお湯に溶いたセンブリ湯、「苦参《くじん》」[*2]を煮出した煮汁の風呂、「マコモ風呂」[*3]などに入る。前述の脂漏性湿疹の手入れ後、これらの湯液で頭も洗うのです。ただし一般的に内服は不要です。母乳児のおかあさんは食養に気をつけてもらいます。

あせも、おむつかぶれ、とびひなどの手入れ

また、夏はあせもやおむつかぶれの多い季節です。皮膚のケア方法は以下のとおりです。

●**あせも**…服装は夏でも、昼夜問わず長袖・長ズボンがおすすめ。素材は綿100%か、少し麻の入ったやわらかめで風通しのよいものを。布に汗を吸い取ってもらい、直射日光を避けます。洗剤は合成界面活性剤、柔軟剤は一切使用しません。皮膚から体内に入る毒、「経皮毒」に気を使ってください。衣類のカサカサを気にするなら服をもんでやわらかくするので充分。

●**おむつかぶれの予防**…やわらかな布おむつを一日10回以上取り替えて。紙おむつは、外出などで仕方ないとき以外は極力使わないで。木綿で厚く織られたトレーニングパンツも夏のうちなら幼い頃から使えます。汗をかき、おしっこをし、風通しがよくないとすぐにかぶれるのは当たり前。たまには下半身裸もいいでしょう。ただしそんなときは腹巻をしておくこと。

●**とびひ**…最近とびひは一年中あり、とても治りにくくなっています。63%近くがMRSA[*4]とさえいわれ、抗生物質も効かなくなっています。湯液の治療では皮膚を乾かし皮膚の抗菌作用を強くする処方薬を飲ませたりします。甘いもの・鮭・マス・おもち・魚のはらわたのものを中止するなど食事上の注意もします。

虫刺されなどかゆい皮膚の症状には、はじめは自然酢（原液）で、ふいたり湿布したり（その後、水で流してもよい）、水100ccにヒバオイルを1〜2滴加えたものをスプレーしたりするといいでしょう。

夏の皮膚の手入れで、いちばん大切なのは入浴（入浴というより行水と考えたほうがよい）。お湯はあまり熱せず39℃ほどで、石けんの使用は一日1回、汚れる部分のみにし、一日2〜3回、薬湯で行水（入浴）するのがいちばん。1歳までの子どもには、干した桃の葉を煎じてその袋と煮汁をお風呂に入れればやさしい作用が。ほかに一般的なのは、どくだみ、びわの葉、シソの地上部、ゴーヤの葉（または実1本ブツ切りにして）、大根の葉など、いろいろな薬湯がつくれます。沸かし直しのできるお風呂ならマコモ風呂は簡単で経済的です。皮膚は内臓の鏡といわれますし、内臓は食べもの次第。からだによい食べもの、食べ方も学んでほしいですね。

Point
脂漏性湿疹の手入れ

●オリーブオイルをカット綿につけ入浴30分前に患部に塗り、20分ふやかす。細い梳き櫛で皮膚に傷をつけないようにカサブタを取り除く。その後、石けんをよく泡立てて洗い、お湯でよくすすぐ。かさぶたが取れない部分は、無理に取らず、そのままに。

[月刊クーヨン] 2008年7月号掲載
＊1 湯液学…漢方学のこと。＊2 苦参…生薬。眩草（くららぐさ）と呼ばれるマメ科の多年草の根。毒性があるので専門家により処方してもらうこと。＊3 マコモ…沼や河川、湖などに自生するイネ科の多年草。入浴剤として市販もされている。＊4 MRSA…黄色ブドウ球菌が耐性化した病原菌。多くの抗生物質にも耐性がある。 イラストレーション（P115〜122）／あずみ虫

風邪

文 王瑞雲

※プロフィールは88ページ参照。

気持ちよく過ごすため「食」を見直す

インフルエンザや風邪も、かかるかどうかは、免疫力が勝負です。免疫力は日々の養生、そして病気になったときの治療法で違ってきます。治療方法によっては、逆に体力を落とし病気になりやすくなる場合もあります。そこで大切なのが、病人側の医療知識と、どんな医療者に出会うかです。

いま小児科の医師はとても忙しく、わたしのようにのんびりと生活の仕方や食養生を説く小児科医に出会うのはむずかしいといわれています。わたしは、医師の仕事は「病状消し屋」ではないと思っているので、まず、発病しないからだにするにはどうすればよいか考えています。子どもの健康には、まず、母親の妊娠中から食事のアドバイスをはじめます。そして出産後はあかちゃん一人ひとり、その子に合わせたアドバイスをします。

基本的には母乳育児を中心とし、牛の肉や内臓、牛乳を使用した食品（アジア人には向いていません）*はあかちゃんから大人まで一切断ち、100%無農薬、または不耕起米を、玄米または発芽玄米の形で食すよう、アドバイスします。大切なことはあくまでも「少食」にすることです。食べることはほかの生物のいのちを頂戴すること。それが理解できれば、まさに「食べ方は生き方」となってきます。

まず、きちんと和食を少食で食べることを実行し、家族みんなも同じような食生活ができれば、家族関係もよくなります。ひとがイライラ、カッカするのは食べものによって内臓に負担がかかっているから。この世で生きている以上、つらいことがたくさんあるのは当然ですが、食を改善すれば、プラス思考で困難を乗り越える力がもてます。和食を守り、「医食住は生きる基本」としっかり理解し実行すれば、肉体的にも精神的にも耐久力がつき病気になりません。

風邪を遠ざける冬の過ごし方

幼い子どもの冬の過ごし方は、まず、①できるだけひと込みに出ないこと。②温度と湿度をコントロールし部屋を暖め過ぎないこと。③ものを持ち過ぎず、まめに掃除すること。④身辺にある化学物質を取り除くこと。たとえば防虫剤、消臭剤、ワックス、洗剤関係はすべて天然のものを。⑤口に入れるものを見直すこと。水、塩、砂糖、油、米、そのほか、飲みもの（あかちゃんなら母乳または玄米おもゆ）、食べもの（離乳食）も安全かどうか。毎日知らずに有害なものを口に入れて免疫力を落とすと、病気にかかりやすくなります。また簡単で安いものを求め、他人に依存すると、どこから来たかわからない食品を口に入れてしまうことも。『食品の裏側』（東洋経済新報社／刊）の著者、安部司さんは、ある講演で「消費者が買わなければ、変なものはつくられません。消費者がなまけ者になり、安ければよいと買うので、それ相応の商品がつくられる。消費者は被害者ではありません。自分と自分の家族に対して加害者です」と話していらっしゃり目を開かされました。

「風邪」とひと口に言っても、重症度はまちまちで、病状だけ聞いても、治療方法は何とも言えません。熱も咳もなく、肺炎という場合もあります。薬の処方もしますが、何を飲めばよいかは、ひとそれぞれ、やはり診察しないとわかりません。大切なことは信頼できる小児科のかかりつけ医をもっておくことです。何でも相談してください。そしておかあさんも、面倒がらずに病時記録をとり、医療知識をもってください。医療者が病気を治してくれるものではありませんからね。またアロマテラピー、ホメオパシー、鍼灸、マッサージなどの民間療法も、日常的にプロとおつき合いし、そこから学んでおくと便利です。

Point

幼い子どもの風邪を遠ざける冬の過ごし方

- ひと込みに出ないこと。
- 湿度を保ち、部屋を暖めすぎないこと。
- ものを持ち過ぎず、まめに掃除すること。
- 化学物質に触れないこと。
- 口に入れるものは安全なものを。

[月刊クーヨン] 2009年1月号掲載　＊食の基本は、近くて（地産地消、三里四方のもの）、生物学的に遠いもの（人類から近い順に、哺乳動物、鳥類、魚類、植物、となる）をいただくこと。牛は哺乳動物で、人体内に入るとその成分は固まり、また、アジア人には、その成分を消化する酵素がないといわれています。

お風呂

文　王瑞雲　※プロフィールは88ページ参照。

手足とおしりは毎日必ず洗って

臨床医としてのこの45年間、「お風呂」の入り方は、どこでもよく質問され、今日に至りました。一人ひとりのからだの状態が異なるように、そのときどきによいお風呂の入り方も異なるものです。

　ひとくちに「体調のよし悪し」といっても、本当にひとりずつ、状態は異なります。生まれたときからひとのからだは、性格と同じように違うのです。たとえば「6ヶ月のあかちゃん」といえば、どんなからだを想像しますか？　顔色は赤い？　蒼白い？　それとも黄色っぽい？　黒味がかった色？　顔色は赤くほてっているのに、手足が冷たくて薄紫色？……いろいろあるでしょう。それぞれの子どもが風邪っぽくなったときも、むろん症状はまったく異なります。どんな漢方薬を飲ませるか、手当て方法も一人ひとり違うのです。

「お風呂に入るか入らないか」で、いちばん安全と思える方法は、「風邪ひいたのかな？」というときは、お風呂はお休みにし、顔とおしりと手足をお湯で洗うだけにするか、または下半身浴だけにすること。汗をかいていたら、腋の下は温かいタオルをしぼってふいてあげてください。どんなに熱を出していようがいまいが、毎日顔と手足、おしりは必ず洗います。とくに女の子は、尿路感染症予防のために、おしりは毎日清潔にしておいたほうがよいでしょう。

　わたしは、たとえば子どもの皮膚や体力の状態により、入浴剤を何にしたらいいか？という点まで注意しますが、一般に「乳児湿疹」「アトピー性皮膚炎」の手当ての仕方についても、入浴についても正反対の意見があり、まちまちです。どの意見を取り入れるかは、親の経験や学習次第といえます。

子どもの体質の特徴を知ること

　わたしは、病気が治ったという状態も、ひとりずつ異なった状態を意味すると考えています。確かに、風邪薬もきちんと飲んで、医者にも「治ったから入浴もよい」と言われたのに、「まだ元気がなくて、ときどきしんどそうに1～2回咳をするんです。本当にお風呂は大丈夫でしょうか？」というご相談もあります。わたしは「風邪の治り際で、元気で顔色もよく、子どもがいつものように闊達《かったつ》にしていたら、少しくらい痰が残っていてもお風呂はよい」と説明しています。むろん、それは喉も胸の音も悪くなく（ゼーゼー、ゼロゼロなど音によって喉の状態を判断する）、脈も腹診（おなかの状態で体力のよし悪しを知る）も心配ないときのことです。それでもおかあさんが「まだ咳している！」と気になるなら、前述したように、下半身浴や、おしりと手足を洗う程度に抑えます。

　そのうち、子どもの状態を見分けるコツを自然に覚えるものです。わたしが各家庭に聴診器を持つようにすすめたり、「自家カルテ」[*1]をつくるようすすめたりするのは、普段からおかあさんたちに、家族の健康状態を知ってほしいからです。「自家カルテ」をつくることをすすめ、「家族の第一番目の医療者はあなたですよ！」といつも伝えています。そして「自分の命は自分で守る」決心が大切です。また、親という立場は「食医」でもあるんですね。医療者に子どもたちをまかせっきりにするのは、わたしは反対です。まず、正しく食事をいただくこと。それだけで子どもたちは病気にかかりにくいからだになるでしょう。

　入浴も、食と同じように日常の大切な養生のひとつです。いま、低体温のあかちゃんや子どもたちが多いといわれています。理由はたくさんありますが、からだを温めるという意味でも、お風呂に入ることは、いいことです。わたしは、もし沸かし直しがきくお風呂なら、「マコモ風呂」[*2]（インターネットでも調べられます）をおすすめしています。浴そうの外でからだをよく洗ってから入ります。だいたい39～40度の低温です。その後はすすがず、冷たいタオルを固くしぼって、全身をふいてから浴室の外に出るのです。水は取り替えません。

　ほかにいろいろな薬湯を使いますが、誌面の関係上、これは割愛します。上手な入浴法は健康のはじまり！

＊1
「自家カルテ」のつくり方

タイトルは「〇〇〇くん（本人の名前）の健康カルテ」でも、何でもOK。見開きですぐにわかるよう、2ページ目から書きはじめます。まずは「家族の病歴」。3ページ目は「〇〇（本人）の病歴」。妊娠中のおかあさんのようすからはじめます。4ページ目からは「診療記録」。現在かかっている病気からはじめ、市販薬を使った場合も書きます。

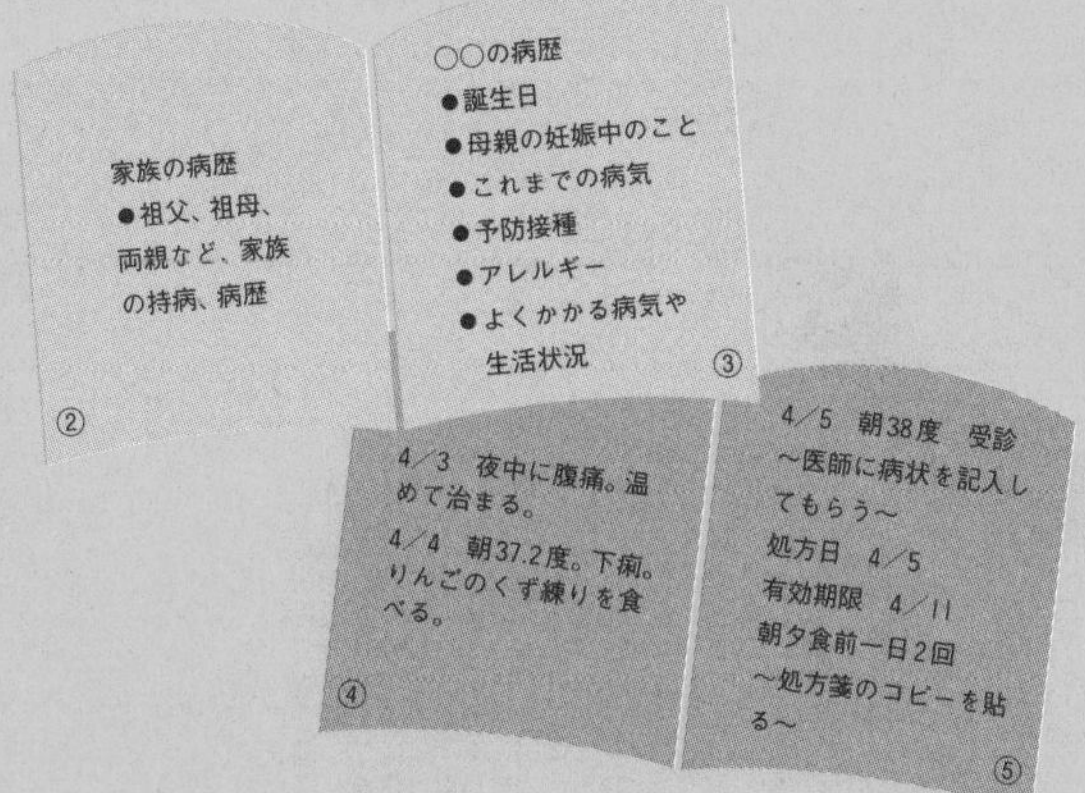
家族の病歴
●祖父、祖母、両親など、家族の持病、病歴
②
〇〇の病歴
●誕生日
●母親の妊娠中のこと
●これまでの病気
●予防接種
●アレルギー
●よくかかる病気や生活状況
③
4／3　夜中に腹痛。温めて治まる。
4／4　朝37.2度。下痢。りんごのくず練りを食べる。
④
4／5　朝38度　受診
～医師に病状を記入してもらう～
処方日　4／5
有効期限　4／11
朝夕食前一日2回
～処方箋のコピーを貼る～
⑤

 ［月刊クーヨン］2009年6月号掲載

＊2 マコモ…イネ科マコモ属の多年草。アジアで水辺に広く分布している植物。

夜泣き

文　王瑞雲

※プロフィールは88ページ参照。

なぜ子どもが泣くのか考えてあげて

子どもが「泣く」のは表現手段。大人はその意味をくみとらねばなりません。大きくなるにつれ、「ことば」で思いを伝えるようになりますが、個人差があります。「ことば」は表現手段のひとつにすぎません。「ことば」だけに頼らず、子どもそのものから発信される情報をできる限りくみとる努力を大人は知らねばならないのです。

さて、そうとはいえ、夜中の子どもの泣き声には困ってしまいます。大人も疲れて眠いし、カン高い泣き声は、隣近所へのご迷惑では？　とおろおろ。そんなとき、まず大切なのは、この子は、何を伝えようとしているんだろう？と考えてみてください。

わたしの経験から、いくつか夜泣きの原因をまとめてみました。

性格的な原因と体調による原因がある

とくに肉体的に問題はないときは、いわゆる夜啼症《やていしょう》と呼ばれるものかもしれません。

「疳《かん》が強い」と昔からいわれます。あかちゃんにも個性があり、おっとりしている子もいれば神経質な子もいます。神経質な性質は食によって調整することもできます。

あかちゃんは母親の状態により、体調や気分が左右されるので、まず母親の食を改善します。玄米（無農薬）、温野菜の菜食（青菜をとくに多く）中心に、油もの、糖分は抑え、小魚、海藻、酢のものも充分にとります。また、睡眠をたっぷりとってください。

産後のケアも大切。出産して胎盤が離れるとともに、わたしは、出産後の母体を1日も早く妊娠前の状態に戻すために漢方薬（芎帰調血飲《きゅうきちょうけついん》または生化湯《しょうかとう》）を処方します。1ヶ月間はからだは冷やさず、冷たい水には触れないよう、テレビ、読書も休むなど、おかあさん自身がリラックスして、あかちゃんのリズムに合わせて生活してください。

からだの不調が原因と疑われる夜泣きでは、以下のことをチェックしてみてください。

①「鼻水は出ないか？」

温かいタオルで顔をふき、メンソール系の塗り薬を鼻孔の近くに少しつけ、枕を適度に高くして横向きに寝かせます。

②「中耳炎では？」

市販薬のアクリノール[*1]（リバオール）液、または民間療法では「雪の下」（虎耳草《こじそう》）の生の葉汁や、どくだみ（十薬《じゅうやく》）の薬汁を点耳します。そして耳の付け根を冷やし痛いほうを上にして寝かせます。そして次の日、耳鼻科へ連れていってください。

③「おなかが痛くないかしら？」

腹痛の原因もいろいろですが、最近、便通がどうだったか考えてみて、イチジク浣腸をしてみるのもひとつの方法。子どもはときどき腸重積も起こします。軽いものは浣腸で治ってしまいます。ガスが張ってもおなかは痛くなります。その場合は、メンタ温布[*2]をしておなかを時計まわりにマッサージ。

④「手足が冷えていない？」

手足が冷たいと安眠できません。夜ぐずりやすい子は平熱をチェックし、手足が温かくなるように工夫をします。幼児は大人よりも体温が高めですが、最近は低体温が増えています。わたしは体温が35度台の新生児（生後1ヶ月以内）を3人診た経験があります。そのときは漢方薬でいう附子剤をほんの少しずつ飲ませ、36℃後半にまで上げました。

とくにからだが冷える季節には、大人も子どもも、体内をあったかく血行をよくしてください。そのためには、家庭の雰囲気もあったかく。精神と肉体は切り離せないので、何ごともくよくよせず、前向きに。肉体的原因のときは別として、子どもの夜泣きは、大人生活の反省のチャンスと考えてくださいね。

Point

あかちゃんが夜泣きをする場合は、それが、性格的なものか、それとも、からだの不調によるものなのか、まず考えてみてください。
からだの不調による夜泣きの場合は、以下のポイントを見ます。
●鼻水は出ていないか。
●耳を痛そうにしていたり、中耳炎ではないかどうか。
●おなかが痛そうにしていないか。便通があったかどうか。
●手足は冷えていないかどうか。

[月刊クーヨン] 2008年4月号掲載　＊1 ヨード剤との併用は不可。＊2 メンタ温布…ハッカ油やお湯を使用して行う、温湿布方法。家庭ではハッカ成分の入った軟膏などを塗ってもよい。

発熱

文　黒部信一

あかちゃんの熱の見方

あかちゃんといっても、われわれ小児科医にとっては、①生後5日以内、②生後2週間以内、③生後4ヶ月過ぎ頃まで、④生後6ヶ月以後、と月齢によって対応が変わります。

あかちゃんの発熱は、その原因が問題です。熱の出る仕組みは、外から体内に入ってきた細菌、ウイルスや異物に対する反応と、体温調節の不調（とくに環境温度が高温のとき）が主な原因です。

体温は、脳内の体温調節中枢で調節しています。正確な体温は深部温とされていますが、ひとは皮膚温でだいたい35・5℃から37・3℃くらいまでが正常範囲で、あかちゃんは高めです。皮膚温は環境温度[*1]にも左右されやすく、生後1ヶ月で熱が38℃あったあかちゃんの着衣を減らし、布団を少なくしただけで熱が下がった例があります（これはもちろん入院し検査したうえのことです）。生後1ヶ月過ぎたら、着衣の枚数は「おかあさんより1枚少なく」が標準です。耳で測る体温計は不正確で、電子体温計は高めに出ます。

月齢ごとの発熱時の対応方法

生後5日以内、生後2週間以内の時期（前述①、②）は、胎内にいたときや出生時、出生直後の細菌やウイルスの感染が疑われます。とくに麻疹、風疹、おたふく風邪、水ぼうそう、インフルエンザなどが危険です。有効性がないインフルエンザワクチン[*2]以外は、母親がかかっていたか、予防接種を受けていることを確認しましょう。2004年に、幼児期に予防接種をしていても風疹にかかった妊婦さんがいましたので、予防接種を受けたひとは、妊娠前に抗体を検査することが必要かもしれません。3歳以下での予防接種は免疫のつかない率が、4歳以後より高いといわれています。

生後4ヶ月過ぎ頃まで（前述③）は、熱が出たら大変です。まれに重い病気が隠れていることがありますから、すぐ（半日以内）に自然に熱が下がらなければ、小児科専門医の診断を受けましょう。解熱剤はどの年齢でも決して使ってはいけません。熱が下がって一見元気に見えるので、診断を誤らせることがあるからです。

熱は、心配しすぎても、甘く見てもいけません。夜に熱が出ても、元気が残っていて、大きな声で泣くようなら、慌てず、翌朝、小児科医にかかってください。ぐったりして、泣けないか、泣き声もおかしければ、すぐに小児科医の診察を受けましょう。

生後6ヶ月過ぎたら（前述④）、慌てることはありません。いやがらない程度に涼しくして、翌朝、小児科医にかかりましょう。病気と闘う免疫の仕組みが、8割はできてくるからです。

いちばん気持ちよく感じる温度は、からだが寒いときも暑いときも、人肌の温度ですから、子どもは熱が出ると親にくっついてきます。6ヶ月過ぎてのはじめての熱は、突発性発疹のことが多いです。いずれにしても熱が出たら、24時間以内に一度は小児科専門医に診てもらってください。熱の高さではなく、熱の原因を確かめるためです。

内科小児科医、産婦人科医、耳鼻科医など片手間に小児科をやっている医師は避けましょう。そのなかで家庭医専門医や小児科の研修を受けた医師はごく少数だからです。聴診器を使わない医師は、風邪でもかからないこと。以前、そのような医師にかかり、風邪と診断され、肺炎だったことがわかった子どももいました。風邪から肺炎になることは、特別の病気があるとき以外、普通はなく、肺炎ははじめから肺炎です。専門の小児科医なら初期の肺炎も、ある程度疑いをもって診察するものです。

くろべ・しんいち　小児科医。元吹上共立診療所所長。現在、堀ノ内病院勤務。著書に『ここがまちがい小児医療』（現代書館／刊）がある。

Point

あかちゃんの発熱（38℃以上）の対応

- 生後4ヶ月過ぎまでは、すぐに小児科医へ。
- 生後6ヶ月過ぎたら、慌てず、子どもがいやがらない程度に涼しくし、少しようすをみて。熱が下がっても24時間以内には、小児科専門医にかかりましょう。

[月刊クーヨン] 2008年9月号掲載
＊1 環境温度…着衣や、布団、室温や外気温など、あかちゃんを取り巻く環境による温度のこと。＊2 参考文献／『インフルエンザ・ワクチンは打たないで！』（母里啓子／著　双葉社／刊）、『医者には聞けないインフルエンザ・ワクチンと薬』（母里啓子、浜六郎、山本英彦／著　ジャパンマシニスト社／刊）

もっと詳しく
からだ⑥

咳

文 黒部信一

※プロフィールは119ページ参照。

年齢が6ヶ月以降なら慌てずに

あかちゃんの咳が長びいて止まらないことには、いろいろな病気があります。6ヶ月になると免疫（病気と闘うからだの仕組み）の働きのほぼ8割ができあがりますから慌てることはありません。6ヶ月になる前の咳は、長びかないうちに小児科医に診てもらったほうがよいです。

6ヶ月以降なら、子どもの状態をよく観察し、咳がひどいとき（夜中も咳き込む）や、4～5日以上、止まらずに咳き込むときは、小児科医に診てもらいましょう。

6ヶ月以降のあかちゃんの長びく咳の原因には、風邪、気管支炎、喘息様気管支炎、百日咳、まれにマイコプラズマ肺炎などがあります。

「百日咳」は乾いた咳でコンコンコンと息をつけずに咳き込み、やっと息ができてフーッと息を吸い、また咳き込むという特有の咳が、ある夜から突然はじまります。はじまったら3～4日以内に小児科専門医にかかることがポイントです。

「マイコプラズマ肺炎」はおもに学童の病気ですが、保育所や幼稚園で流行したこともあります。原因が最小の微生物なので、抗生物質が効きますが、かかると3分の1が肺炎になり、過半数は気管支炎になります。これも小児科専門医にかかれば治ります。

「百日咳」はまったく熱を伴わず、「マイコプラズマ肺炎」は熱が出る場合も、出ない場合もあります。

熱のない咳は気管支炎を疑います

また、熱がない場合の咳き込みは、多くは気管支炎を疑います。

「気管支炎」の原因は、わたしの病原環境説では、風邪、プラス、ストレスです。何らかのストレスによって、病気の回復力（免疫力）が落ちているためにかかるのです。免疫力は風邪をひくと高まるとの説もありますが、免疫は人間が本来もっているもので、それは自然にしていれば働き、高めるのではなく、落ちないようにすべきだと、わたしは考えます。だから長びく咳き込みは、その原因はストレスにあると考え、薬とともにストレス対策をアドバイスしています。のびのび暮らしている子は病気をしにくい、とわたしは考えます。たとえば、親や、上の子との関係や保育所でいやな思いをしたり、がまんをすると体調を崩しがちになります。

その結果起きるのが、風邪の長びきと気管支炎です。あかちゃんは気管支が細く、痰がからんでゼーゼーしやすいため、喘息との見分けがむずかしいのですが、ゼーゼーすると喘息様気管支炎といい、多くは3歳頃まではならなくなります。喘息はまれにあかちゃんでもありますが、普通は2歳半から3歳ではじまります。

あかちゃんのストレスは、上にきょうだいがいれば、その子とのトラブルが多く、いない場合は親が「だめ」とよく叱っているか、保育所でほかの子とのトラブルがある可能性も考えられます。じっとがまんしていておとなしい子と言われる場合が多いようです。

上の子とのトラブル対策は、「ふたりともよい子だから離れて」と離すことです。決してどちらも叱ってはいけません。「よい子でしょ」と言うことがコツです。

そして「だめ」と言わないためには、いけないことからほかのことに関心をそらすのです。ほかのことに興味をもってくれれば、もうしめたものです。すぐ「よい子ね」とほめます。いけないことを忘れてくれますから。

もし、保育所でのストレスからなら、なかなか対処がむずかしいです。

昼でも夜でも、眠っているときによく咳をするのは、夢でストレスを発散し、そのときに咳が出るのです。大人でも、気管支喘息の発作や、狭心症、心筋梗塞、脳卒中の発作が、夢を見る明け方に多いのも同じ理由からです。

いずれにしても薬とともにストレス対策をすると咳が治まります。

Point

あかちゃんの咳

●6ヶ月前ならすぐに受診を。6ヶ月以降ならようすをみて受診を。

6ヶ月以降の長びく咳の原因

●風邪、百日咳、マイコプラズマ肺炎、気管支炎、喘息様気管支炎など。

インフルエンザ

文　黒部信一

※プロフィールは119ページ参照。

高齢者と子どもへのワクチンの効果は？

　厚生労働省は「インフルエンザワクチンは、健康な65歳以上のひとの入院率と死亡率を減らす効果があるが、かかることを防ぐことはできない」、また「子どもへの有効性は20～30％ある」と言っていますが、ワクチンで、予防はできません。

　ワクチンには、まれに重症の副作用があり、過去に３年で死亡８名、重症後遺症４名という報告がされています。65歳以上、また慢性呼吸器疾患をもつ60歳以上のひとでも、インフルエンザによる死亡率は０・１％前後。子どもは入院率も死亡率も極めて低く、しかもワクチンの有効率が低いので、受けるメリットはありません。わたしは子どもの重症の後遺症を見てきているので、インフルエンザワクチンは受けさせないほうがよいと思っています。

　例年の場合は感染し、発病する率は10％前後。しかも99％は自然に治癒します。だから子どもには、副作用のあるワクチンもインフルエンザの薬もいらないのです。

新型インフルエンザについて

　インフルエンザは、毎年小変異し、10年前後で中変異し、数10年に１回大変異するといわれています。２００９年、「新型」インフルエンザが騒がれたのは、メキシコでの死亡率が高かったためです。

　新聞の報道によると、メキシコの発病者の大部分が人口２０００万人のメキシコ市を中心とする３州で確認されているとのこと。大気汚染がひどく、貧困階層が集中している場所で、死亡者のほとんどが貧困階層の高齢者や乳児（まれに成人）。その背景には、満足に治療が受けられない社会状況があるようです。

　感染率は50％以下、感染者の発病率は15～35％、平均25％として各国は対策を立てています。このインフルエンザは小変異程度で、現在では通常のインフルエンザへの対応でよいと政府、厚生労働省の対応も変わっています。

　世界的にも、社会経済的弱者にしか死者は出ていません。致死率は、メキシコ人を含めての統計で０・３％。メキシコ人を除いたら例年のインフルエンザの死亡率と同じです。

受けたほうがよい、という意見があるわけ

　子どもへのワクチンの有効率20～30％をどう受け取るかという問題で、「かかるほうが怖い」「少しでも効果があればよい」という考えと、「効果が少ないならいらない」「副作用が怖い」という考えに分かれます。

　医者が子どもにワクチンをすすめる理由に①予防接種は専門外で、予防接種はすべて効くと信じている、②低い有効率でも少しでも効けばよいと考えている、③予防接種は利益率が高く収入が上がる、というものが考えられます。

インフルエンザはどういう病気？

　インフルエンザの特徴は、突然の頭痛、からだ（腰や手足）の痛み、だるさなどではじまり、次いで数時間以内に発熱、衰弱感、消耗感があり、ぐったりとし、ごろごろ寝ていたくなります。喉、鼻水、咳などの風邪の症状は軽いことが多く、咳は出ないこともあります。熱は37・5～40度くらいで、熱と頭痛が２～３日続きます。熱が下がってから元気が出るのに１～２日かかり、その頃から半数のひとは咳がひどくなり、１週間くらい続くこともあります。

　インフルエンザに下熱剤や痛み止め（解熱鎮痛剤）は使ってはいけません。使うと脳症になる危険があります。解熱鎮痛剤は市販のかぜ薬にも入っているので注意が必要です。痛みにはリン酸コデインを使います。抗ウイルス剤（タミフル、シンメトレル、リレンザ）にも副作用があります。昨シーズンはタミフルの副作用で騒がれましたが、ほかの薬にも副作用はあります。解熱鎮痛剤を使わなくなったら子どものインフルエンザ脳症が話題にならないほど少なくなりました。岡部信彦厚労省感染情報センター所長も「99％自然治癒する病気なのに、健康なひとに、ワクチンやタミフルはいかがなものか」と結論を出しています。

 ［月刊クーヨン］2008年12月号掲載記事に加筆し再構成しています。

もっと詳しく
からだ⑧

からだ

尿路感染症

文 林敬次
※プロフィールは93ページ参照。

大人の膀胱炎と一緒にしないで

生まれたばかりの子が尿路感染症になると、あっという間に重症化することがあります。

「尿路感染症」は聞き慣れない病気かと思います。おしっこに細菌が繁殖する病気で、よくお聞きになるのは「膀胱炎」だと思います。大人の場合ですと、細菌に対する防御機能がしっかりしていますので、細菌の繁殖が膀胱だけで留まることがほとんどです。ところが、ちいさい子どもでは、尿に入った細菌が、腎臓から膀胱・尿道にかけての「尿路」のどこにでも飛んでゆくことが多いので、尿路の感染症と呼んでいます。

ちいさなお子さんの場合、細菌が腎臓から血液の流れに乗って全身に回り、脳を囲んでいる髄液などに入り髄膜炎を起こして、生命を脅かすこともあります。

ちいさいお子さんが熱を出し非常に不機嫌になる病気で、はっきりした原因がわからない場合は、必ずおしっこの検査をします。というのは、先ほどの髄膜炎など、大変重い感染症の最も多い原因が尿路感染症だからです。この病名には、単なる膀胱炎などと同じに考えないでください、という意味もあるのです。

かかる原因と予防方法

尿路感染症は生後３ヶ月程度までは男の子のほうがかかりやすく、それ以後は女の子が多くなり、女の子が子どものうちにかかるのは約８％で、男の子の約２％の４倍というデータもあり、また、くり返すことも多くなります。

膀胱からの尿の逆流を防止する弁など、尿路の形態異常があると、おしっこの出口から細菌が入りやすく、それが腎臓まで侵入しやすくなります。生後３ヶ月までの男の子にこの病気が多いのは、尿路の形態異常が男の子のほうが多いからです。尿路感染症にかかった経験や尿路の形態異常のある子のきょうだいも、そうでない子と比べるとかかる頻度が非常に高くなっています。また、はっきりした形態異常がなくても、一度尿路感染症になった子も再発率は高いのです。

熱が出たときには早く受診し、必ずおしっこの検査をしてください。

尿路に形態異常がないかどうかを調べることも必要です。まずは超音波で検査すれば痛みも副作用もなく、大きな異常がないかどうか調べられます。異常が高度なら、手術で治すこともあります。

尿路感染症は腎臓自体も傷めます。炎症が長ければ長いほど、回数が多いほど腎臓のダメージは大きくなります。ひと昔前は、腎臓透析のいちばん多い原因が尿路感染症でした。いまではこの割合は少なくなりましたが、それでも相当多いようです。ですから、予防と早期の治療は大変大事です。

一度この病気になると、再発を防ぐために抗生物質を長期に飲むことがよく行われています。この方法で再発を減少させることができるという相当厳密なデータはありますが、１年程度の長期間になりますと、本当にお子さんによいことかどうかの検討はされていません。また、長く抗生物質を使っていると、その抗生物質が効かない細菌が増え、再発の際に治療がむずかしくなります。そこで、軽い形態異常では、感染する危険性はそう高くないので、長期に抗生物質は使わずに、発熱などに注意するだけのほうがよいようです。

尿路感染症を起こす菌の最多のものは、おしっこの出口である尿道口のすぐ近くの肛門から出てくる大腸菌です。原因菌の５割、８割などという報告があります。ですから尿道口の周辺を清潔にすることが、予防上大事と思われます。一生懸命清潔にすると、どの程度、尿路感染症が防げるかを調べた厳密な研究はありませんが、清潔なほうがよいことは充分考えられます。あまり神経質になる必要もないかもしれませんが、普通に清潔を保つことは大切と思われます。

Point

尿路感染症の基礎知識

●子どもの尿路感染症は重症化しやすいもの。大人の膀胱炎と同じに考えないこと。
●子どもが熱を出した原因がはっきりしない場合は、おしっこの検査を。
●抗生物質の長期服用は、抗生物質の耐性細菌を増やしてしまうので要注意。

[月刊クーヨン]2009年5月号掲載

早期教育より、もっとすごい！

あかちゃんの発達プログラム

「赤ちゃん学」の最近の研究では、あかちゃんには、相当高度な情報処理の能力が備わっていることがわかってきています。早期教育は、場合によってはそれを邪魔するかも……。あかちゃんの見方が変わる「赤ちゃん学」の一端を、開一夫さんにうかがいました。

お話　開一夫さん（東京大学大学院総合文化研究科教授）

あかちゃんは、白紙で生まれるわけじゃない

「赤ちゃん」を研究対象としている開一夫さんは、「認知科学」が専門。あかちゃんが、外から入ってくる情報を、どのように処理し、行動に結びつけているのか、その関係を探っています。

「たとえば、おなかの中にいる胎児ですが、教えたわけでもないのに、自分の指をしゃぶることがわかっています。実はこれ、すごいことです。同じことをロボットにやらせるには、自分の手と口の位置と動かし方を正確にプログラムしておく必要があります。

あかちゃんが、誰にも教えられることなく、これだけのことをやり遂げるのは、発達の道筋にまつわるさまざまな情報をあらかじめもっているからです。

また、それだけでなく、外からの情報を、必要な形に処理して取り込み、それを次の行動に生かすことができるからなのです。

あかちゃんは『白紙の状態』（タブラ・ラサ）で生まれてくるわけではないのです。自分の中に、これから書かれるべき情報をある程度すでに知っており、生まれながらに、人間に特化したかたちでの、情報処理能力をもっている、というわけです」（開さん）

感じている
判断できている
見えている
聞こえている

早期教育といわれるものは、脳がいちばんめざましく発達する乳幼児期に、大人の側からみた「知識」という刺激を与え、脳を鍛える、といったことをうたってる場合が多いです。しかし、あかちゃんが「自分の中にこれから書かれるべき情報をすでに知っている」のだとしたら、早期教育で余計な情報を与えられてしまうと、おかしなことになってしまいます。

「何もできない白紙の存在なら、胎教や早期教育で、知識を詰め込む、ということになるかもしれません。でも、乳幼児期の発達には、すでにある道筋があかちゃん自身の中に書き込まれているわけですから、そこに見当違いな〈教育〉を行っても、あまり効果はない、といえるのではないでしょうか」（開さん）

あかちゃんの発達は生きるためのもの

では、もうひとつはやりの「英語教育」については？

「国際的に通用する人間に育てたいから、といった理由で、幼児期から英語を学ばせるというのは、ちょっと根拠が薄い気がします。

コミュニケーションには、ことばだけでなく、身振りや態度といった振る舞い方も必要です。それは文化ですから、まわりの環境に従って、発達していくものです。これは、ことばだけ学んでも、身につきません。

発達というのはうまくできていて、生きていくために必要なことは、身につくようになっているのです。だから、まわりでたくさんの言語がしゃべられているヨーロッパの国々では、4ヶ国語を操るひとなどざらに存在します。環境に応じたように発達するのが、ひとのすごいところ。日本に暮らすなら、まず日本の文化とことばを身につけるべきでしょう。外国語などは、必要な状況になれば、それなりにできるようになるものです」

「赤ちゃん学」が明らかにしつつある、あかちゃんの力。それはどうも、余計な手を加えないほうが、うまく伸びていくようです。

ひらき・かずお　東京大学大学院総合文化研究科教授。専門は、赤ちゃん学、発達認知神経科学、機械学習。ひとやロボットが「わかる」「できる」プロセスを研究。自身の育児体験をふまえ、94ページの実験などを、ぜひおとうさんもたのしんで！と提案。

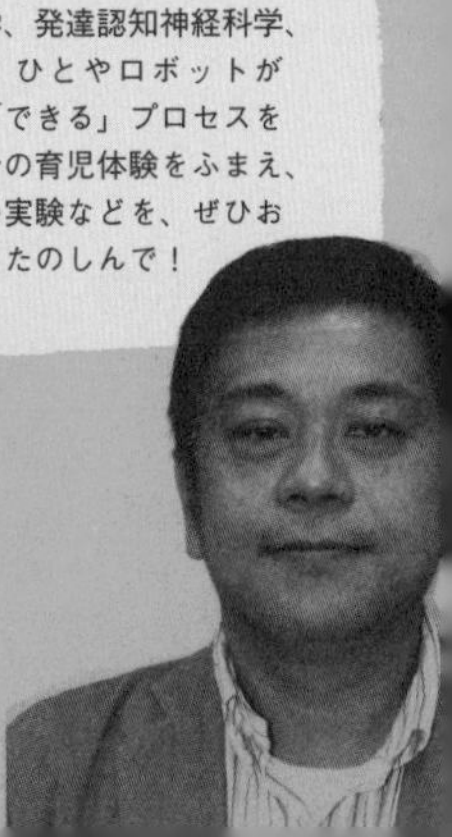

子育てに役立つ本

自然な子育ての案内役の本をご紹介します。子どものことや自分のことを知るヒントがきっと見つかります。

母乳のこと

『母乳育児お助けBOOK』a

柳澤薫／著　新泉社／刊

Q&A形式で母乳育児に関する66の具体的な質問に、やさしく回答。お産後から卒乳まで、時期ごとに分けて解説しているので自分の悩みについても探しやすい。

『おっぱいとだっこ』b

竹中恭子／著　山西みな子、梅田馨、堀内勁／監修　春秋社／刊

母親の立場で書かれた母乳育児の本。理想とは違った環境でいかに乗り切るか、の考え方や情報の入手法など、細やかな解説は当事者ならでは。

『母乳で育てるコツ』c

山西みな子／著　新泉社／刊

ベテランの助産師、故・山西みな子さんによる母乳育児の基本。無理せずにたのしみながら子育てをするコツを紹介。

『働くママと赤ちゃんのおっぱいセラピー』d

亜莉／著　書肆侃侃房／刊

働く女性のためのおっぱいの本。妊娠中の準備から復職後の授乳のコツまで。著者自身の経験もあり、先輩ママの話を聞くように気ラクに読める。

a

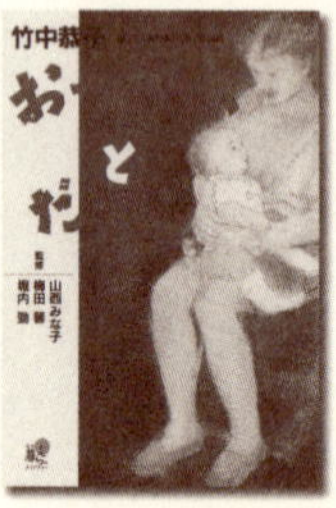
b

c

d

子どものこと

『おとながこどもにできること』a

ロータ－・シュタインマン／著　鳥山雅代／訳　春秋社／刊

シュタイナー学校の教師である著者が自身の子育ての経験を語る。この先、子どもとどう向き合っていけばよいのか、ヒントが豊富。

『子どもへのまなざし』b

佐々木正美／著　福音館書店／刊

人間の基礎をつくる乳幼児期の大切さを、児童精神科医の視点で語るベストセラー。読んだ後、やさしい気持ちになれる。

『赤ちゃんと脳科学』c

小西行郎／著　集英社／刊

子どもの脳の発達を理解すれば、思い通りに子どもを動かそうとするのは間違いだとわかる。自然な成長の力がいちばん！

『おうちでできるシュタイナーの子育て――「その子らしさ」が育つ0～7歳の暮らしとあそび』d

クレヨンハウス編集部／編　クレヨンハウス／刊

自然素材のおもちゃであそぶ、生活リズムを大切にするなど家庭でのシュタイナー教育をわかりやすくまとめた入門書。

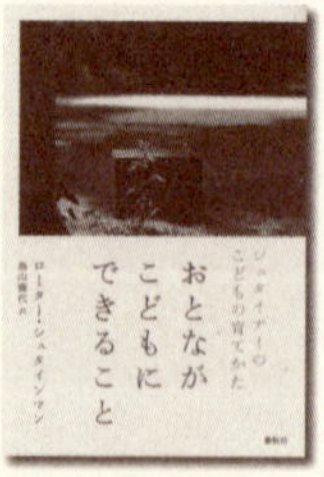

a

b

d

c

食のこと

『子どもが元気に育つ毎日の簡単ごはん』a

岡本正子／著　学陽書房／刊

子どもの食事は、大人からの取り分けが基本。旬の食材を使ったレシピ、行事食、クイックレシピなど、家族みんなが笑顔になれるレシピ集。

『自然派ママの食事と出産・育児』b

大森一慧／著　サンマーク出版／刊

陰陽の考え方をベースに、親子で元気になれる食の知恵を紹介。不調時の自然な手当てなど、暮らしに役立つ情報も満載。

『おいしいベランダ菜園』c

たなかやすこ／著　家の光協会／刊

本来の生命力を生かして野菜を育てる方法を解説。安心でおいしい野菜が食べられると同時に、子どもが大きくなったら一緒にたのしめるのも◯。

『アトピーっ子も安心の離乳食』d

梅崎和子／著　家の光協会／刊

重ね煮による簡単でおいしく、からだにやさしい離乳食レシピ。おかあさんの食事を取り分ける離乳食だからラクチン！

子どものからだのこと

『育児の本』a
野口晴哉／著　全生社／刊　※インターネットなどで販売。
野口整体の考え方による子育ての本。妊娠中も育児の一環として考えている。子どものようすをよくみることが子育ての基本、と教えられる。

『予防接種へ行く前に』b
ワクチントーク全国・「予防接種と子どもの健康」攻略本編集委員会／編　毛利子来、母里啓子／編集代表　ジャパンマシニスト社／刊
予防接種を、受けるかどうか迷ったときにぜひ。厚生労働省のパンフレットにはない解説や資料など、判断に役立つ情報がある。

『重曹でナチュラルベビーケア』c
岩尾明子／著　主婦の友社／刊
あかちゃんに安心な重曹での掃除、洗濯方法、また哺乳瓶など、あかちゃんグッズのケア方法を紹介。スキンケアや歯磨きも。

『あかちゃんからの自然療法』d
クレヨンハウス編集部／編　クレヨンハウス／刊
あかちゃんから大人までできる、整体、アロマテラピー、マッサージ、お手当てレシピなどを紹介。あらゆる方法を試してみたいひとにおすすめ。

a

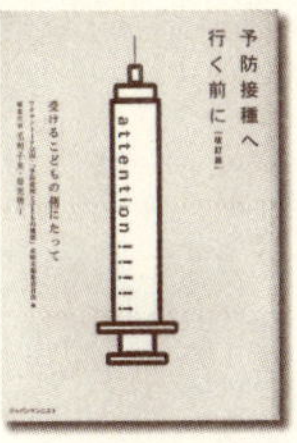

b

c

d

女性のからだとこころ

『女性のためのじぶんで治る整体法』a
野村奈央／著　ソニーマガジンズ／刊
自分のからだの中の、治る力に気づくことができる整体法。子育ての合間に、ひとりでできるから便利。女性のからだのリズムに耳をすます方法も。

『家庭でできる自然療法』b
東城百合子／著　あなたと健康社／刊
ちょっとした不調から病気まで、あらゆる症状に対する自然療法を解説。妊娠中や子どもの症状によいものも。家族みんなに使える。

『わたしをいやす！アロマテラピー・レシピ』c
宮川明子／監修　日本文芸社／刊
性格や体質別に、おすすめの精油を使ったことろとからだのケア方法を解説。妊娠中のケアやベビーマッサージの方法もある。

『MAGIC MOON』d
フェリシタス・ホルダウ、モニカ・ヴェルナー／共著　手塚千史／訳　フレグランスジャーナル社／刊
月の満ち欠けのリズムでからだを整える方法を紹介。忙しい子育ての日々、ちょっと月を見上げるだけでも、ほっとできるかも。

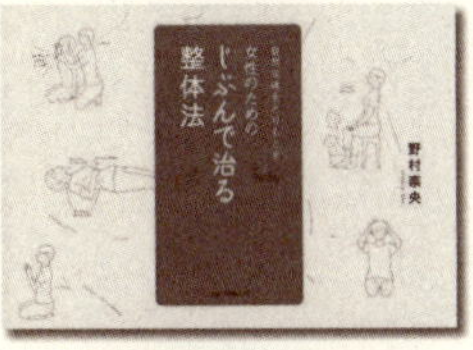

a

d

c

b

a

b

c

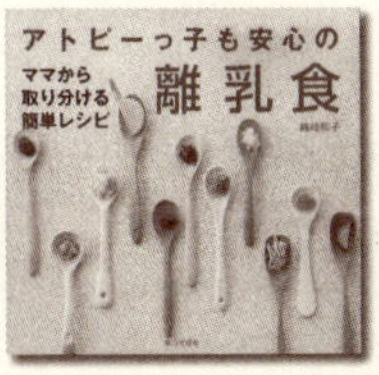

d

あそびのこと

『子どもとお母さんの手づくりおもちゃ絵本』a
小林衛己子・ときわ平幼児教育／編　大島妙子／絵　のら書店／刊
身近な素材を使って、子どもの成長を助けるおもちゃづくり。手づくりすると、大人もたのしめて、おさいふにもやさしい！

『「わらべうた」で子育て 入門編』b
阿部ヤヱ／著　平野恵理子／絵　福音館書店／刊
あかちゃんのあそびは、わらべうたがあれば大丈夫。あかちゃんとのよりよいコミュニケーションにもなり、子育てがもっとたのしくなる！

『よく遊ぶ赤ちゃんのおもちゃガイド』c
岩城敏之／著　法政出版／刊
あかちゃんの成長にそったおもちゃの選び方を紹介。あそぶときの安全面の注意なども。

『絵本スクール』d
クレヨンハウス編集部／編　クレヨンハウス／刊
大事なことをみ～んな教えてくれる絵本650冊を紹介。あかちゃんのときから、幼稚園、大人になるまで、ずっと役立つ絵本ガイド。

a

b

c

d

子育ての悩みに

『おかあさんの悩みをスッキリ解決 子育て・幼児教育50のQ&A』a
ほんの木／編　ほんの木／刊
医師、カウンセラー、教育学者、管理栄養士など子どもに関わる専門家が、具体的な子育ての悩みに答える。悩みのあるときに開いてみて。

『育育児典』b
毛利子来、山田真／著　岩波書店／刊
「暮らし」編と「病気」編の2冊が箱に入っている辞典。著者は自然な育児に理解のある小児科医ふたり。知りたいことをさっと引けるのが便利。

『定本 育児の百科』(上・中・下) c
松田道雄／著　岩波書店／刊
初版は1967年。子育てで不安に直面したら開きたい本。5ヶ月まで(上)、5ヶ月から1歳6ヶ月まで(中)、1歳6ヶ月から(下)と分けて子どもの食、暮らし、からだ、あそびのことなど、子育てにまつわるあらゆることを解説。

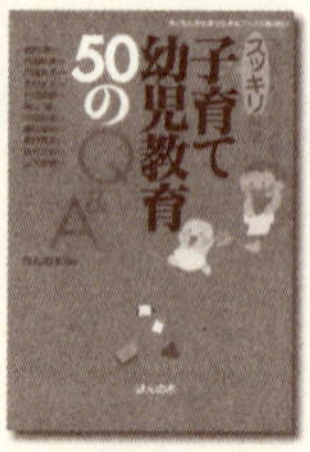

a

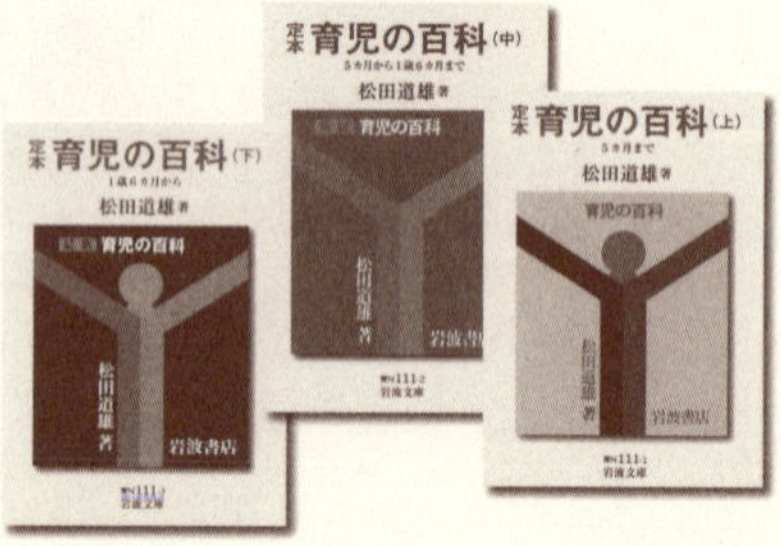

c

b

取材先関連情報

取材先のホームページ、連絡先などのご紹介です。

P4
くらすこと（藤田ゆみさん運営）
http://www.kurasukoto.com/

P8
VERY MUCH MORE（浅野さおりさん運営）
http://verymuchmore.jp/

P11
ブックショップカスパール（青木真緒さん運営）
http://www.kasper.jp

P20
NPO法人自然育児友の会
☎042-326-2208　FAX03-6368-6897
東京都国分寺市東元町2-20-10
http://shizen-ikuji.org/

P22
アロマスフィア
☎03-3385-7397　東京都中野区松ヶ丘1-4-1
http://aromasphere.jp/

P22
自然療法スクール　マザーズオフィス
☎03-3385-7382　FAX03-3385-7386
東京都中野区松が丘1-10-13
http://www.aroma.gr.jp/

P23
矢島助産院
☎042-322-5531　東京都国分寺市東元町1-40-7
http://www.yajima-j.net/

P30
ビバマンマ・母乳と自然育児相談所
☎・FAX03-3643-0081
東京都江東区木場5-3-7　東寿会ビル7階
http://www5f.biglobe.ne.jp/~vivamanma/

P34
TOLBIAC（奥山千晴さん運営）
http://www.tolbiac.jp/

P48
Happy! hughug
☎047-385-7179　http://www.happyhughug.com/

北極しろくま堂
☎054-653-4700　http://www.babywearing.jp/

A-isso
☎03-5991-0476　http://www.a-isso.com/

ハーモネイチャー株式会社
☎050-7530-3114　http://www.harmonature.com/

ルナスリング
e-mail : office@lunasling.com　http://www.lunasling.com/

えなのさと
e-mail : enanosato-shop@zpost.plala.or.jp
http://www13.plala.or.jp/hahatoko/shop/index.html

P56
白神フォレスト
http://www.shirakami-fc.co.jp/

P56
有限会社エコ・オーガニックハウス
http://www.eco-organic-house.co.jp/

P57
小川耕太郎∞百合子社
http://www.mitsurouwax.com/

P79
たらちね助産院
☎03-3331-5606
東京都杉並区高井戸東4-7-7　サニーコーポ高井戸東1階
e-mail:info@taratine.com
http://taratine.com/

P87
自然育児相談所・山西助産所
☎03-3336-2191　FAX03-3339-4980
東京都中野区野方6-10-8
http://www.breastfeeding.jp/

P88
東診療所
☎042-575-6430　FAX042-572-1737
東京都国立市東2-14-3
http://www.k5.dion.ne.jp/~tas_oh/index.html

P89
ななえ歯科クリニック
☎0956-73-9030　FAX0956-76-2582
長崎県佐世保市世知原町栗迎105-7

P93
はやし小児科
☎06-6965-7110
大阪府大阪市城東区永田4-6-11　サンパーク1階
http://www.hayashi-shonika.jp/

P98
食品と暮らしの安全
☎048-851-1212　FAX048-851-1214
埼玉県さいたま市中央区本町東2-14-18
http://tabemono.info/

P104
あべ母乳育児相談室
☎・FAX049-286-1810
埼玉県鶴ヶ島市南町1-1-20

P110
からだとこころの出会いの会
☎06-4806-4355　FAX06-4806-4356
http://karakoro.org

P114
ぶどうの木
（佐々木正美さんの、子育て勉強会、子育て相談室などを行っている）
http://www.budouno-ki.net/company/index.html

P119
黒部信一（小児科医）
FAX03-3998-1094
e-mail : sp6u6ya9@estate.ocn.ne.jp
http://kurobe-shin.no-blog.jp/